DAS BUCH VOM KINDER-KRIEGEN

BIRGIT FROHN

DAS BUCH VOM KINDER-KRIEGEN

Eltern werden ist nicht schwer

BECHTERMÜNZ

Inhalt

Vorwort 8

Eltern werden ist nicht schwer 10
Unerfüllter Kinderwunsch – gestern und heute 10
Der Schein trügt 11
Wenn es nicht auf Anhieb klappt 11
Was heißt überhaupt »unfruchtbar«? 12

Zwischen Hoffnung und Resignation 14
Akzeptieren lernen 14
Patentrezepte gibt es nicht 15

Alternativen zum Kinderkriegen 15
Eltern gesucht 16
Ein Kind ist ein Geschenk 17

Neues Leben entsteht 18
Die Anatomie der Zeugung 18
Die weiblichen Geschlechtsorgane 19
Die männlichen Geschlechtsorgane 22

Ein fein abgestimmtes Zusammenspiel 26
Der weibliche Hormonkanon 29
Das männliche Hormonduo 33

Ergebnis höchster Präzision 34
Die Befruchtung 34
Alles eine Frage des Timings 36

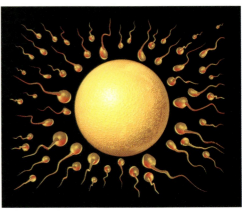

Welche Faktoren die Befruchtung entscheiden.

Wenn der Körper nein sagt 38
Was die Fruchtbarkeit mindert 38
Schlechter Allgemeinzustand 40
Falscher Zeitpunkt 40
Steigendes Alter – sinkende Fruchtbarkeit 41
Psychischer und körperlicher Stress 42
Ungesunde Lebensweise 43
Pfundige Argumente 44
Wie die Hände, so die Fruchtbarkeit 45
Anatomische Symmetrie 45

Spurensuche bei den Müttern 46
Störungen der Eierstockfunktion 46
Blockaden an Eileiter und Gebärmutter 47
Chaos im Hormonhaushalt 48
Endometriose 49
Spermienallergie 49

Spurensuche bei den Vätern 50
Störungen der Spermienreifung 50

Inhalt

Gestörte Hodenfunktion	51
Infektionen der Samenwege	52
Antikörper gegen die eigenen Spermien	52
Hormonelle Störungen	52

Spermien in der Krise — 53
Die Kriterien der Zeugungskraft — 54
Ursachen verminderter Fruchtbarkeit — 54
Alarmglocken klingeln allerorten — 57

Kinderlos durch Chemikalien — 59
Ein tierisches Hormonchaos — 61
Die Bombe tickt — 61
Zwischen Verharmlosung und Panikmache — 62
Alltägliche, allgegenwärtige Gefahr — 63
Ungewollte Verhütung — 64
Die schwarze Liste der Fruchtbarkeitsgifte — 65

Diagnose von Fruchtbarkeitsstörungen — 66
Zum Auftakt ein Interview — 66
Untersuchungen bei der Frau — 67
Untersuchungen beim Mann — 71

Wenn sich die Seele weigert — 74
Eine bunte Palette psychischer Einflüsse — 74
Störfaktor Nummer eins: Stress — 77
Fraktion gegen die Fruchtbarkeit — 79

Zwischen Traum und Traumata — 84
Immer wieder abwarten — 84
Elternschaft beginnt im Kopf — 85
Fachkundige Unterstützung — 85
Erfahrungsaustausch klärt und baut auf — 88

»Zärtlichkeit ist das Ruhen der Leidenschaft.«
(Joseph Joubert)

Inhalt

Der Begriff »Klapperstorch« entstand im 18. Jahrhundert.

NOTABENE Natürliche Heilmittel zur Stärkung der Fruchtbarkeit ... 90

Sanft in die Wiege gelegt ... 92
Der natürliche Weg zum Baby ... 92

Homöopathie – Heilen mit Ähnlichem ... 93
Die Potenzierung: Aus Materie wird Energie ... 94
Die Therapie ... 95
Homöopathie bei Fruchtbarkeitsstörungen ... 96

Traditionelle Chinesische Medizin ... 100
Akupressur löst Blockaden und macht Lust ... 103
Akupunktur ... 108

Phytotherapie – die grünen Arzneien ... 110
Fruchtbarkeit aus der Natur ... 112

Wasseranwendungen ... 118
Moorbäder ... 119
Sole und Fango ... 120
Kneipp'sche Anwendungen ... 120

Ayurveda – das Wissen vom Leben ... 120
Die Konzepte des Ayurveda ... 122
Fünf Handlungen für die Gesundheit ... 126
Pflanzen für das Leben ... 130
Rasayana ... 132
Atmen ist Leben ... 134
Meditation ... 137
Yoga ... 139
Reflexzonenmassage ... 155
Aromatherapie ... 157

NOTABENE Aus Aphrodites Kochbuch ... 164

Wege zur Elternschaft ... 166
Der richtige Zeitpunkt ... 166
Die Sprache des Körpers ... 166
Messung der Basaltemperatur ... 168
Eisprungberechnung per Computer ... 170

Familiengründung auf dem Teller ... 172
Die Stoffe des Lebens ... 173
Ayurvedische Fruchtbarkeitsrezepte ... 188

Die Voraussetzungen schaffen ... 190
Der Count-down läuft ... 191
Zeugungskräftige Stellungen ... 193

Inhalt

Der moderne Klapperstorch	196
Den Weg bereiten	196
Die Beratung	198
Wichtige Entscheidungskriterien	198
Die Weichen richtig stellen	199
Unter welchen Bedingungen zahlen die Kassen?	200
Selbstkosten	202
Damit die Botschaft ankommt	202
Hormontherapie bei der Frau	203
Hormontherapie beim Mann	205
Die gängigen Präparate	206
Hormonbehandlung bei künstlicher Befruchtung	208
Chirurgen als Geburtshelfer	209
Verwachsungen und Verschlüsse der Eileiter	209
Gebärmuttererkrankungen	209
Entfernung von Varikozelen	210
Verschlüsse der Samenleiter	210
Elternglück aus der Retorte	211
Insemination	212
Befruchtung im Glas: In-vitro-Fertilisation (IvF)	213
Mikroinjektion: Intra-Cytoplasmatische Spermieninjektion (ICSI)	215
Intratubarer Gametentransfer (GIFT)	215
Hodenbiopsie	216
Das Für und Wider	217
Mythos Fruchtbarkeit	220
Götter und Symbole der Fruchtbarkeit	220
Frühe Garanten für Fruchtbarkeit	220
Liebesgötter der Antike	221
Der Phallus	221
Vulva – Tor des Lebens	222
Aphrodites Liebeszauber	222
Stimulierende Wohlgerüche	226
Pflanzliche Liebesmittel	226
Speisen der Liebe	232
Gewürze für die Liebeslust	233
Fachbegriffe	236
Über dieses Buch	238
Stichwortverzeichnis	239

Oft ist es ein langer gemeinsamer Weg zur richtigen Familie.

Vorwort

In sämtlichen Kulturen wurde der Fruchtbarkeit ein besonderer Stellenwert beigemessen.

Kinderkriegen, eine Familie gründen: Während sich der Nachwuchs bei den einen ganz problemlos einstellt, warten andere Paare jahrelang vergebens auf ihn. Weltweit sind es sechzig bis achtzig, in Deutschland fast zwei Millionen Paare, deren Wunsch nach Kindern unerfüllt bleibt. Jedes fünfte Paar ist vorübergehend unfruchtbar – Tendenz steigend.

Ungewollte Kinderlosigkeit ist allerdings kein Phänomen der Neuzeit. Seit dem Altertum wird nach Mitteln und Wegen gesucht, die Fortpflanzungsfähigkeit zu verbessern oder wiederherzustellen, und nicht umsonst hat jede Kultur verschiedenste Rituale zur Erhaltung der Fruchtbarkeit ersonnen.

Wenn der Nachwuchs ausbleibt

Ebenfalls nicht neu ist auch der Leidensdruck durch ungewollte Kinderlosigkeit: früher wie heute eine enorme emotionale Belastung, eine Berg- und Talfahrt zwischen Hoffnung und Enttäuschung, die oftmals zur Zerreißprobe für die Beziehung wird. Was sich im Laufe der Jahrhunderte etwas verändert hat, sind die Gründe für das ausbleibende Elternglück. Zum weitgefächerten Reigen der Ursachen wie Störungen im Hormonhaushalt, Erkrankungen der Geschlechtsorgane oder psychische Probleme gesellen sich heute zahlreiche weitere Faktoren, von denen man weiß, dass sie sich negativ auf die Fruchtbarkeit auswirken: Umweltschadstoffe, zunehmende Industrialisierung des Lebensraumes, Alltagsstress und unnatürliche Lebensweise.

Die zunehmende Verschmutzung der Umwelt zählt zu den Faktoren, die negative Auswirkungen auf die Fruchtbarkeit haben.

Trotz aller medizinischen und hygienischen Errungenschaften sind die Rahmenbedingungen für Fruchtbarkeit nicht besser, sondern eher schlechter geworden. Denn die Fähigkeit zur Fortpflanzung reduziert sich nicht auf rein hormonelle Vorgänge, sondern ist untrennbar mit der körperlichen und psychisch-seelischen Gesamtverfassung eines Menschen verbunden. Die Zeugung eines Kindes ist ein ganzheitliches Geschehen und die

Fruchtbarkeit entsprechend in vieler Hinsicht ein Spiegel der Lebensweise. Beides ist in hohem Maße abhängig von Dingen, die rein funktionell in keinem direkten Zusammenhang damit stehen. Und so genügt es bei Nachwuchsproblemen auch nicht, sich auf die direkt betroffenen Organe zu fokussieren, sondern vielmehr muss der Organismus in seiner Gesamtheit betrachtet und behandelt werden.

Ein ganzheitlicher Ansatz

Dies ist mit der Grund, warum naturheilkundliche Therapien so gute Erfolge bei der Behandlung von Fruchtbarkeitsstörungen haben. Denn diese Verfahren setzen sowohl bei Ursachenfindung wie Therapie ganzheitlich an und erfassen den Menschen auf der körperlichen wie auf der geistig-seelischen Ebene: Die beachtlich guten Heileffekte alternativmedizinischer Fruchtbarkeitstherapien lassen sich nicht zuletzt auf die allgemeine Tonisierung, die Stärkung des gesamten Organismus, zurückführen.

Die naturheilkundlichen Möglichkeiten zur Erfüllung des Kinderwunsches ebenso wie die schulmedizinischen und die Methoden der Reproduktionsmedizin vorzustellen, ist das Anliegen dieses Buches.

Daneben richtet sich der Fokus auch auf andere Meilensteine auf dem Weg zur Elternschaft wie die Ernährung, bestimmte Stellungen beim Sex und die gezielte Vermeidung von Faktoren, welche die Fruchtbarkeit herabsetzen. Dazu werden die körperlichen wie seelischen Ursachen von Fruchtbarkeitsstörungen ausführlich dargestellt, ein anatomischer Exkurs vermittelt die biologischen Grundlagen zu Zeugung und Befruchtung.

Kurz: ein Buch, dass sich mit allen Aspekten rund um das Kinderkriegen befasst. Es richtet sich sowohl an jene, die schon lange vergebens auf Nachwuchs warten, als auch an die Leser, die sich ganz allgemein mit dem Phänomen der Fruchtbarkeit auseinander setzen sowie nicht zuletzt Grundlegendes zur umfassenden Gesundheit des Organismus erfahren möchten – wie bereits erwähnt, die Basis fürs Kinderkriegen.

Um die Ursache für die ungewollte Kinderlosigkeit zu finden, müssen alle Aspekte berücksichtigt werden – physische und psychische.

Eltern werden ist nicht schwer ...

Seit der Frühzeit ihres Bestehens hat die Menschheit die Fähigkeit, Nachkommen zu zeugen, als wertvollstes Gut gehandelt und stets nach Mitteln und Wegen gesucht, diese zu erhalten und zu verbessern. Jede Kultur kennt Götter, Symbole oder Rituale, die den Kindersegen sichern sollen. Das ist ein eindeutiges Indiz dafür, dass Kinderkriegen noch nie selbstverständlich und jedem problemlos möglich war, wie es manchmal erscheinen mag.

Aus Zentralafrika stammt diese Figur der Mutter- und Fruchtbarkeitsgöttin Phemba.

Unerfüllter Kinderwunsch – gestern und heute

In der Vergangenheit hat man die unterschiedlichsten Strategien entwickelt, mit ungewollter Kinderlosigkeit umzugehen. So war es früher gang und gäbe, dass Männer unfruchtbarer Frauen eine andere, etwa ihre Magd, schwängerten. Diese musste das Kind zur Welt bringen und es dann der nicht leiblichen Mutter überlassen. In Kulturen, in denen es Männern erlaubt war, mehrere Frauen zu haben, erledigte sich ein Nachwuchsproblem ohnehin von selbst – zumindest für den Mann.

Lag die Ursache für die Unfruchtbarkeit beim Mann, war es in vielen Völkern auch üblich, dass die Frau sich einen anderen biologischen Vater suchte.

Fazit dieses kleinen Exkurses: Ungewollte Kinderlosigkeit ist so alt wie die Menschheit selbst und war bereits im Alten Testament ein wichtiges Thema. Zahllose Männer wie Frauen quer durch die Kulturen mussten sich seit Anbeginn der Welt mit dem Problem des unerfüllten Kinderwunsches und mit Nachwuchssorgen auseinander setzen.

Eine bis in unsere Tage praktizierte Möglichkeit zur Erfüllung des Kinderwunsches ist es, Waisen an Kindes statt anzunehmen, sie also zu adoptieren (→ Seite 16).

Der Schein trügt

Wenn man allerdings gerade selbst von Unfruchtbarkeit betroffen ist, fühlt man sich leicht als Einzelschicksal. Verständlich, denn ungewollte Kinderlosigkeit wird nach wie vor tabuisiert und ist ein Thema, über das man nicht gerne spricht – oft auch mit den engsten Vertrauten nicht. Man sollte sich jedoch nicht täuschen lassen. Weltweit, so schätzen Experten, sind etwa 60 bis 80 Millionen Paare von ungewollter Kinderlosigkeit betroffen. In Deutschland ist Hochrechnungen zufolge bei rund 1,5 Millionen Paaren der Kinderwunsch unerfüllt. Anders ausgedrückt: Etwa 15 Prozent aller Paare warten vergebens auf Nachwuchs. Dazu kommt, dass jedes fünfte Paar in Deutschland vorübergehend an Unfruchtbarkeit leidet.

Diese Zahlen zeigen ganz klar: Fruchtbarkeitsstörungen, vorübergehend oder dauerhaft, sind alles andere als ein Einzelfall. Allein schon diese Tatsache sollte betroffenen Paaren den Mut geben, sich aktiv mit ihrem Problem auseinander zu setzen.

Genaue Daten zur Häufigkeit ungewollter Kinderlosigkeit liegen nicht vor, denn keineswegs jedes Paar mit unerfülltem Kinderwunsch geht auch zum Arzt.

Wenn es nicht auf Anhieb klappt …

… ist das vollkommen normal. Denn dass es in bestimmten Lebensphasen zu einer zeitweiligen Unfruchtbarkeit kommt, ist absolut nichts Ungewöhnliches. Nur fällt ein Ausbleiben des Eisprungs oder eine beeinträchtigte Spermaqualität ohne einen akuten Kinderwunsch kaum auf.

Stellt sich jedoch Bedürfnis nach Nachwuchs ein und kommen zudem auch noch viele Paare im Freundeskreis scheinbar einfach in den Genuss der Elternfreuden, macht sich häufig Ratlosigkeit breit. Erst wenn man sein Problem anspricht, stellt sich meist heraus, dass es auch bei den anderen nicht auf Anhieb mit der Schwangerschaft geklappt hat. Fast alle müssen warten, Statistiken zufolge durchschnittlich sechs Monate, oft aber auch viel länger. Abhängig davon, wie lange die Frau verhütet hat, ist auch die Warteschleife für das Baby größer. Bei den 32- bis 37-jährigen beispielsweise beträgt sie im Mittel länger als ein Jahr. Daneben korreliert die Wartezeit mit dem Alter; 40-jährige müssen sich

Störungen der Fertilität sind meist nur temporär. Fast jedes Paar hat Phasen, in denen die Empfängnisbereitschaft eingeschränkt oder vorübergehend nicht vorhanden ist.

doppelt so lange geduldet wie 20-jährige Wunschmütter, ohne dass dabei eine Fruchtbarkeitsstörung vorliegt.

Pro Zyklus mit ungeschütztem und regelmäßigem Sex werden nur drei von zehn Frauen schwanger. Das heißt, dass es auch bei vollkommen gesunden Partnern einiger Probeläufe bedarf, bis sich die ersehnte Schwangerschaft endlich einstellt.

Was heißt überhaupt »unfruchtbar«?

Lässt das Baby jedoch trotz eifriger Bemühungen auf sich warten, ist es an der Zeit, die Ursache zu erforschen. Vor voreiligen Schlüssen sei allerdings gewarnt. Wie bereits erwähnt, ist es bis zu einem gewissen Grad vollkommen normal, wenn trotz regelmäßigen Geschlechtsverkehrs ohne Verhütung keine Schwangerschaft eintritt. Groß angelegten Studien zufolge erlebt jede dritte Frau solche »unfruchtbaren« Phasen. 80 Prozent der beobachteten Frauen sind inzwischen Mütter geworden. Unfruchtbarkeit ist kein unabänderlicher Zustand, sondern sie ist von vorübergehender Natur. Der so endgültig klingende Begriff »Sterilität« bedeutet nur, dass innerhalb eines bestimmten Zeitraums keine Schwangerschaft eingetreten ist. Wer sich nach längerem Warten auf den Nachwuchs vorschnell für »unfruchtbar« hält, sollte bedenken, dass nur etwas mehr als zwei Prozent der ungewollt kinderlosen Paare tatsächlich vergebens auf ein Kind hoffen. »Echte« Unfruchtbarkeit ist also äußerst selten. In allen anderen Fällen spricht man heute von einer »verminderten Fruchtbarkeit«.

Gleichberechtigung

Die Ursachen für ungewollte Kinderlosigkeit liegen zu gleichen Teilen beim Mann und bei der Frau: jeweils zu durchschnittlich 40 Prozent. In zehn Prozent dieser Fälle werden Fruchtbarkeitsstörungen bei beiden Partnern festgestellt, bei weiteren zehn Prozent der betroffenen Paare lassen sich dagegen keine Ursachen ausfindig machen.

Wer ist unfruchtbar?

In den wenigsten Fällen erfüllt sich der Kinderwunsch sofort, auch wenn beide Partner völlig gesund sind.

Echte Unfruchtbarkeit

Die Definitionen der Weltgesundheitsorganisation WHO, nach denen zwischen momentanen Störungen der Fruchtbarkeit und Sterilität unterschieden wurde, sind inzwischen neu gefasst worden. Bis dato definierte man Unfruchtbarkeit als das Ausbleiben einer Schwangerschaft über einen Zeitraum von zwölf Monaten – vorausgesetzt, dass keine Maßnahmen zur Verhinderung einer Schwangerschaft vorgenommen wurden und regelmäßiger Geschlechtsverkehr (zwei- bis dreimal die Woche) stattfand.

Heute spricht man von »echter« Unfruchtbarkeit, wenn bei einer Frau die biologischen Voraussetzungen für eine Schwangerschaft nicht gegeben sind, also organische Ursachen vorliegen. Dem vergleichbar gelten Männer dann als unfruchtbar, wenn sie keine Spermien bilden. In den genannten Fällen geht es um eine Erscheinung, die sich normalerweise nicht von selbst regelt, sondern geeigneter therapeutischer Maßnahmen bedarf. Liegen keine organischen Ausschlussprinzipien vor, spricht man dagegen von Fruchtbarkeitsstörungen.

Gründe für temporäre wie für dauerhafte Unfruchtbarkeit gibt es, wie die folgenden Kapitel noch aufzeigen werden, viele.

Unter Infertilität versteht man im Gegensatz zur Sterilität die Unfähigkeit, eine Schwangerschaft nach erfolgter Befruchtung und Einnistung in die Gebärmutterschleimhaut auszutragen.

Zwischen Hoffnung und Resignation

Für viele Paare stellt die ungewollte Kinderlosigkeit eine gewaltige Belastung dar – nicht selten Zerreißprobe der Beziehung.

Unerfüllter Kinderwunsch ist eine schwierige und belastende Situation, die alle Aspekte des Lebens erfasst und mit der nicht jedes Paar auf Anhieb fertig wird. Viele missdeuten ihre Unfruchtbarkeit als selbstverschuldeten Makel oder sausen zwischen großen Hoffnungen zu Beginn des Zyklus und Resignation, wenn sich die Periode wieder einstellt, auf der Achterbahn der Emotionen auf und ab. Keine Frage, verminderte Fruchtbarkeit kann, vor allem wenn sie länger andauert, zu starken emotionalen Reaktionen führen, zu Depressivität und Beeinträchtigung des Selbstwertgefühls – bei Frauen und Männern gleichermaßen.

Akzeptieren lernen

Die schwierigste, aber auch wichtigste Aufgabe für betroffene Paare ist es, die eingeschränkte Fruchtbarkeit akzeptieren zu lernen. Erst wenn man wirklich verstanden hat, dass die Erfüllung des Kinderwunsches zu einem bestimmten Zeitpunkt einfach nicht möglich ist, kann man Schuldgefühle, Versagensängste und den daraus resultierenden Stress abbauen, der seinerseits den Nachwuchs in noch weitere Ferne rücken lässt (→ Seite 77).

Sie sollten nicht schweigend in Resignation verfallen. Reden Sie miteinander über das Problem, um gemeinsam zu einer Lösung zu finden.

Wo Sie Hilfe finden

Erfahrungen und Berichte von Betroffenen haben gezeigt, dass es sehr hilfreich ist, mit »Leidensgenossen«, beispielsweise in Selbsthilfegruppen, über gemeinsame Probleme zu sprechen (→ Seite 88). Aber auch mit spezialisierten Ärzten in Fertilitätszentren lassen sich viele bohrende und auf der Seele lastende Probleme diskutieren.

Patentrezepte gibt es nicht

Eines sollten sich alle bewusst machen, die im Begriff stehen, Strategien gegen ihre ungewollte Kinderlosigkeit zu entwickeln: Patentrezepte gibt es nicht.

Da es sich bei unerfülltem Kinderwunsch – wie im weiteren Verlauf aufgezeigt – um einen komplexen Problemkreis handelt, der zahllose Facetten haben kann, existieren auch keine allgemein gültigen Lösungen. Jedes Paar hat seine eigene Geschichte und muss die individuell auf seine Bedürfnisse zugeschnittene Behandlung finden und entsprechend beraten werden.

Erste Ansprechpartner sind zunächst einmal der Hausarzt oder ein Facharzt, beispielsweise ein Gynäkologe oder Urologe. Gezielte Beratung findet auch in so genannten Fertilitätszentren statt, die sich auf die Problematik »ungewollte Kinderlosigkeit« spezialisiert haben.

Die offene Auseinandersetzung mit dem breiten Spektrum an möglichen Gründen für den bisher unerfüllten Kinderwunsch ist ein viel versprechender erster Schritt.

Alternativen zum Kinderkriegen

Nach langer, erfolgloser Behandlung müssen sich manche Paare irgendwann einmal damit auseinander setzen, dass ihr Kinderwunsch wohl unerfüllt bleiben wird.

Der Abschied von der Elternschaft und das Wissen, die Zukunft nun doch ohne Kinder gestalten zu müssen, birgt sicherlich einen schwierigen Trauerprozess. Er sollte von beiden Partnern gemeinsam und auch von jedem für sich allein durchlaufen werden.

Doch ungewollte Kinderlosigkeit ist nicht gleichbedeutend mit einem unerfüllten Leben zu zweit. Ganz im Gegenteil: Der Verzicht auf ein Kind eröffnet oftmals vollkommen neue Perspektiven für die Beziehung. Aus dem Akzeptieren und Annehmen der Unfruchtbarkeit können bislang auf den Kinderwunsch zentrierte Energien frei werden und ungeahnte andere Möglichkeiten erwachsen. Eine davon ist, einem oder mehreren jener zahllosen Kinder Eltern zu werden, die ihre eigenen verloren haben oder aber von ihnen, aus welchen Gründen auch immer, weggegeben wurden.

Eltern gesucht

Hat sich ein Paar zur Adoption eines Kindes entschlossen, steht es allerdings möglicherweise erneut vor einer harten Geduldsprobe.

Wer sich Kinder wünscht, selbst jedoch keine bekommen kann, für den bietet sich eine Adoption an. Allerdings ist unerfüllter Kinderwunsch allein für das Jugendamt noch kein hinreichender Adoptionsgrund. Das Adoptivkind darf niemals »Ersatz« für das nicht geborene leibliche Kind sein. Es soll vielmehr als eigene Persönlichkeit angenommen und um seiner selbst willen geliebt werden.

Damit die Realität diesem Ideal so nah wie möglich kommt, werden mögliche Adoptiveltern auf Herz und Nieren geprüft – nicht das Paar wählt, sondern vielmehr werden für ein bestimmtes Kind die passenden Eltern gesucht. Im Zuge der Prüfung auf Elternfähigkeit spricht das Jugendamt mit den Bewerbern auch über die Stabilität ihrer Partnerschaft, über deren Flexibilität und Belastbarkeit und den seelischen und körperlichen Gesundheitszustand. Weitere Themen sind die wirtschaftliche Gesamtsituation, die Wohnverhältnisse, das soziale Umfeld und die Lebensführung – im Vordergrund steht dabei immer das Bestreben, dem Kind eine Integration in die neue Familie zu ermöglichen. Und so ist der Gang Adoptionswilliger zum Jugendamt nicht frei von Unsicherheiten, ob man auch den Ansprüchen genügt.

Pflegekinder

Eine Alternative zur Adoption ist die Aufnahme eines Pflegekindes. In der Regel werden häufiger Pflege- als Adoptivkinder vermittelt. Ein Pflegekindverhältnis ist teilweise zeitlich begrenzt und

Adoption als Alternative

auf die Rückführung des Kindes in die Herkunftsfamilie ausgerichtet. Oft jedoch verbleiben Pflegekinder bis zur Volljährigkeit in ihrer Pflegefamilie.

Die Aufnahme eines Pflegekindes wird mit einem bestimmten Betrag an Unterhalts- und Erziehungsgeldern vergütet. In wenigen Fällen kann eine Pflegschaft in eine Adoption münden, doch sollte dies nie das Ziel eines Pflegeverhältnisses sein.

Soweit einige einführende Aspekte. Zum Auftakt der Strategien gegen ungewollte Kinderlosigkeit wird zunächst auf die anatomischen Grundlagen für das Kinderkriegen – Zeugung und Befruchtung – eingegangen.

Von Bewerbern für eine Adoption wird auch Risikobereitschaft erwartet, etwa im Fall der offenen Adoption, bei der Kontakt zur Herkunftsfamilie besteht.

Ein Kind ist ein Geschenk

Abschließend noch ein Gedanke, der den Leser durch die nun folgenden Seiten begleiten soll: Ein Kind ist immer ein Geschenk. Charakteristikum von Geschenken ist, dass sie aus freien Stücken überreicht werden und nicht unter Zwang. Ein Kind zu bekommen, kann nie erzwungen werden – auch nicht mit den besten medizinischen Therapien.

Mit der Aufnahme eines Pflegekindes oder einer Adoption können sich Paare ihren Kinderwunsch erfüllen und einem Kind ein neues Heim geben.

Neues Leben entsteht

In einem Buch, das sich mit Strategien gegen Unfruchtbarkeit befasst, sollte eines nicht fehlen: die körperlichen Grundlagen dafür, dass neues Leben überhaupt entstehen kann. Denn die eingehendere Beschäftigung mit den Fundamenten von Zeugung und Empfängnis zeigt Paaren, die sich Kinder wünschen, wichtige und vielleicht bislang unbekannte Fakten und macht darüber hinaus deutlich, welches Wunder sich bei der Empfängnis im Grunde vollzieht.

Für die Befruchtung einer Eizelle ist nur eine einzige Samenzelle notwendig.

Die Anatomie der Zeugung

Wussten Sie, dass Eizellen nur maximal 24 Stunden lang befruchtungsfähig sind, Spermien ausschließlich an sechs Tagen des Zyklus von der Scheide in die Gebärmutter aufsteigen können und weibliche Babys bereits voll ausgestattet mit rund 400 000 Eizellen zur Welt kommen? War Ihnen bekannt, dass die Bildung von Geschlechtshormonen einem minutiösen Zeitplan unterliegt, der genauestens eingehalten werden muss, damit eine Frau oder ein Mann überhaupt fruchtbar sind? Den meisten sind die anatomischen Gegebenheiten in Sachen Fortpflanzung weniger gut vertraut, als sie vielleicht annehmen.

Oft ist eine vage Erinnerung an den Biologieunterricht der Schulzeit das Einzige, was man noch über das menschliche Hormonsystem und die Vorgänge bei der Befruchtung weiß.

Wer keine Probleme mit der Fruchtbarkeit hat, mag auf erwähnte Kenntnisse freilich verzichten können. Doch all jenen Menschen, die sich ein Kind wünschen und vielleicht schon lange vergebens darauf warten, Eltern zu werden, sollten die Fundamente vertraut sein, auf denen die Fruchtbarkeit ruht: Dazu gehören die Aufgaben unserer Geschlechtsorgane und schließlich auch die Prozesse, die hinter Menstruationszyklus, Eisprung, Spermienreifung und letztlich der Befruchtung selbst stehen. Und so soll vorab ein kleiner anatomischer Exkurs über die »Orte des Geschehens« aufklären.

Die anatomischen Grundlagen

Die weiblichen Geschlechtsorgane

Am Beginn der Beschreibung der weiblichen Anatomie steht die Scheide, Vagina.

Scheide

Der Scheideneingang liegt neben der Harnröhrenöffnung, eingebettet in die kleinen und großen Schamlippen. Wie ein kleiner Schiffsbug enden sie vorne am Schambein. Ganz geschützt im vorderen Teil der Scheide liegt der Kitzler verborgen – das »Pendant« zur Eichel des Mannes (→ Seite 22) und das sexuell empfindsamste Organ der Frau.

Die Scheide ist ein rund zehn bis zwölf Zentimeter langer, muskulös-elastischer Kanal, der von der Gebärmutter aus nach unten aus dem Körper hinausführt. Sie ist mit Schleimhaut ausgekleidet, besitzt jedoch keine Drüsen.

Am oberen Ende des Scheidenkanals liegt der Muttermund, der Abschluss der Gebärmutter. Hinter ihm mündet der so genannte Gebärmutterhals, Zervix, in die Gebärmutter.

Ein weibliches Baby kommt im Grunde als »fertige« kleine Frau auf die Welt: ausgestattet mit zwei Eierstöcken, zwei Eileitern, der Gebärmutter, der Scheide und dem Kitzler.

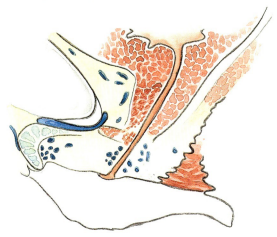

Die Vagina oder Scheide

Neues Leben entsteht

Die Gebärmutter

Normalerweise findet in der Gebärmutter kaum ein halber Teelöffel Flüssigkeit Platz – die Größe eines Babys kurz vor seiner Geburt macht deutlich, wie sehr sie sich ausdehnen kann!

Gebärmutter

Am oberen Ende der Scheide, hinter der Harnblase und vor dem Mastdarm, liegt die Gebärmutter, der Uterus. Das muskulöse Hohlorgan mit seiner bemerkenswerten Fähigkeit zur Ausdehnung ist ähnlich einer Birne geformt und innen mit einem dicken Drüsenepithel sowie zahllosen Flimmerhärchen ausgekleidet.

Bänder und Muskelfasern fixieren die Gebärmutter selbst bei den außergewöhnlichsten Bewegungen der Frau. Durch eine dicke Muskelschicht nach außen geschützt, kann die Gebärmutter im Bedarfsfall eine sichere Wiege für das neue Leben bieten. Diese Muskeln sind es auch, die sich bei der Geburt zusammenziehen und das Kind aus dem Mutterleib pressen. Außer dem Schutz des Ungeborenen besitzt die Gebärmutter die mindestens ebenso wichtige Aufgabe, es mit Nährstoffen, Blut und Sauerstoff zu versorgen.

Eierstöcke

Die etwa drei Zentimeter großen Eierstöcke, die Ovarien, liegen zu beiden Seiten der Gebärmutter im unteren Beckenbereich. Die so genannten Ovarienbänder befestigen die beiden wichtigsten weiblichen Geschlechtsdrüsen an der Gebärmutter.

In kleinen Hohlräumen der Eierstöcke, den Follikeln oder Eitaschen, wachsen die Eier heran. Hier werden auch die Hormone Östrogen und Progesteron gebildet. Als Hauptakteure im weiblichen Hormonhaushalt steuern sie unter anderem den monatlichen Zyklus (→ Seite 29). Im Unterschied zu den männlichen Geschlechts- oder Keimdrüsen produzieren die Ovarien keine neuen Eizellen. Alle Eier, die eine Frau zur Befruchtung besitzt, sind bereits bei der Geburt angelegt. Sie müssen in den Eierstöcken nur noch heranwachsen und zu voller Befruchtungsfähigkeit ausreifen.

Die Eierstöcke

Rund 400 Chancen

Zu Beginn der Pubertät lagern in den Eierstöcken rund 400 000 Eizellen. Im Laufe des Lebens reifen durchschnittlich 400 Eizellen zu befruchtungsfähigen Eiern heran und werden einmal monatlich im Zuge des Eisprungs von der Oberfläche eines der beiden Ovarien abgegeben. Ist dieser Vorrat an Eiern ausgeschöpft, bilden sich die Eierstöcke langsam zurück, und es finden immer seltener Eisprünge statt: Die Menopause hat begonnen. Der Zeitpunkt, zu dem die Wechseljahre eintreten, variiert von Frau zu Frau – neben dem allgemeinen körperlichen wie psychischen Befinden spielen hier auch die Anzahl der Geburten, die eine Frau hatte, sowie ihre Lebensweise eine Rolle. Das Gleiche trifft für die genannte Zahl an Eizellen zu, die zur Befruchtung bereitstehen: Auch hier schwanken die Zahlen abhängig vom Eintritt der ersten Menstruation, vom Gesundheitszustand und der Lebensführung. Dementsprechend sind die Angaben zunächst einfach als statistischer Durchschnitt und als ungefähre Richtwerte zu verstehen.

Die Eierstöcke sind die eigentlichen Geschlechtsdrüsen: Hier reifen die von Geburt an vorhandenen Eizellen aus, und hier werden die wichtigsten weiblichen Geschlechtshormone gebildet.

Eileiter

Im oberen Bereich der Gebärmutter befinden sich beidseitig zwei kleine Öffnungen. Hier münden die beiden Eileiter, Tuben genannt. Über diese rund zehn Zentimeter langen, nadelspitzendünnen Kanäle sind Eierstöcke und Gebärmutter miteinander verbunden; allerdings nicht direkt, denn zwischen Eierstöcken und Eileitern befindet sich ein winziger Zwischenraum, den das Ei bei seinem Sprung überwinden muss. Um ihm den Eintritt zu erleichtern, enden die Eileiter in fingerförmige Verästelungen, die so genannten Fimbrien, die sich während des Eisprungs über die Eierstöcke stülpen. Ist der Sprung geschafft, tritt allmonatlich ein reifes Ei seine Reise Richtung Gebärmutter an, unterstützt vom rhythmischen Schlagen feinster Flimmerhärchen, mit der die Eileiter ausgekleidet sind.

Neues Leben entsteht

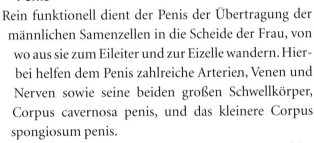

Die Eileiter

Die Eileiter dienen nicht nur der Passage vom Eierstock zur Gebärmutter, sondern zugleich – und mindestens ebenso bedeutend – als Hauptschauplatz für die Entstehung neuen Lebens. Denn in den Tuben treffen die von der Scheide über die Gebärmutter hinaufgewanderten Spermien auf die Eizelle. Der Ort der Befruchtung ist also einer der beiden Eileiter, und zwar derjenige, von dessen anschließendem Eierstock aus das reife Ei in dem betreffenden Zyklus losgewandert ist.

Die männlichen Geschlechtsorgane

Die männlichen Fortpflanzungsorgane befinden sich zum größten Teil außerhalb des Körpers. Wie sich gleich zeigen wird, aus guten Gründen …

Der Penis

Penis

Rein funktionell dient der Penis der Übertragung der männlichen Samenzellen in die Scheide der Frau, von wo aus sie zum Eileiter und zur Eizelle wandern. Hierbei helfen dem Penis zahlreiche Arterien, Venen und Nerven sowie seine beiden großen Schwellkörper, Corpus cavernosa penis, und das kleinere Corpus spongiosum penis.

Während sich die beiden großen Schwellkörper auf der Oberseite des Penis befinden, liegt der kleinere, auch Harnröhrenschwellkörper genannt, an der Unterseite. An seinem Ende erweitert sich das Corpus spongiosum penis zur Eichel, der Glans penis. Hier sitzen unzählige, äußerst sensible Nervenrezeptoren, die für die Erektion eine im wahrsten Sinne ausschlaggebende Rolle spielen.

Alle drei Schwellkörper sind von einer starken faserigen Membran, der Tunica albuginea, umgeben und durch ein Bindegewebsnetz mit zahllosen Hohlräumen miteinander verbunden.

Erektion und Orgasmus

Bei der Erektion (von lateinisch »erectio«, Aufrichtung) erweitern sich die Penisarterien, sodass sich die Schwellkörper verstärkt mit Blut füllen – der Penis richtet sich auf. Die Ausdehnung der Arterien und der damit verbundene Bluteinstrom können durch eine Reizung der Eichel sowie durch psychische Einflüsse ausgelöst werden. Während die Arterien sich erweitern, verengen sich die Venen durch die blutdruckbedingte Straffung, und die glatte Muskulatur innerhalb der Schwellkörper erschlafft. Der venöse Rückfluss des Blutes ist behindert. Dies sorgt für die Aufrechterhaltung der Erektion. Bei der Ejakulation ziehen sich die äußerst starken Muskeln rund um die Harnsamenröhre schließlich zusammen und stoßen mit großer Kraft die in der Samenflüssigkeit enthaltenen Spermien aus dem Penis.

Die Anspannung der Muskeln lässt den Penis anschließend wieder in den »Ruhezustand« zurückkehren. Mechanisch gesehen ist eine Erektion also relativ einfach. Doch Aufstieg und Fall steuert ein »neurovaskuläres Phänomen«, abhängig von dem Blutstrom in den Penis und aus ihm heraus. Diesen wiederum steuert ein nicht willentlich beeinflussbares, feines Zusammenspiel geistig-seelischer und körperlicher Reflexe, das höchst störanfällig ist (→ Seite 26).

Harnblase

Prostata

Hoden

Penis

Die männlichen Geschlechtsorgane liegen größtenteils außerhalb des Körpers.

Durch zahlreiche Muskelkontraktionen werden die Spermien aus den Nebenhoden über den Penis ausgestoßen.

Neues Leben entsteht

Hoden

Die beiden pflaumenförmigen Hoden liegen außerhalb des Körpers im Hodensack, einer dunkel pigmentierten Hauttasche hinter dem Penis. Am hinteren Ende des Hodensackes treten Samenleiter und -strang sowie Nerven und Blutgefäße in die Hoden ein und aus.

Die Hoden sind die wichtigsten Geschlechtsdrüsen des Mannes, das Pendant zu den Eierstöcken der Frau (→ Seite 20). Zum einen dienen sie der Produktion von Testosteron, zum anderen der Bildung von Samenzellen, den Spermien, in den vielen hundert Samenkanälchen innerhalb der Hoden, den Tubuli seminiferis. Hier wird täglich die stolze Zahl von 200 Millionen Samenzellen gebildet, die über den oberen Teil der Hoden in die Nebenhoden wandern, wo sie lagern und reifen.

Zwischen den Samenkanälchen liegen die Leydig'schen Zwischenzellen. In ihnen wird das Testosteron gebildet, das über kleine Venen in den Blutkreislauf gelangt und so im gesamten Körper verteilt wird. Diese Zellen sind ausgesprochen widerstandsfähig. Krankheiten oder Verletzungen können die Testosteronproduktion kaum beeinträchtigen. Die Samenkanälchen sind allerdings hoch sensibel. Bereits eine Erkältung und leichtes Unwohlsein können die Spermienbildung durchaus in Mitleidenschaft ziehen. Hier liegt auch der Grund, weshalb viele Männer zwar eine eingeschränkte Fruchtbarkeit haben, dennoch sexuell voll aktiv sind.

Hodenquerschnitt

Testosteron ist maßgeblich verantwortlich für die Ausbildung der männlichen Geschlechtsmerkmale wie etwa Körperbehaarung, Bartwuchs, tiefe Stimme sowie für das männliche Sexualverhalten.

Samenleiter und Prostata

Samenleiter

Der Samenleiter, Vas deferens, dient dem Abtransport der Spermien via Harnröhre in den Penis. Bei der Ejakulation gelangen die Samenzellen aus den Nebenhoden in den Samenleiter, wo sie mit Sekreten aus Prostata und Samenbläschen angereichert werden. Dann geht es weiter in die Harnröhre und damit in den Penis, hinunter zur Harnröhrenöffnung in der Eichel, von wo aus die Spermien, nunmehr auf sich gestellt, ihre abenteuerliche Reise durch den weiblichen Genitaltrakt antreten.

Alles eine Frage der richtigen Temperatur

Die normale Körpertemperatur von etwa 37 °C wäre der Produktion der Samenzellen abträglich. Für uneingeschränkt zeugungsfähige Spermien muss die Temperatur rund 34,8 °C betragen. Dieses Problem hat die Natur praktisch gelöst: Die Fabrikationsstätten der Samen liegen außerhalb des Körpers im Hodensack, wo bei zwei bis drei Grad niedrigeren Temperaturen optimale Bedingungen für die Arterhaltung herrschen. Doch außer einer Reduktion um etwa 2,2 °C gegenüber der Körpertemperatur bedarf die Herstellung erfolgreicher Samenzellen auch eines konstanten Klimas. Dafür, dass dieses unabhängig von äußeren Einflüssen gehalten wird, sorgen feinste Muskeln im Hoden. Duscht sich ein Mann kalt, ziehen sich diese zusammen, die Hodensäcke werden damit näher an den Körper herangeholt und von ihm warm gehalten. Umgekehrt entspannen sich die Muskeln unter der Einwirkung von Wärme, und die Hoden entfernen sich vom Körper, um abzukühlen. Darüber hinaus sind die Hoden von einem weit verästelten Geflecht kleiner Blutgefäße durchzogen, die sich bei Kälte zusammenziehen und bei Wärme wieder ausdehnen – auf diese Weise kann immer so viel körperwarmes Blut in die Hoden fließen, wie zur Aufrechterhaltung der 34,8 °C erforderlich ist. Beide Reaktionen laufen unwillkürlich ab.

Bei im Wasser lebenden Säugetieren, etwa dem Walfischmännchen, befinden sich die Hoden innerhalb des Körpers, da ihr Lebensraum sonst für die Samenproduktion zu kalt wäre.

Vorsteherdrüse

Die auch Prostata genannte Vorsteherdrüse umgibt den ersten Abschnitt der Harnröhre gleich unterhalb der Blase. Sie produziert Sekrete, die der Erhaltung der Spermienaktivität und gewissermaßen als »Treibstoff« der männlichen Samenzellen dienen. Denn bevor eine Samenzelle den Eileiter der Frau erreicht, hat sie eine wahrlich lange Wanderschaft hinter sich zu bringen. Damit ihr hierfür ausreichend Energie zur Verfügung steht, enthalten die Prostatasekrete unter anderem Fruchtzucker – auch »Spermazucker« genannt – der die Spermien ernährt.

Die Prostata regelt auch den Ablauf des Samenergusses. In ihrer Funktion als Muskel sorgt sie dafür, dass keine Samenflüssigkeit in die Blase und kein Urin in die Samenflüssigkeit gerät.

Ein fein abgestimmtes Zusammenspiel

Die vorangegangenen Seiten lassen auf stetige Aktivitäten in den Geschlechtsorganen schließen – da reifen, springen und wandern Eier, klettern Samenzellen Kanäle hinauf und hinunter, treffen alsbald Eier mit befruchtungswilligen Spermien zusammen, und das alles läuft nicht etwa chaotisch durcheinander, sondern sittsam geregelt ab.

Derartige Präzision lässt ausgeklügelte Steuerung vermuten, ein bis ins Detail geplantes Protokoll, nach dessen Vorgaben das multiple Geschehen in den Geschlechtsorganen seinen Lauf nimmt. Die Zeremonienmeister zur Koordination – nicht nur hinsichtlich Fruchtbarkeit und Fortpflanzung – sind die Hormone. Neben der Befruchtung steuern und regulieren sie unzählige weitere Körperfunktionen und Stoffwechselvorgänge, aber zudem Verhaltensweisen sowie seelisches Befinden. Unser Hormonsystem gleicht einem Regelkreis, in dem eine bestimmte Konzentration an Botenstoffen erhalten werden muss. Dazu bedarf es komplizierter Steuerungen: Sinkt der Spiegel eines Hormons im Blut ab, ergeht umgehend Meldung an das Gehirn, das daraufhin den Befehl entsendet, seine Produktion anzukurbeln.

Unsere Hormone sind dafür verantwortlich, dass es mit der Befruchtung klappt. Wenn die Hormonkonzentration stimmt, nimmt die Schwangerschaft ihren gewohnten Lauf.

Der Hypothalamus ist der Chef

Für das Oberkommando über das Hormonsystem zeichnet ein Bereich unseres Zwischenhirns verantwortlich, der Hypothalamus. Auf bestimmte Reize hin sondert er spezielle Hormone ab, die ihrerseits endokrine Drüsen zur Produktion von Botenstoffen anregen. So kontrolliert der Hypothalamus das gesamte hormonelle Geschehen im Körper: Dazu gehören Produktion und Ausschüttung der verschiedenen Hormone durch die endokrinen Drüsen, die Entstehung der weiblichen wie männlichen Geschlechtshormone sowie die Reifung der Eizellen und die Bildung der Spermien.

Eine dem Hypothalamus zwar untergeordnete, dennoch ebenfalls zentrale Rolle im Spiel der Hormone kommt der Hirnanhangsdrüse zu, der Hypophyse. In Größe und Gestalt einer Kirsche ähnlich, liegt diese Drüse an der Unterseite des Gehirns. Die von ihr freigesetzten Hormone bestimmen neben Fortpflanzung und Sexualität zugleich Wachstum, Stoffwechselgeschehen, Mineralstoff- und Zuckergehalt im Blut, Flüssigkeitshaushalt sowie Muskeltätigkeit.

Der Hypothalamus ist nicht nur oberstes Steuerungszentrum für hormonelle Vorgänge, sondern er koordiniert auch die Wechselwirkungen zwischen Körper und Seele.

Herolde des Körpers

Hormone sind gewissermaßen die Gesandten des Organismus, denn sie haben die Aufgabe, Nachrichten zu übermitteln. Die Botschaften, die sie bringen, lösen bestimmte Reaktionen bei ihren Empfängern, Zellen sowie Geweben, aus. Vor diesem Hintergrund rangieren Hormone auch als Botenstoffe unseres Körpers.

Die Hormone werden von den so genannten endokrinen Drüsen gebildet und freigesetzt. Von dort aus reisen sie via Blutkreislauf, um ihre Botschaft weiterzuleiten. Dies geschieht keinesfalls willkürlich, denn obgleich Hormone über das Blut im gesamten Körper verteilt sind, sprechen Organe und Zellen nur auf »ihren« speziellen Kurier an. Ist es der falsche, heißt es »zurück an den Absender«, und die Botschaft bleibt ohne Wirkung.

Die Geschlechts- oder Sexualhormone werden medizinisch als Gonadotropine bezeichnet. Dieser Begriff ist abgeleitet von Gonaden, Geschlechtsdrüsen.

Der notwendige Hormonstoß

Eine der Botschaften, die der Hypothalamus entsendet, ist das Gonadotropin-Releasing-Hormon – übersetzt »Sexualhormon freisetzendes Hormon« oder kurz GnRH genannt.

Dieser hoch aktive Bote regt bei Frauen wie Männern den Vorderlappen der Hirnanhangsdrüse an und bringt die Herstellung jener beiden Stoffe ins Rollen, die den Dreh- und Angelpunkt zur Entstehung neuen Lebens bilden: das follikelstimulierende Hormon, abgekürzt FSH, sowie das luteinisierende Hormon, LH.

Bei Frauen bewirken die beiden Sexualhormone die Reifung der Eizellen zur Befruchtungsfähigkeit, genannt Follikelreifung, sowie die Bildung der weiblichen Geschlechtshormone, des Östrogens Östradiol sowie des Progesterons.

Bei Männern geht die Spermienproduktion in den Hoden sowie die Bildung der männlichen Sexualhormone Testosteron und Dihydro-Testosteron auf das Konto von FSH und LH.

Die Freisetzung von GnRH durch den Hypothalamus unterliegt einem minutiösen Zeitplan: Im 90-Minuten-Takt wird das Hor-

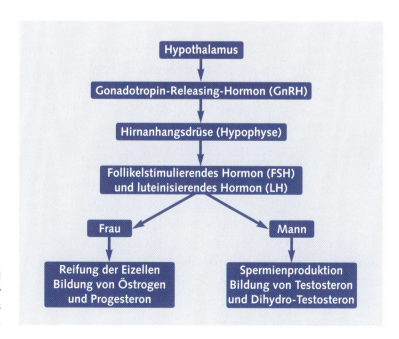

Das Zusammenspiel der Hormone ist für den weiblichen Zyklus von großer Bedeutung.

mon abgegeben. Nur wenn diese Frequenz eingehalten wird, schüttet die Hirnanhangsdrüse FSH und LH aus. Auch diese zeitliche Abhängigkeit zeigt, wie fein die hormonellen Abläufe im Körper aufeinander abgestimmt sind und wie viele Voraussetzungen erfüllt sein müssen, damit das hormonelle Gleichgewicht erhalten bleibt, das die Grundbedingung für Fruchtbarkeit ist.

Gemäß der bereits bei der Darstellung der Geschlechtsorgane gewählten Reihenfolge werden im Anschluss zunächst die hormonellen Abläufe bei der Frau, insbesondere beim monatlichen Zyklus, sowie der Eisprung beleuchtet. Was follikelstimulierendes und luteinisierendes Hormon bei Männern bewirken, wird später beschrieben (→ Seite 33).

Ernährung und Lebensweise, übermäßige mentale oder körperliche Belastung können das Zusammenspiel der Hormone leicht aus dem Takt bringen – bei Frauen wie Männern.

Der weibliche Hormonkanon

Follikelstimulierendem und luteinisierendem Hormon obliegen zwei unterschiedliche Aufgabenbereiche im weiblichen Zyklus: Während das follikelstimulierende Hormon vor allem die Entwicklung eines befruchtungsfähigen Eibläschens, des Follikels, fördert, bewirkt das luteinisierende Hormon seinen Sprung hinüber in den Eileiter.

Daneben sind noch zwei weitere Botenstoffe tonangebend im weiblichen Hormonkanon: das Östrogen Östradiol, das unter dem Einfluss des follikelstimulierenden Hormons in den beiden Eierstöcken gebildet wird, sowie das Progesteron, das der Gelbkörper produziert.

Zum femininen Quartett gehören das follikelstimulierende Hormon (FSH), das luteinisierendes Hormon (LH), Östrogen und Progesteron (Gelbkörperhormon).

Alle Monate wieder …

Binnen eines Monats, genauer und im Idealfall innerhalb von 28 Tagen, durchläuft die Frau einen Zyklus, in dem sich ihr Körper für eine Schwangerschaft vorbereitet: Im Eierstock reift eine Eizelle heran, und in der Gebärmutterschleimhaut wird ein »Eibett« aufgebaut, in dem sich eine befruchtete Eizelle bis zur Geburt einnisten könnte. In der zweiten Zyklushälfte bildet sich dann ein Gelbkörper, der die Gebärmutterschleimhaut auf die Einnistung eines eventuell befruchteten Eis vorbereitet.

Das Startsignal für den Menstruationszyklus gibt der Hypothalamus, indem er die Hirnanhangsdrüse zur Bildung von follikelstimulierendem und luteinisierendem Hormon anregt.

In der ersten Hälfte des Menstruationszyklus, also bereits vom ersten Tag der Menstruation bis etwa zum 14. Tag, ist vor allem das follikelstimulierende Hormon wirksam. Es gelangt über das Blut zu den Eierstöcken und setzt dort die Bildung von sprungreifen »Graaf'schen Follikeln« in Gang; diese Bezeichnung geht auf ihren Entdecker, den französischen Mediziner Regnier de Graaf, zurück. In welchem der beiden Eierstöcke die Botschaft zur Eireifung eintrifft, ist von Zyklus zu Zyklus verschieden und lässt sich keinesfalls vorhersagen.

Das Ei reift heran

Manchmal gelangen zwei Eier gleichzeitig zur »Sprungreife« und springen auch zum gleichen Zeitpunkt. In diesen Fällen kann es zur Geburt von zweieiigen Zwillingen kommen.

Die Hülle, in der die Eizelle heranwächst, ist das Follikel, auch Eibläschen oder Eitasche genannt. In dem kugelförmigen, blasenähnlichen Gebilde, das sich an der Oberfläche des Eierstockes hervorwölbt, schwimmt das Ei in einer klebrigen Flüssigkeit. Das Follikel ernährt die Eizelle während des Reifungsprozesses und bildet darüber hinaus das weibliche Geschlechtshormon Östrogen. Dieses ist unter anderem für den Aufbau der Gebärmutterschleimhaut zuständig, die sich im Laufe der ersten Hälfte des Zyklus verdickt, die Gebärmutter von innen auspolstert und so die Voraussetzung für die Einnistung einer befruchteten Eizelle schafft. Zudem bewirkt Östrogen, dass sich der Schleim im Gebärmutterhals verflüssigt. Dies ist notwendig, damit die Spermien durch die sonst zähe Schleimbarriere in die Gebärmutter und danach in die Eileiter hinaufsteigen können.

Die vom Eierstock ausgeschüttete Östrogenmenge steigt kontinuierlich an und erreicht kurz vor dem Eisprung um den 12. bis 13. Tag des Zyklus ihren Höhepunkt. Das ist das Signal, dass das Ei reif für den Sprung ist. Der Vorderlappen der Hirnanhangsdrüse schüttet nun das luteinisierende Hormon aus. Zeitgleich bildet das Follikel geringe Mengen Progesteron, das die Freisetzung des luteinisierenden Hormons unterstützt.

Die Aufgaben des Follikels

Der Eisprung

Etwa 28 bis 36 Stunden nach seiner Freisetzung löst das luteinisierende Hormon den Eisprung aus – der zu diesem Zeitpunkt reifste Follikel reißt auf und entlässt seine Eizelle. Der auch Ovulation genannte Eisprung findet in der Regel 12 bis 16 Tage vor Beginn der Menstruation statt. Die befruchtungsfähige Eizelle wird vom Fimbrientrichter des Eileiters aufgenommen und wandert Richtung Gebärmutter. Sie ist nun für einen begrenzten Zeitraum von 12 bis 24 Stunden befruchtungsfähig.

Von den 20 bis 40 Follikeln, die zu Beginn des Monatszyklus heranwachsen, erreicht im Normalfall lediglich ein Follikel das Stadium des Eisprungs, die restlichen sterben ab.

Die zweite Zyklushälfte

Der Follikel selbst fällt, nachdem er seinen Schützling entlassen hat, in sich zusammen. Das luteinisierende Hormon führt nun zur Vermehrung der ihn umgebenden Zellen, und es entsteht der Gelbkörper (Corpus luteum). Dieser produziert das Hormon Progesteron sowie in geringeren Mengen auch Östrogen. Das Progesteron lässt die Körpertemperatur leicht ansteigen und verhindert einen weiteren Eisprung. Zudem bewirkt es gemeinsam mit dem Östrogen, dass sich die Gebärmutterschleimhaut weiter aufbaut und auf die eventuelle Einnistung eines befruchteten Eis (→ Seite 34) vorbereitet: Die Schleimhaut wird dicker, Drüsen und Stützgewebe wachsen, Blutgefäße werden länger und gewun-

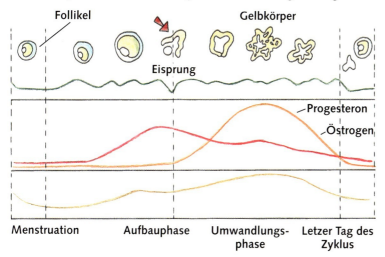

Der immer wiederkehrende Zyklus bereitet den weiblichen Körper auf eine Schwangerschaft vor.

Bei einer Blutung von vier bis sechs Tagen werden 50 bis 100 Milliliter Menstruationssekret ausgeschieden. Das entspricht nur einer kleinen Hand voll und ist viel weniger, als es vielen Frauen erscheint.

dener. Wird die Eizelle nicht befruchtet, erhält der Eierstock keine Signale des im Falle einer Schwangerschaft gebildeten Hormons Humanchoriongonadotropin (HCG → Seite 35). Der Gelbkörper fällt nach 10 bis 14 Tagen in sich zusammen und geht zugrunde. Daraufhin sinkt die Konzentration von Progesteron und Östrogen und löst die Menstruation aus. Die Blutgefäße, welche die Gebärmutterschleimhaut versorgen, zerfallen, die Schleimhautzellen sterben aufgrund der mangelnden Durchblutung ab und werden vom Körper abgestoßen. Die Monatsblutung setzt ein.

Weibliche und männliche Hormone

Frauen besitzen fünfmal so viele Östrogene und zehnmal so viel Progesteron, dafür nur ein Fünftel der Testosteronmenge, die ein Mann besitzt. Testosteron erscheint daher als das Männlichkeitshormon schlechthin; Östrogene und Progesteron verkörpern dagegen Feminität. Zu einem gewissen Teil trifft dies zu, denn Testosteron ist tatsächlich für die Ausprägung maskuliner Merkmale wie Bartwuchs, muskulöser Körperbau und tiefe Stimme zuständig, während Östrogene sowie Progesteron für mehr Unterhautfettgewebe, feminine Rundungen und andere weibliche Attribute sorgen. Doch diese Klassifizierung der Sexualhormone und der Sexualität ist längst überholt, denn jeder Mensch trägt sowohl männliche wie auch weibliche Hormone in sich, zwar in unterschiedlichen Konzentrationen, dennoch jeweils unerlässlich.

In jeder Frau ist ein bisschen Mann und umgekehrt – alles ist in allem enthalten. Dieses Prinzip spiegeln auch Yin und Yang, das Gegensatzpaar der chinesischen Philosophie.

Lusthormon Testosteron

Testosteron fördert die Libido der Frau deutlich mehr als das »weibliche« Östradiol. Dieses ist wiederum unverzichtbar für Männer, denn es lässt Testosteron erst wirksam werden. Ganz generell gilt das »Männlichkeitshormon« heute als Quelle für Leistungsfähigkeit, Energie sowie für Lust und sexuelles Interesse – bei Männern wie bei Frauen. So besitzt Testosteron einen hohen Stellenwert, wenn es um Fruchtbarkeit geht (→ Seite 28).

Das männliche Hormonduo

Auch beim Mann schüttet der Hypothalamus das Gonadotropin-Releasing-Hormon aus, das die Freisetzung von follikelstimulierendem und luteinisierendem Hormon durch die Hirnanhangsdrüse bewirkt. Während das luteinisierende Hormon die Produktion und Ausschüttung von Testosteron stimuliert, sorgt das follikelstimulierende Hormon (unter Mithilfe von ein wenig Testosteron) für die Produktion und Reifung der Spermien.

Unaufhörliches Werkeln für den Nachwuchs

Die Spermienproduktion beginnt mit Einsetzen der Pubertät und wird im Laufe des gesamten Lebens eines Mannes aufrecht erhalten. Wie erwähnt (→ Seite 24), findet dieser auch Spermatogenese genannte Vorgang in den Samenkanälchen der Hoden statt. Von hier wandern die Samenzellen in den Nebenhoden, wo sie weiter reifen, an Beweglichkeit gewinnen und bis zu ihrem »Einsatz« beim Samenerguss oder aber bis zu ihrem Abbau gespeichert werden. Insgesamt benötigen die Samenzellen zwischen 90 und 100 Tagen, um sich zu entwickeln. Ist es soweit, werden sie für einige Tage im Samenbläschen zwischengelagert, bevor der Startschuss zur Reise hinaus aus dem Penis fällt.

Prostata und Samenbläschen (Samenvesikel) stellen ein nahrhaftes Sekret bereit, das den Spermien als Wegzehrung dient. Die Mixtur aus zwei Prozent Samenzellen und 98 Prozent Sekret ergibt die Samenflüssigkeit, das Ejakulat. Seine Menge ist abhängig von der Häufigkeit des Geschlechtsverkehrs: Je mehr Samenergüsse ein Mann hat, desto weniger Flüssigkeit wird pro Erguss abgegeben. Bei einem gesunden Mann beläuft sich die Ejakulatsmenge durchschnittlich immerhin noch auf einen Teelöffel, versetzt mit 40 bis 240 Millionen tatendurstigen Samenzellen.

Welche Kriterien der Samenerguss erfüllen muss, um als voll befruchtungsfähig zu gelten, und was es mit der Spermienzahl und dem seit einigen Jahren zu beobachtenden Qualitätsverfall der männlichen Samenzellen genau auf sich hat, ist mit ein Thema des nächsten Kapitels.

Pro Minute, so die statistischen Durchschnittswerte der Weltgesundheitsorganisation (WHO), produziert ein gesunder Mann die stolze Anzahl von 50 000 Spermien.

Ergebnis höchster Präzision

Von den bis zu 240 Millionen Spermien pro Ejakulat schaffen es letztlich nicht mehr als einige hundert, in den Eileiter zu kommen, und nur eines davon kann mit der Eizelle verschmelzen.

Genau genommen ist die Zeugung neuen Lebens ein Wunder, denn damit eine Befruchtung stattfinden kann, bedarf es höchster zeitlicher Präzision. Sowohl im Körper der Frau als auch des Mannes müssen komplexe Vorgänge synchron ablaufen, um die Weichen richtig zu stellen. Was also weltweit täglich millionenfach scheinbar einfach so geschieht, ist bei genauem Hinsehen eine enorme Leistung der Natur. Oder, andersherum formuliert, wenn es nicht auf Anhieb klappt, ist das schon allein aufgrund der komplexen Vorgänge bei Reifung, Befruchtung und Einnistung der Eizelle nur normal.

Die Befruchtung

Nachdem das Ei in den Eileiter gesprungen ist, wird es spannend, denn nun kann die Eizelle befruchtet werden – oder auch nicht. Voraussetzung für eine Befruchtung sind genügend befruchtungsfähige Spermien. Diese tummeln sich zwar nach dem Geschlechtsverkehr in Hülle und Fülle in der Scheide – durchschnittlich 125 Millionen Exemplare –, doch nur ein verschwin-

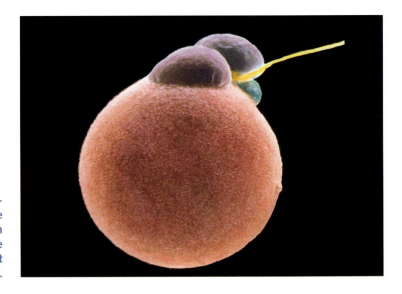

Die elektronenmikroskopische Aufnahme zeigt das Endringen einer Samenzelle in die Eizelle, die somit befruchtet ist.

dend geringer Teil gelangt zum eigentlichen Ort des Geschehens, dem Eileiter. Die erste Auslese wird bereits in der Scheide getroffen, denn das hier vorhandene saure Milieu wirkt spermienabtötend und kann nur zum Teil durch den alkalischen (basischen) pH-Wert des Spermas ausgeglichen werden. Die überlebenden Samenzellen dringen nach drei bis fünf Minuten in den Gebärmutterhals ein. Hier haben es die Spermien vergleichsweise einfach, denn der Zervixschleim hat sich zum Zeitpunkt des Eisprungs verflüssigt, was das Durchkommen erleichtert. Denn vor dem Eisprung (etwa ab dem neunten Zyklustag) und ein bis zwei Tage danach ist das Durchdringen des Gebärmutterhalsschleims nahezu unmöglich.

Ist der Gebärmutterhals überwunden, wandern die Spermien weiter durch die Gebärmutter in die Eileiter, wo dann (endlich) die Befruchtung stattfinden kann.

Gesucht und gefunden

Gelingt es einer Samenzelle schließlich, zur Eizelle zu kommen, ihre Hülle zu durchstoßen und einzudringen, wird das Äußere des nunmehr befruchteten Eis sofort für weitere Spermien undurchdringbar. Schon nach wenigen Sekunden transportieren Eigenbewegungen des Eileiters den frühen Embryo, die Zygote, Richtung Gebärmutter. Auf dieser fünf bis sieben Tage währenden Wanderschaft teilt sich die Zygote mehrmals und trifft als Blastozyte in der Gebärmutterhöhle ein. Jetzt gilt es, sich gemütlich in der Gebärmutterschleimhaut einzunisten, um sicher und gut versorgt heranwachsen zu können. Ist die Einnistung, die Implantation, geglückt, bildet sich um die Blastozyte ein dünnes Häutchen, und der Versorgung über den mütterlichen Blutkreislauf steht nichts mehr im Wege. Zudem gibt der Embryo Hormonsignale ab, die ihm sein Überleben sichern: das Humanchoriongonadotropin (HCG), das für den Erhalt des Gelbkörpers sorgt. Dies gewährleistet die weitere Produktion von Progesteron und so den Fortbestand der Schwangerschaft. Nach etwa acht Wochen übernimmt der Mutterkuchen, die Plazenta, diese wichtige Aufgabe.

Schwangerschaftstests sind so »HCG-sensibel«, dass schon geringste Mengen dieses Hormons genügen, um eine Schwangerschaft zu bestätigen oder aber auszuschließen.

Neues Leben entsteht

Nur rund 30 Prozent der befruchteten Eizellen nisten sich in der Gebärmutter ein und können damit zu einer Schwangerschaft führen.

Gelingt dem Embyro die Einnistung nicht, stirbt er binnen kurzer Zeit und wird bei der nächsten Menstruation – meist unbemerkt – hinausgeschwemmt. In einigen Fällen zeigt sich der Abgang einer abgestorbenen Blastozyte an einer stärkeren Blutung sowie an einem deutlich sichtbaren Blutklümpchen. Es geschieht relativ häufig, dass die Eizelle zwar befruchtet wird, sich jedoch nicht erfolgreich einnistet. Das hat nahezu jede Frau schon einmal erlebt, wenn auch nicht bewusst.

Alles eine Frage des Timings

Zur erfolgreichen Zeugung neuen Lebens muss, wie die vorangegangenen Seiten gezeigt haben, eine Reihe von Hindernissen überwunden werden. Rein rechnerisch betrachtet sind die Chancen, schwanger zu werden, recht gering. Viele Paare bemühen sich oftmals lange und zum Teil vergebens darum, den richtigen Zeitpunkt zu finden, also genau in der Zeit miteinander zu schlafen, in der die weibliche Eizelle am meisten befruchtungsfähig ist. Und die ist knapp bemessen – nach dem Eisprung noch maximal 24 Stunden. Die Chancen zur Befruchtung steigen bis zwölf Stunden nach dem Eisprung auf bis zu 36 Prozent. Während der Freisetzung der Eizelle und einen halben Tag danach ist die Empfängniswahrscheinlichkeit etwa viermal höher als an den fünf Tagen vor dem Eisprung.

Der richtige Riecher

Das Zusammentreffen von Eizelle und Spermium überlässt die Natur beileibe nicht dem Zufall. Forschungen haben ergeben, dass die Außenhaut der Samenzelle mit winzigen Duftrezeptoren besetzt ist, die von der Eizelle ausgesandte Duftstoffe »erschnuppern« können. Diese Riechspur erleichtert den Spermien das Auffinden der Eizelle ganz erheblich. Ohne diese kleinen »Nasen« ginge die Trefferquote der Samenzellen nahezu gegen Null.

Wann ist die Befruchtung möglich?

Auch Geschlechtsverkehr an den Tagen vor dem Eisprung kann zur Schwangerschaft führen. Die nach dem Geschlechtsverkehr in Scheide und Eileiter vorhandenen Spermien können nämlich bis zu fünf Tage überleben und auf das Eintreffen einer befruchtungsfähigen Eizelle warten. Studien ergaben, dass die Wahrscheinlichkeit hierfür bei acht Prozent liegt. Im Verlauf des durchschnittlich 28-tägigen Zyklus bieten nur sechs Tage die Möglichkeit zur Empfängnis. An fünf dieser Tage ist die Empfängnisbereitschaft sehr niedrig. Es bleiben also 24 Stunden als günstigster Zeitraum für die Befruchtung. Das ist der Tag des Eisprungs. Jedes Paar, das sich Kinder wünscht, sollte also wissen, wann der Eisprung stattfindet. Denn die Empfängniswahrscheinlichkeit steigt ganz enorm, wenn sie zu dieser Zeit miteinander schlafen. Leichter gesagt als getan, denn zum einen ist Sex nach Zeitplan nicht immer lustvoll (→ Seite 81), zum anderen muss der richtige Moment zweifelsfrei bestimmt werden.

Die fruchtbarste Phase, den Tag des Eisprungs, herauszufinden, erfordert detektivische Spurensuche. Denn kaum eine Frau kann so ohne weiteres vorhersagen, an welchem Tag sie ihren nächsten Eisprung haben wird, und zudem wissen, ob er nun auch tatsächlich stattgefunden hat. Doch die Natur gibt ihr eine Hilfestellung. Eine ganze Reihe körperlicher Symptome und Veränderungen des Befindens signalisieren das Nahen des Eisprungs bereits einige Tage vorher. Zudem besteht die Möglichkeit ärztlicher Untersuchungen, die Basalkörpertemperatur kann gemessen oder ein Urintest kann (auch zu Hause) gemacht werden (→ Seite 168 bis 172).

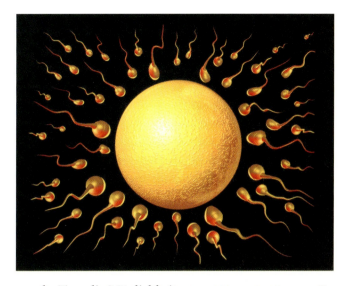

Wenn eine Samenzelle in die Eizelle eindringt, wird die Hülle des nunmehr befruchteten Eies sofort für andere Spermien undurchdringlich.

Der Eisprung selbst geht überaus flott vonstatten: In nur 15 Sekunden hopst die Eizelle von der Oberfläche des Eierstocks hinüber in die Öffnung des Eileiters.

Wenn der Körper nein sagt

Haben Sie sich als Paar entschlossen, die Erfüllung Ihres Kinderwunsches nicht mehr nur dem Storch zu überlassen, und möchten Sie aktiv Ihre Chancen verbessern, sollten Sie als erstes all jene Gründe kennen, die Ihrem Elternglück im Weg stehen könnten. Und da es sich hier um nicht wenige handelt, sind nachfolgend zunächst einmal die körperlichen Ursachen für eine gestörte Fruchtbarkeit, sowohl bei der Frau wie beim Mann, aufgeführt.

Wenn sich der Klapperstorch nicht einfinden will, versucht man zunächst, die Ursache zu finden.

Was die Fruchtbarkeit mindert

Wie viele Faktoren harmonisch zusammenspielen müssen und welche Feinabstimmung bei beiden Partnern erforderlich ist, damit neues menschliches Leben entstehen kann, haben die vorangegangenen Seiten bereits deutlich gezeigt. Dieser Komplexität entsprechend, existiert auch eine Vielfalt an Gründen für eine verminderte oder vollkommen fehlende Fruchtbarkeit. Das können angeborene Störungen der Sexualhormone, Erkrankungen der Geschlechtsorgane, aber auch eventuell ungesunde Lebensgewohnheiten sein.

Gründe für ausbleibendes Elternglück gibt es viele. Oftmals spielen auch mehrere Faktoren gleichzeitig zusammen.

Wenn Sie sich bereits seit mehreren Jahren oder auch erst seit einigen Monaten erfolglos um die Realisierung Ihres Kinderwunsches bemühen, drängt sich die Frage nach den exakten Gründen dafür auf. Die Antworten sind zahllos. Eines ist jedoch sicher: Wenn Sie ungewollt kinderlos sind, dann liegt das in aller Regel nicht in Ihren Genen. Denn die Zahl derer, die mit mangelhafter Spermienqualität oder aber mit verschlossenem Eileiter geboren werden, ist verschwindend gering. Eine verminderte oder fehlende

Angeborene Unfruchtbarkeit ist sehr selten

Fruchtbarkeit ist in nahezu keinem Fall angeboren, sondern im Laufe des Lebens erworben. Und zwar handelt es sich hier um ein Geschehen, dem ein überaus komplexes Ursachengefüge zugrunde liegt – zahlreiche verschiedene, in den meisten Fällen äußere Faktoren wirken auf Sie ein; und die Zahl dieser Einflüsse nimmt zu. Das zeigt sich nicht zuletzt daran, dass es immer mehr Paare gibt, denen es ebenso geht wie Ihnen. Welche Möglichkeiten es gibt, mit anderen Betroffenen Kontakt aufzunehmen, um dem bedrückenden Gefühl von Isolation wirksam beggnen zu können, erfahren Sie ab Seite 88.

Sinkende Fruchtbarkeit

Paradoxerweise werden die Rahmenbedingungen für Fruchtbarkeit trotz mannigfacher medizinischer und hygienischer Errungenschaften nicht besser, sondern eher schlechter. Man denke in diesem Zusammenhang nur an die zunehmende Verschmutzung und Industrialisierung unseres Lebensraums, an die zahlreichen Umweltschadstoffe, die stetig steigenden beruflichen Anforderungen, verbunden mit entsprechendem Stress, ungesunde Ernährungsgewohnheiten sowie eine allgemein unbewusste Lebensweise.

Und zu all dem können sich noch Erkrankungen wie bespielsweise Entzündungen der Eierstöcke addieren. Die Summe dieser Störfaktoren ergibt eine Belastung, auf die jeder Mensch, jedes Paar verschieden reagiert. Während die einen sie kaum wahrnehmen, wirken sie sich bei anderen auf körperlicher und psychischer Ebene aus.

Zu den Auswirkungen von Chemikalien und Umweltgiften auf die Fruchtbarkeit können Sie ab Seite 59 mehr erfahren.

Das heißt nun keineswegs, dass die Ursachen ungewollter Kinderlosigkeit überwiegend in Belastungen von außen zu suchen sind. Es gibt, wie nachfolgend aufgeführt, zahlreiche organische Gründe, also innere Ursachen. Doch man sollte bei der Suche nach den Ursachen und noch viel mehr bei der Therapie nie außer Acht lassen, dass die Fruchtbarkeit untrennbar mit dem allgemeinen körperlichen wie auch psychischen Gesundheitszustand eines Menschen verbunden ist.

> **Allgemeine negative Einflüsse auf die Fruchtbarkeit**
>
> - Übergewicht
> - Untergewicht
> - Rauchen
> - Alkohol
> - Bestimmte Medikamente
> - Unausgewogene Ernährung
> - Vitamin- und Proteinmangel
> - Mangel an Spurenelementen
> - Kaffee
> - Leistungssport
> - Schichtarbeit
> - Stress
> - Umweltgifte, vor allem Blei und Kadmium
> - Herz-Kreislauf-Erkrankungen
> - Störungen der Schilddrüsenfunktion
> - Virusinfektionen
> - Zuckerkrankheit
> - Tumorerkrankungen
> - Autoimmunerkrankungen
> - Neurologische Erkrankungen
> - Psychische und seelische Erkrankungen

In Ballungszentren ist der Anteil an unfruchtbaren Menschen deutlich höher als in ländlichen Gegenden. Stress, Lärmüberflutung und andere Umweltfaktoren scheinen der Grund dafür zu sein.

Schlechter Allgemeinzustand

Im Folgenden finden Sie einige Faktoren, die sich generell negativ auf die Gesundheit eines Menschen auswirken. Was die Gesundheit herabsetzt, beeinträchtigt zugleich auch die Fortpflanzungsfähigkeit. Denn körperliches und geistiges Wohlbefinden sind die besten Voraussetzungen für die Entstehung neuen Lebens und für befriedigende Sexualität. Die Bedeutung eines gesunden, ausgewogenen Organismus sollten nicht nur all jene im Hinterkopf haben, die sich ein Kind wünschen.

Falscher Zeitpunkt

Bei viel mehr Paaren, als man meinen möchte, ist falsches Timing der Grund, warum es mit dem Schwangerwerden nicht klappt. Denn wie bereits erwähnt, ist die höchste Empfängniswahrscheinlichkeit auf einen extrem kurzen Zeitraum beschränkt (→ Seite 36). Die Annahme, Sex nach Anstieg der Basaltemperatur sei am erfolgreichsten, ist falsch. Dann ist es nämlich in den meisten Fällen bereits wieder zu spät, denn der Eisprung hat schon stattgefunden. Wie sich der richtige Zeitpunkt herausfinden lässt und welche anderen Möglichkeiten der natürlichen Familienplanung es gibt, erfahren Sie ab Seite 166.

Steigendes Alter – sinkende Fruchtbarkeit

Natürlich ist auch das Alter ein wichtiger Faktor, der darüber bestimmt, wie hoch die Empfängnisbereitschaft ist. So sinken bei Frauen die Chancen einer Schwangerschaft ab den späten Dreißigern deutlich in den Keller. Umgekehrt proportional dazu steigen die Risiken für Fehlgeburten und für das Down-Syndrom (Trisomie 21). Die mongoloiden Kinder tragen das 21. Chromosom nicht wie üblich zwei-, sondern gleich dreimal in ihrem Erbgut. Die männliche Fruchtbarkeit bekommt frühestens ab Mitte 50 einen leichten Knick. Wenn sich also Probleme mit der Fruchtbarkeit und Komplikationen während der Schwangerschaft einstellen, dann überwiegend mit fortgeschrittenem Alter der Mütter, nicht der Väter.

Die männliche Zeugungskraft wird weniger durch das Alter, denn durch die Lebensgewohnheiten gemindert. Wer gesund lebt, kann bis ins hohe Alter zeugungsfähig bleiben.

Was die Erfüllung des Kinderwunsches ab etwa 40 mit jedem Jahr weiter in die Ferne rücken lässt, ist vor allem die langsam nachlassende Funktion der Eierstöcke. Es reifen weniger Follikel heran, und die Produktion von Östrogenen und Progesteron geht zurück. Letzteres kann zur Folge haben, dass die Gebärmutterschleimhaut nicht in vollem Umfang auf die mögliche Einnistung eines befruchteten Eis vorbereitet wird und/oder der monatliche Zyklus aus den Fugen gerät.

All dem zum Trotz: In den letzten zehn Jahren hat sich die Quote derjenigen Frauen um 50 Prozent erhöht, die nach dem 40. Lebensjahr ein gesundes Baby bekamen. Denn neben dem Lebensalter sind körperliche Fitness, gesunde Lebensweise und ausgewogene Ernährung ebenfalls sehr wichtige Faktoren für die Fortpflanzungsfähigkeit. Und da schneiden gerade jene Frauen gut ab, die ihren Kinderwunsch aus beruflichen oder anderen Gründen auf später verlegt haben. Frauen, die sich gesund ernähren, meist weder rauchen noch trinken und auf ausreichend Bewegung achten.

Die Erfahrungen der letzten Jahrzehnte bestätigen, dass die Kinder »Spätgebärender« nicht häufiger Fehlbildungen oder zu niedrige Geburtsgewichte haben als andere Neugeborene.

Psychischer und körperlicher Stress

Bei Männern kann anhaltender Stress zum drastischen Absinken der Testosteronkonzentration und zur Halbierung der Spermienzahl führen.

Adrenalin heißt der Stoff, der es uns ermöglicht, höchsten körperlichen und geistigen Anforderungen zu genügen. Eine sinnvolle Einrichtung, denn ohne das Stresshormon Adrenalin könnten wir nicht überleben. Im Übermaß jedoch bewirkt es genau das Gegenteil. Dann kann es dem Leben, genauer formuliert, der Entstehung neuen Lebens, im Weg stehen. In welch großem Umfang, das ist durch zahlreiche wissenschaftliche Studien nachgewiesen. Der Hypothalamus, jene Drüse im Gehirn, die das sensible Zusammenspiel der Hormone überwacht und steuert, gerät ab einer bestimmten Dosis an Adrenalin aus dem Gleichgewicht. In der Folge verringert sich die Produktion der Geschlechtshormone, was die Funktion von Eierstöcken und Hoden beeinträchtigt. Es werden keine oder kaum Spermien gebildet, und die Eizellen kommen nicht mehr zur Reifung.

Arbeitsüberlastung, seelische Konflikte und ungelöste emotionale Probleme bergen ein gewaltiges Stresspotential, das Unfruchtbarkeit mit beeinflussen kann. Darüber hinaus gibt es noch weitere psychische Faktoren, die sich negativ auf die Fruchtbarkeit auswirken können (→ Seite 74 bis 83).

Jede Art von Belastung kann sich negativ auf den gesamten Organismus auswirken und somit die Fruchtbarkeit beeinträchtigen.

Wenn die Manneskraft verraucht

Eine Hauptursache für Impotenz ist der blaue Dunst, der, wie erwähnt, nebenbei auch für die männliche Unfruchtbarkeit mit verantwortlich zeichnet. Impotenz von Rauchern tritt, so zeigen die bisherigen Untersuchungen, besonders im mittleren Alter – etwa ab Ende 30 – in Erscheinung. Zu einem Zeitpunkt also, in dem die Erektionsfähigkeit ohnehin langsam nachlässt.
Die in Zigaretten enthaltenen Schadstoffe führen zur Verkalkung der Blutgefäße, auch jener des Genitalbereichs. Diese Minderdurchblutung schmälert die Manneskraft erheblich. Weit schädlicher für die Potenz sind jedoch kürzlich entdeckte Wechselwirkungen von Nikotin mit jenen nervlichen Signalsubstanzen, die zur Erektion führen. So vermindert Nikotin die Synthese von Prostazyklin im Penisgewebe. Prostazyklin ist ein Gewebehormon, das die Gefäße im Penis erweitert und so zur Erektion führt. Auch die Bildung von Stickoxid, einer der wichtigsten Signalsubstanzen, wird durch Nikotin gehemmt.

Ungesunde Lebensweise

Sich gesund und ausgewogen ernähren, dem Körper ausreichend Vitamine, Mineralstoffe und Ballaststoffe zuführen, sich regelmäßig bewegen, den Alkoholgenuss einschränken, das Rauchen reduzieren oder besser noch ganz aufhören – das ist die bekannte Predigt von der gesunden Lebensweise. Doch wer schon lange auf ein Kind wartet, sollte sie sich wirklich zu Herzen nehmen. So zeigt eine im Herbst 1998 veröffentlichte Studie der britischen Harvard School of Health, dass sich bei Frauen schon geringe Mengen Alkohol sehr negativ auf die Fruchtbarkeit auswirken. Bereits ein Bier (0,5 l) kann Schwierigkeiten mit dem Eisprung um ganze 60 Prozent verstärken. Ähnliche Hiobsbotschaften verlauten aus den Laboren der Wissenschaftler für Raucher: Nikotingenuss ist eine der Hauptsachen für Impotenz und ganz erheblich an der

Alkohol, Nikotin und starke Abweichungen vom Normalgewicht wirken sich – bei Frauen wie bei Männern – negativ auf die Fruchtbarkeit aus.

Auch Passivraucherinnen können unter verminderter Fruchtbarkeit leiden. In den ersten Schwangerschaftswochen kann eine starke Nikotinbelastung zudem zu einer Fehlgeburt führen.

männlichen Unfruchtbarkeit beteiligt. Ab einer Dosis von zwanzig Zigaretten am Tag sinken die Fortpflanzungschancen enorm – vor allem Frauen und Männer mit unerfülltem Kinderwunsch sollten dem blauen Dunst also möglichst entsagen. Vor allem gilt dies für Wunschväter mit Erektionsproblemen, die wiederum eine sehr viel häufigere Ursache von Fruchtbarkeitsstörungen sind als angenommen. Bei Wunschmüttern steigen durch den Nikotinverzicht die Chancen, schwanger zu werden, auf das Doppelte.

Last not least – auch das, was wir essen, beeinflusst die Gesundheit und damit auch unsere Fruchtbarkeit. So gibt es einiges auf dem Speiseplan, was im Dienste Ihres Kinderwunsches gestrichen werden sollte, und andererseits Nahrungsmittel, die der weiblichen und männlichen Fruchtbarkeit sehr bekömmlich sind. Wie Sie durch Ihre Ernährung unmittelbar Einfluss auf Ihren Hormonhaushalt nehmen können, erfahren Sie ab Seite 172.

Pfundige Argumente

Auch unser heutiges Schlankheitsideal hat einen nicht zu geringen Anteil daran, dass ungewollte Kinderlosigkeit in den Industrieländern zunimmt. Bereits ein 10 bis 15 Prozent zu geringer Körperfettanteil kann den weiblichen Hormonhaushalt ins Schleudern bringen: Unter anderem bildet der Körper zu wenig Östrogene oder Testosteron. Eisprung und Menstruation werden unregelmäßig oder bleiben aus, und eine eventuell befruchtete Eizelle kann sich nicht erfolgreich einnisten. Diese Drosselung der Hormonproduktion ist eine vollkommen logische Schutzmaßnahme, denn ein zu niedriger Fettanteil und ein zu geringes Körpergewicht signalisieren Notstand, und in einem solchen hütet sich die Natur vor Fortpflanzung. Allerdings ist dies kein Freibrief zum Schlemmen. Auch ein Körperfettanteil, der mehr als 15 Prozent über dem Normalmaß liegt, beeinträchtigt die Fruchtbarkeit. Sogar noch nachhaltiger, denn Übergewicht verursacht ein ganze Reihe weiterer negativer Auswirkungen, die sich nicht nur auf den Hormonhaushalt beziehen. Übrigens gilt das für Frauen wie Männer gleichermaßen.

Unterschreitet eine Frau die Grenze von 48 Kilogramm Körpergewicht, stellen die Eierstöcke die Produktion ein, Eisprung und Menstruation bleiben aus.

Vorprogrammierte Fruchtbarkeit

Wie die Hände, so die Fruchtbarkeit

Aus den Händen lassen sich Prognosen für die Zukunft erstellen, aber auch Rückschlüsse auf die Fruchtbarkeit ziehen. Wie groß die Chancen auf Nachwuchs sind, steht jedoch nicht in den Handlinien geschrieben, sondern ist an der Länge der Finger und an der Symmetrie der Hände zu erkennen.

Verantwortlich für dieses von britischen Evolutionsbiologen im Herbst 1998 entdeckte Phänomen ist das so genannte Hox-Gen. Es gehört zu einer Gruppe von Erbanlagen, die dafür sorgen, dass sich die Körperorgane im Mutterleib nach einem festen Muster entwickeln. In der 14. Schwangerschaftswoche entwickeln sich Hoden und Eierstöcke. Bereits dann ist durch das Hox-Gen die spätere Fruchtbarkeit vorprogrammiert. Acht Wochen später nimmt das Gen seine zweite Aufgabe wahr und kontrolliert das Heranwachsen der Hände.

Anatomische Symmetrie

An einer Klinik für Reproduktionsmedizin haben die Evolutionsforscher die Hände von 60 Männern und 40 Frauen exakt vermessen und in Beziehung zu deren Fruchtbarkeitsstörungen gesetzt. Ergebnis: Ist die linke Hand nicht symmetrisch zur rechten, kann dies als Indiz für beeinträchtigte Fruchtbarkeit gewertet werden. Aus der Spiegelbildlichkeit der Hände lassen sich darüber hinaus sogar Aussagen über Zahl und Beweglichkeit der Samenzellen im Ejakulat treffen. Bei zwölf Patienten, deren rechte und linke Hand um bis zu vier Millimeter voneinander abwichen, konnten fast keine Spermien nachgewiesen werden. Nicht zuletzt besteht auch zwischen Fingerlänge und Hormonspiegel ein Zusammenhang. Überragt der Ringfinger bei Männern deutlich den Zeigefinger, ist dies ein Zeichen für viel Testosteron und mobile Spermien. Umgekehrt bei Frauen: Hier lässt ein überlanger Zeigefinger auf hohe Östrogenwerte schließen.

Die Anatomie der Hände verrät nicht nur etwas über die Fruchtbarkeit, sondern gibt zudem Auskunft über die Anzahl und die Beweglichkeit der Spermien.

Spurensuche bei den Müttern

Auch Rollenbilder prägten den Umgang mit Unfruchtbarkeit. Die Frau, ehedem überwiegend zuständig für die Kinder, war verantwortlich auch dann, wenn sich diese nicht einstellen wollten.

Generell sollten sich beide Partner zugleich auf die Suche nach den Ursachen für den unerfüllten Kinderwunsch begeben. Recht häufig werden die Frauen von ihren Männern erst einmal »vorgeschickt«, und wenn »da nichts ist«, begeben sich die Herren der Schöpfung in die Arztpraxis. Das kann man ihnen auch nicht übel nehmen, denn bis vor kurzem war die Datenlage hinsichtlich der Ursachen für weibliche Fruchtbarkeitsstörungen wesentlich besser als für männliche. Seit einigen Jahren macht die Wissenschaft diese ungleiche Verteilung wett, aufgrund derer so manche Frau unnötige Untersuchungen über sich hat ergehen lassen. Diese wären ihr erspart geblieben, hätte man ihrem Partner ein Spermiogramm erstellt.

Wissenschaftliche Ergebnisse der letzten Jahre haben gezeigt, dass die Ursachen für Fruchtbarkeitsstörungen wie für Unfruchtbarkeit geschlechtsunabhängig verteilt sind: In 40 Prozent der Fälle liegt es an der Frau, in 40 Prozent beim Mann und in 20 Prozent bei beiden, wenn es mit der Schwangerschaft nicht klappt.

Störungen der Eierstockfunktion

Die gestörte oder eingeschränkte Funktion der Eierstöcke ist mit einem Anteil von bis zu 40 Prozent die häufigste Ursache für ungewollte Kinderlosigkeit bei der Frau. Sind die Eierstockfunktionen beeinträchtigt, kommt es zu Störungen der Eizellreifung. Deut-

---

Häufige Ursachen bei Frauen

- Gestörte Eierstockfunktionen: Fehlbildungen, Störungen der Eizellreifung
- Fehlbildungen von Eileiter und Gebärmutter
- Hormonelle Störungen
- Endometriose
- Immunologische Sterilität: Antikörper gegen Spermien oder Eizellen
- Störungen des Erbguts: Chromosomenanomalien

liche Anzeichen sind unregelmäßige oder fehlende Periodenblutungen (Amenorrhö), doch auch wenn die Zyklusblutungen regelmäßig einsetzen, können gestörte Eierstockfunktionen nicht ausgeschlossen werden.

In den meisten Fällen ist die Ursache dafür in einer Fehlleistung im Hormonhaushalt zu suchen, in deren Folge die Ausschüttung von Fruchtbarkeitshormonen beeinträchtigt ist. Als mögliche Auslöser gelten unter anderem Erkrankungen der Schilddrüse und der Nebennierenrinde, Zysten an den Eierstöcken sowie eine unzureichende Funktion des Gelbkörpers. Daneben können auch Stress sowie Unter- und Übergewicht zu hormonellen Störungen führen (→ Seite 48).

Von primärer Amenorrhö spricht man, wenn der Zyklus noch nie normal war, von sekundärer, wenn die Frau zeitweise einen regelmäßigen Zyklus hatte, der plötzlich unterbrochen wurde.

Blockaden an Eileiter und Gebärmutter

Laut Statistik sind Eileitererkrankungen bei etwa einem Drittel der Frauen der Grund, wenn das Baby auf sich warten lässt. Dabei können die Eileiter komplett oder nur teilweise durch Verwachsungen und Verklebungen verschlossen sein. In beiden Fällen wird verhindert, dass Spermien zur reifen Eizelle gelangen. Zu den Verursachern derartiger anatomischer Blockaden gehören Eileiterschwangerschaften, Fehlgeburten und Endometriose (→ Seite 49), aber auch Verwachsungen nach einer Bauchoperation oder Infektionen der Eileiter.

Nach einer Ansteckung, die in aller Regel beim Sex erfolgt, stellt sich oft unbemerkt eine Entzündung ein, die zum Verkleben der Eileiter führt. Verwachsungen können darüber hinaus auch als Folge von Blinddarmoperationen oder Entbindungen per Kaiserschnitt entstehen.

Fehlbildungen der Gebärmutter kommen insgesamt gesehen relativ selten vor und spielen daher auch bei Fruchtbarkeitsstörungen nur eine untergeordnete Rolle. Schätzungen zufolge lassen sich nur bis zu fünf Prozent der Fälle darauf zurückführen. Solche Fehlbildungen, die oft auch Scheide und Eileiter mit einbeziehen, können das Einnisten der befruchteten Eizelle verhindern oder das Austragen der Schwangerschaft gefährden.

Auch gutartige Geschwülste der Gebärmutter, Myome genannt, können zu Fruchtbarkeitsstörungen führen, da sie die Einnistung der befruchteten Eizelle stören und Blutungsunregelmäßigkeiten verursachen.

Chaos im Hormonhaushalt

Bestimmte Medikamente können die Menge an Prolaktin im Blut ebenso erhöhen wie eine gutartige, Prolaktin bildende Geschwulst in der Hirnanhangsdrüse.

Bereits an einigen Stellen kam zur Sprache, dass das Gleichgewicht unserer Hormone höchst sensibel ist. Dementsprechend kann es auch durch eine Vielzahl von Faktoren gestört werden. Diese können sich auf unterschiedlichen Ebenen der hormonellen Regelkreise auswirken und zu einer mehr oder weniger starken Ausprägung einer Eierstockunterfunktion führen. Als typische Symptome sind mangelnde Reifung des Follikels, fehlender Eisprung, unzureichende Gelbkörperproduktion und beeinträchtigte Progesteronbildung zu beobachten.

Daneben zeigen sich hormonelle Störungen natürlich auch an Unregelmäßigkeiten im Zyklus: Fehlt es an Östrogenen, kommt es zu verkürzten Zyklen und Mangelblutungen; fehlt Progesteron, baut sich die Gebärmutterschleimhaut nur wenig oder gar nicht auf. Die Folge sind geringe oder ausbleibende Monatsblutungen und verlängerte Zyklen.

Auslöser des hormonellen Durcheinanders sind häufig Stress und traumatische Erlebnisse, psychische Probleme und Belastungen, mangelhafte Ernährung und Unter- sowie Übergewicht. Auch

Ständige Hektik und Anspannung können einer der Gründe sein, warum die Hormone verrückt spielen.

bestimmte Medikamente können den Hormonhaushalt empfindlich in seinem Gleichgewicht stören.

Der Regulationsmechanismus zwischen Hypothalamus und Hirnanhangsdrüse wird auch von Hormonen beeinflusst, die mit dem eigentlichen Menstruationszyklus nichts zu tun haben, etwa den Androgenen. Diese männlichen Geschlechtshormone werden auch im Körper der Frau als Vorstufen der weiblichen Sexualhormone gebildet. Im Übermaß jedoch verursachen sie vermehrte Behaarung, fettige Haut, Ausbleiben des Eisprungs und unregelmäßige Blutungen. Androgene regen auch die Bildung von Prolaktin an, das für die Milchproduktion verantwortlich ist. Ist die Menge an Prolaktin im Blut zu hoch, kann sich das negativ auf die Reifung der Eizellen und den Eisprung auswirken. Häufiges Anzeichen eines überhöhten Prolaktingehalts ist milchiger Ausfluss aus den Brustwarzen.

Endometriose

Endometrium nennt der Mediziner die Gebärmutterschleimhaut. Wächst diese auch außerhalb der Gebärmutter, spricht man von einer Endometriose. Typische Symptome sind starke Schmerzen vor und während der Periode. Als Ursache der Endometriose vermutet man fehlende Reparaturmechanismen des Körpers. Ebenso wie bei Fehlbildungen der Gebärmutter kann bei Endometriose zwar eine Eizelle befruchtet, eine Schwangerschaft jedoch nicht ausgetragen werden.

Spermienallergie

Das weibliche Immunsystem kann – so paradox dies auch scheinen mag – Antikörper gegen Spermien entwickeln. Diese heften sich an die Membranen der Samenzellen und zerstören sie bereits beim Eintritt in die Scheide. Weitere »Abwehrmechanismen« gegen befruchtungswillige Spermien bestehen darin, dass die weiblichen Antikörper deren Weiterreise zu den Eileitern oder das Durchdringen der Eihülle verhindern. Die Ursachen dieser allergischen Reaktion des Immunsystems sind noch unklar.

Der Gebärmuttermund ist zum Schutz vor Infektionen mit einem zähen Schleim verschlossen. Verflüssigt sich dieser während des Eisprungs nicht, liegt eine funktionelle zervikale Sterilität vor.

Spurensuche bei den Vätern

In Sachen männliche Zeugungsunfähigkeit sind es nach heutigem Kenntnisstand vor allem zwei Steine, die sich dem Elternglück in den Weg legen: Erektionsstörungen und mangelnde Spermienqualität oder -anzahl.

Störungen der Spermienreifung

Die Hauptursache für ausbleibende Vaterfreuden sind Probleme bei der Spermienreifung. Verständlich, denn in Sachen Spermien kann einiges schief gehen. Zu den häufigsten Befunden gehört eine zu geringe Spermienzahl im Samenerguss. Tummeln sich hier weniger als 20 Millionen in einem Milliliter, gilt dies als subfertil, als zu wenig fruchtbar.

Auch das Mumpsvirus kann, wenn die Infektion nach der Pubertät auftritt, zum Erliegen der Spermienreifung führen.

Finden sich überhaupt keine Spermien im Ejakulat, liegt dies unter Umständen an Transportstörungen der Samenzellen. Das heißt, Samenleiter oder Harnröhre sind – häufig nach Infektionen – verstopft. Als weitere Ursache kommt eine vollkommen fehlende Samenproduktion in Frage, die auf nicht funktionierenden Hoden beruht. Dahinter verbergen sich oftmals Infektionen wie Mumps, aber auch Tumorerkrankungen oder Operationen im Unterleib.

Mangelhafte Spermienproduktion wie -qualität sind auf dem Vormarsch, sodass diesem Thema im weiteren Verlauf ein eigener Abschnitt gewidmet ist (→ Seite 53).

Häufige Ursachen bei Männern

- Störungen der Spermienreifung, mangelhafte Spermienzahl oder -qualität
- Erektionsstörungen (Impotenz)
- Infektionen der Samenwege
- Gestörte oder fehlende Hodenfunktion
- Immunologische Sterilität: Auto-Antikörper gegen Spermien
- Hormonstörungen

Fruchtbarkeitsstörungen beim Mann

Erektionsprobleme können verschiedene Ursachen haben, beispielsweise zu großer Leistungsdruck.

Erektionsstörungen

Damit die Spermien in die Scheide gelangen, muss der Penis in diese eindringen. Gelingt dies aus Gründen mangelnder Standfestigkeit nicht, kann es nicht nur im Sexualleben, sondern auch mit der Zeugung Probleme geben.

Was sich hinter Erektionsproblemen verbergen kann, und wie der Manneskraft im wahrsten Sinn des Wortes wieder aufzuhelfen ist, erfahren Sie im weiteren Verlauf.

Gestörte Hodenfunktion

Erkrankungen und Missbildungen können die Funktionen der Hoden stark beeinträchtigen oder ganz lahm legen. So können die Hoden entweder zu groß oder zu klein ausgebildet sein und daher in ihren Aufgaben behindert werden. Krankheitsbedingte Hodenfehlfunktionen basieren häufig auf Krampfadern im Hodensack (Varikozelen), Ablagerungen an den Gefäßwänden (Arteriosklerose) und der damit verbundenen Mangeldurchblutung der Hodengewebe sowie auf Tumorerkrankungen. Weiterhin in Betracht kommen so genannte Hydrozelen (Wasserbruch) sowie Zysten, durch Kapseln abgeschlossene, flüssigkeitsgefüllte und sackartige Geschwülste an den Hoden.

Erektionsstörungen sind alles andere als selten: Mehr als die Hälfte der Männer zwischen 40 und 70 Jahren sind schon davon betroffen gewesen.

Infektionen der Samenwege

Auch Tuberkulose sowie hoch fieberhafte Erkrankungen wie Typhus, Diphtherie und Malaria stehen in dem Verdacht, die männliche Fruchtbarkeit herabzusetzen.

Auch bakterielle Entzündungen können die männliche Fruchtbarkeit gefährden. Zu den häufigsten Unannehmlichkeiten in dieser Hinsicht gehören Chlamydien und Ureaplasmen: Bis zu 30 Prozent der Männer oder Frauen mit Fruchtbarkeitsstörungen sind nach neuen Untersuchungen mit diesen Erregern infiziert. Nicht alle der infizierten Paare sind aber auch durch die Erreger unfruchtbar. Entscheidend ist hier die Anzahl der Keime und die Heftigkeit der Entzündungsreaktion. Andere Infektionskrankheiten der Geschlechtsorgane wie beispielsweise Gonorrhö (Tripper) und Syphilis sind in der heutigen Zeit – zumindest in unseren Breiten – überaus selten geworden.

Antikörper gegen die eigenen Spermien

Die beachtliche Zahl von 10 bis 15 Prozent aller unfruchtbaren Männer sind von diesem Phänomen betroffen. Ihr Körper erkennt die eigenen Spermien nicht, sondern empfindet sie als »Eindringlinge«, gegen die sein Immunsystem Antikörper bildet. Diese heften sich den Spermien an und machen so die Befruchtung einer Eizelle unmöglich. Grund dieser fatalen Situation ist der Verlust der so genannten Blut-Hoden-Schranke, beispielsweise durch eine vorangegangene Sterilisation des Mannes. Dadurch fehlt die ehemals vorhandene Trennung des Immunsystems von den Hodenkanälchen und die eigenen Spermien werden als fremd erachtet.

Hormonelle Störungen

Nicht nur die Qualität der Spermien ist für die Befruchtung der Eizelle wichtig. Auch die Menge spielt eine bedeutende Rolle.

Auch bei Männern machen sich natürlich Ungleichgewichte im Hormonsystem bei der Fruchtbarkeit bemerkbar. Während Funktionsstörungen und Erkrankungen der hormonellen Regelmechanismen zwischen Hypothalamus, Hypophyse, Schilddrüse und Nebenniere relativ selten sind, gehen immer häufiger Stress und Leistungsdruck auf Kosten der männlichen Zeugungskraft: Der Testosteronspiegel sinkt und mit ihm Spermienzahl und -qualität (→ Seite 55).

Spermien in der Krise

Die Häufigkeit gestörter Spermienbildung als Ursache ungewollter Kinderlosigkeit und die steigenden Zahlen von Paaren mit unerfülltem Kinderwunsch lassen vermuten: Dem Produkt der Männlichkeit mangelt es zunehmend an Qualität.

Seit 1992 wird eine permanente Abnahme der Spermiendichte und -qualität registriert. Auch das Volumen des Ejakulats zeigt deutliche Abwärtstendenz. Gingen bis vor wenigen Jahren rund zehn Prozent aller ungewollt kinderlosen Paare auf männliche Unfruchtbarkeit zurück, sind es heute bereits 25 Prozent.

Durchschnittlich schwimmen heute nur noch 20 bis 30 Millionen Spermien in einem Milliliter Ejakulat, und von diesen zeigen lediglich 50 bis 55 Prozent den notwendigen Vorwärtsdrang. Das sind Befunde, die nahe am Fruchtbarkeits-Grenzwert der Weltgesundheitsorganisation WHO liegen.

Obwohl es, wie immer wieder beobachtet, auch bei schlechten Spermabefunden zu einer Befruchtung kommen kann, ist die Datenlage alarmierend: Spermienschwund sowie nachlassende Spermaqualität liegen im Trend, und zwar international. Waren bis vor kurzem nur die industrialisierten Staaten davon betroffen, werden nun auch erste Krisenberichte aus den so genannten Schwellenländern laut; jenen Ländern, die gerade im Begriff sind, den Status eines Entwicklungslandes zu verlassen. Erstaunliches gibt es hier beispielsweise aus Indien zu berichten.

Die nachlassende Qualität und Quantität des Spermas ist vor allem auf die drastisch gestiegene Verbreitung von Chemikalien zurückzuführen (→ Seite 59).

WHO-Grenzwerte für gesundes Sperma

Untersuchungsgegenstand	Bewertung
Volumen des Samenergusses	2 Milliliter
Anzahl der Spermien	250 Millionen – 20 Millionen/Milliliter
Beweglichkeit	> 50 Prozent beweglich
Aussehen der Samenzellen	> 30 Prozent normal geformt

Im Rahmen des Spermiogramms werden die Samenzellen auch auf Infektionen durch Bakterien oder Viren hin geprüft.

Die Kriterien der Zeugungskraft

Um Veränderungen und Unterschiede im kostbaren Lebenssaft der Männer feststellen zu können, bedarf es allgemeiner Richtwerte. Was als fertil oder subfertil, fruchtbar oder unfruchtbar gilt, ist mittels bestimmter Kriterien von der Weltgesundheitsorganisation festgelegt worden. Befruchtungsfähig ist ein Samenerguss, in dem mindestens 20 Millionen Samenzellen pro Milliliter Sperma vorhanden sind. Davon müssen mehr als 30 Prozent normal geformt sein und sich gut vorwärts bewegen können.

Wird eines dieser Kriterien nicht erfüllt, so ist mit einer Einschränkung der Zeugungsfähigkeit zu rechnen, Impotentia generandi genannt. Bei mangelnder Spermaqualität ist die Anzahl an gesunden Spermien oder ihre Beweglichkeit beziehungsweise Überlebensdauer zu gering.

Um die genannten Parameter zu untersuchen, wird ein so genanntes Spermiogramm (→ Seite 72) erstellt. Im Zuge dieses Spermienchecks ermittelt man folgende Faktoren: pH-Wert, Konsistenz, Verflüssigungsgrad nach 10 bis 15 Minuten, Flockigkeit, Geruch und Farbe, Menge, Beweglichkeit und Form der Spermafäden sowie der Gehalt an Fruktose, die für die Beweglichkeit der Spermien erforderlich ist. Die Untersuchung des Spermas sollte mehrfach wiederholt werden, denn ebenso wie jeder Mensch gute und schlechte Tage hat, unterliegt auch die Spermaqualität Schwankungen. So kann es durchaus vorkommen, dass Männern bei mehreren Messungen ein Mal keine und ein anderes Mal volle Zeugungsfähigkeit attestiert wird.

Eine dauerhaft geringe Samenmenge ist in den seltensten Fällen angeboren. Meist sind negative Umwelteinflüsse und falsche Lebensgewohnheiten die Auslöser.

Ursachen verminderter Fruchtbarkeit

Bevor es um die Misere der männlichen Samenzellen geht, kurz einiges dazu, was diesen überhaupt so alles widerfahren kann:

Dezimierung

Ist die Samenzahl im Ejakulat zu gering, liegt das zumeist an der verminderten Spermienproduktion in den Hodenkanälchen. Diese Störung kann angeboren sein. Wandern die Hoden unmittelbar nach der Geburt nicht in den Hodensack, sondern verbleiben sie in der Leiste oder im Bauchraum, ist die Bildung von Samenzellen stark eingeschränkt. Denn die Temperatur, die im Körperinneren herrscht, wirkt der Spermienproduktion entgegen. In der Mehrzahl der Fälle wird die Beeinträchtigung der Spermienreifung jedoch später erworben.

Unfruchtbarkeit auf Rezept

Eine Reihe von Medikamenten spielt bei eingeschränkter Spermienbildung eine bedeutende Rolle. Insbesondere handelt es sich dabei um jene Präparate, die das Zellwachstum zum Stillstand bringen sollen. Derartige Medikamente, so genannte Zytostatika, werden vor allem in der Therapie von Krebserkrankungen eingesetzt. Wie stark diese Arzneimittel die Fruchtbarkeit beeinträchtigen können, ist bekannt: In 30 Prozent der Fälle führt ihre Anwendung zu dauerhafter Unfruchtbarkeit. Deshalb gibt man besonders jungen Patienten die makabre Empfehlung, sich vor Therapiebeginn sicherheitshalber Spermaproben einfrieren zu lassen. Ein Rat, der sich bei so manchem, der später Vater werden wollte, bezahlt gemacht hat – auch wenn das Ganze sicherlich belastend ist.

Außer Zytostatika besitzen auch eine Reihe anderer Medikamente eine Reproduktionstoxizität, eine schädigende Wirkung auf die Fruchtbarkeit.

Qualität statt Quantität

Die Anzahl der Spermien ist weniger ausschlaggebend für die Fruchtbarkeit eines Mannes als bislang angenommen. Dies belegt eine erst kürzlich veröffentlichte Studie dänischer Mediziner. Sie haben 430 Probanden untersucht und festgestellt, dass Ejakulat mit vielen, jedoch wenig aktiven Samenzellen sich oft als weniger fruchtbar erwies als anderes mit einer weitaus geringeren Spermienzahl. Entscheidend für die Zeugungskraft des Mannes, so das Fazit der Forscher, sind neben ausreichender Quantität vor allem die Beweglichkeit und gesunde Form der Samenzellen.

Ein weiteres fruchtbarkeitsschädigendes Medikament ist Sulfasalazin, das bei Erkrankungen des rheumatischen Formenkreises und Morbus Crohn, einer entzündlichen Darmerkrankung, verordnet wird. Die Schädigung ist temporär, das heißt, mit Absetzen des Präparates kehrt die Fruchtbarkeit zurück.

Transportprobleme

Finden sich nur verschwindend wenige bis überhaupt keine Spermien im Ejakulat, stecken in der Regel Störungen beim Spermientransport dahinter. Hierbei unterscheidet man mechanische und funktionelle Defekte. Zu ersteren gehört die bei einer Sterilisation vorgenommene Durchtrennung der Samenleiter. Weitere mechanische Wegblockaden sind unterentwickelte Samenleiter oder infolge von bakteriellen Entzündungen verklebte Nebenhodengänge.

Funktionelle Störungen des Spermientransportes liegen dann vor, wenn der Samenerguss völlig fehlt, man spricht vom »trockenen Orgasmus«. Ebenso kann es sein, dass der Erguss nicht nach außen und bestenfalls in die Scheide, sondern in die Harnblase erfolgt. Ursache hierfür sind Probleme bei der Weiterleitung von Nervenreizen, die für die Steuerung der Muskeln in der Vorsteherdrüse (Prostata) zuständig sind. Man vermutet, dass solche nervösen Störungen durch Röntgenstrahlen und Medikamente wie Psychopharmaka hervorgerufen werden.

Auf häufige heiße Vollbäder sollten Männer verzichten, um optimale Voraussetzungen für die Spermienproduktion zu schaffen.

Formfehler

Ausschlaggebend für den Grad der Fruchtbarkeit des Ejakulats ist auch sein Gehalt an ordnungsgemäß geformten Samenzellen. Unterschreitet dieser einen Wert von 30 Prozent, gilt das betreffende Ejakulat als nicht mehr befruchtungsfähig. Denn missgebildete Spermien sind weniger beweglich und können nicht in die weibliche Eizelle eindringen.

Spermienschädliches Klima

Störungen bei der Spermienbildung und damit zusammenhängende Fruchtbarkeitsprobleme kann man sich auch durch Überwärmung sowie durch Unterkühlung der Hoden erwerben. Wie schon erwähnt, bedarf die Herstellung der männlichen Samenzellen einer möglichst konstanten Temperatur von 34,8 °C. Zu ausgedehnte und zu häufige Saunagänge sowie heiße und ausgiebig genossene Vollbäder können die Körpertemperatur vorübergehend erhöhen und, wie Wissenschaftler herausfanden, auf die Dauer das Hodengewebe schädigen. So fand man heraus, dass Männer, die in der Schwerindustrie an Hochöfen tätig sind, vermindert Spermien produzieren. Die extreme berufsbedingte Temperaturbelastung äußert sich bei vielen in einer beeinträchtigten Fruchtbarkeit. Das vergleichbare Phänomen ist auch bei Kühlhausarbeitern zu beobachten. Hier wird es den Hoden auf Dauer zu kalt, und sie drosseln ihre Spermienproduktion.

Alle Männer, die Vater werden wollen, sollten also Überwärmung wie auch Unterkühlung ihrer Hoden vermeiden. Vor allem passionierte Saunagänger und Anhänger des täglichen, heißen Vollbads sollten diese Leidenschaften einschränken.

Je höher die Anzahl missgebildeter Spermien im Ejakulat ist, desto geringer ist die Wahrscheinlichkeit, dass die Eizelle befruchtet wird.

Alarmglocken klingeln allerorten

Bei der Produktion, aber auch auf dem weiteren Lebensweg der Spermien kann also – bedingt durch innere und viel häufiger noch durch äußere Einflüsse – einiges schief gehen.

Dies zeigte sich Anfang der 90er Jahre, als aus dem hohen europäischen Norden eine Besorgnis erregende Meldung kam. Reproduktionsbiologen der Universität Kopenhagen veröffentlichten 1992 eine Studie zur Spermienproduktion dänischer Männer. Das Ergebnis war erstaunlich. Im Zeitraum von 1938 bis 1990 verzeichnete man einen Rückgang der durchschnittlichen Spermienzahl um fast die Hälfte. Gleichzeitig war die Häufigkeit von Spermienfehlbildungen deutlich angestiegen. Damit nicht genug – auch die Zahl der Hodenkrebserkrankungen hat sich zwischen 1940 und 1980 in Dänemark verdreifacht.

Ebenso wie die Störungen der Spermienproduktion nehmen – bei Frauen wie bei Männern – die Erkrankungen der Sexualorgane zu.

Wenn der Körper nein sagt

In wärmeren Klimazonen produziert der Mann durchschnittlich weniger Samenzellen.

Die Spermazählung von Kopenhagen ist nur eine von 61 Studien, die überwiegend in Europa und den USA durchgeführt wurden und die allesamt zum gleichen Ergebnis kamen: Die durchschnittliche Spermienmenge hat sich zwischen 1938 und 1990 von 123 Millionen pro Milliliter Ejakulat auf 66 Millionen verringert – also um fast 50 Prozent. Neben den Fällen von Hodenkrebs steigen auch die Zahlen anderer Erkrankungen der männlichen Genitalorgane; so treten zunehmend Hodenhochstand und Harnwegsverkürzungen auf.

Doch nicht nur Männer, auch Frauen sind betroffen. Wie Hodenkrebs ist auch Brustkrebs eine hormonell bedingte Krebsform, und auch deren Häufigkeit hat, wie die Studien belegen, zugenommen.

Schwellenländer auf dem Vormarsch

Als Hochburgen der Spermakrise galten bis vor kurzem die Industrieländer. Doch auch hier gibt es Neuigkeiten. Das Forschungsinstitut für Fortpflanzung in Bombay hat Mitte 1998 eine Studie veröffentlicht, nach der auf dem Subkontinent zwischen 1986 und 1995 die durchschnittliche Spermienkonzentration um 43 Prozent gefallen ist. Weniger als 30 Prozent der Inder haben noch normal entwickelte Spermien, rund 70 Prozent sind von Spermienverlust betroffen.

Untersuchungen dieser Art laufen derzeit auch in anderen fernöstlichen sowie in afrikanischen und südamerikanischen Ländern – die Ergebnisse werden wohl Ähnliches zu Tage fördern. Eines ist heute schon bekannt: Zahl wie auch Fitness der Spermien weisen geografische Unterschiede auf. In subtropischen und tropischen Klimazonen ist die Zahl der Spermien durchschnitt-

Einer schottischen Studie zufolge besitzen in den 70er Jahren geborene Männer 24 Prozent weniger bewegungsfähige Spermien als in den 50er Jahren geborene.

lich geringer und sie sind bewegungsfauler als in gemäßigten Klimazonen. Die Ursache hierfür ist, so die Vermutung der Wissenschaft, in der Temperaturabhängigkeit der Spermienproduktion zu suchen.

Kinderlos durch Chemikalien

Zu enge Jeans, knapp sitzende Unterhosen oder gar zu harte Fahrradsättel bemüht heute kaum mehr ein Mediziner als Erklärung für die allseits sinkende Zeugungskraft. Die bereits nach den ersten Veröffentlichungen der erdrückenden Spermabefunde geäußerte Vermutung entpuppt sich nun mehr und mehr als traurige Wahrheit: Umweltgifte und Chemikalien stürzen die Spermien in die Krise. Zu den schlimmsten Missetätern zählen synthetische Substanzen, die ähnlich wie das Hormon Östrogen aufgebaut sind. Diese können im Organismus die Wirkungen von Östrogen imitieren und – logische Folge – den gesamten Hormonhaushalt durcheinander bringen.

Es ist heute gesichert, dass eine ganze Reihe von synthetischen Substanzen aktivierend oder hemmend auf das Hormonsystem einwirken kann. Eine Tatsache, die man zunächst nur bei in freier Wildbahn lebenden Tierarten beobachtete und die nun auch beim Menschen ihren Tribut fordert.

Angesichts der Zusammenhänge, die zwischen steigender Umweltbelastung und proportional dazu sinkender Fruchtbarkeit bestehen, ist es nicht überraschend, dass die Spermienkrise für nicht wenige Wissenschaftler in die Nähe von Klimakatastrophe und bedrohter Artenvielfalt rückt. Betroffen ist in diesem Fall ausnahmsweise nicht irgendeine Tierart im fernen Dschungel, sondern die Gattung Homo sapiens selbst. Aber nicht nur für die sinkenden Spermienzahlen, sondern auch für Fehlbildungen des Genitalsystems und die Entstehung hormonabhängiger Krebsarten zeichnen verschiedenste Schadstoffe in der Umwelt verantwortlich.

Dass Umweltgifte die Zeugungskraft global in Mitleidenschaft ziehen, wird heute allmählich auch als gesellschaftliches Problem wahrgenommen.

Auf östrogenähnliche Stoffe chemischen Ursprungs reagiert unser Körper mit Veränderungen, die sich negativ auf die Fruchtbarkeit auswirken.

Diese Brisanz ruft nun auch jene auf den Plan, die im Prinzip nichts mit der Untersuchung der menschlichen Fortpflanzungsfähigkeit zu schaffen haben: Al Gore, US-Vizepräsident, hat 1998 in Washington die internationale Gelehrtenelite zusammengetrommelt, um über die Folgen der jahrzehntelangen Umweltverseuchung mit Chemikalien zu befinden – und zwar durch genau jene Stoffe, von denen bekannt ist, dass sie hormonähnliche Effekte haben. Denn dass es zahlreiche chemische Verbindungen gibt, die vom Hormonsystem als ähnlich akzeptiert werden und wie die körpereigenen Kurierdienste wirken können, ist nichts Neues. Bereits seit einigen Jahrzehnten beobachten Wissenschaftler eklatante Zusammenhänge zwischen bestimmten synthetischen Stoffen und hormonellen Veränderungen.

Imitate mit fatalen Folgen

Der menschliche Organismus wird von der großen Zahl hormonähnlicher Chemikalien stark gefordert.

Bestimmte synthetische Stoffe stellen im Körper die Wirkung von Östrogenen nach, bewirken also ähnliche Effekte. Dazu binden sich diese Substanzen an Östrogenrezeptoren im Organismus und unterstützen die Östrogenwirkung. Bei Frauen und weiblichen Tieren führt dies dazu, dass der Körper auf den vermeintlichen Östrogenüberschuss – aufgrund der besetzten Rezeptoren – fälschlicherweise mit einer Drosselung der Östrogenproduktion reagiert. Ergebnis dessen ist eine Vermännlichung.
Bei Männern und männlichen Tieren hingegen tritt der umgekehrte Fall, die Verweiblichung, ein. Ihr Körper reagiert auf die imitierte, zu starke Östrogenwirkung mit dem Rückgang der Spermienproduktion und Störungen in den Genitalorganen bis hin zu deren völliger Rückbildung. Damit nicht genug. Einige der synthetischen Pseudohormone binden sich auch an Rezeptoren der männlichen Hormone, der Androgene. Hier entfalten sie keine unterstützende, sondern eine hemmende Wirkung auf die Androgene – die Verweiblichung wird also noch weiter gefördert.

Östrogene und Androgene

Ein tierisches Hormonchaos

Was Biologen und Tierphysiologen bereits seit den 50er Jahren zu sehen bekamen, mag so manchen ihrer Zunft an die Eier legende Wollmilchsau erinnert haben: Männliche Zuchtforellen produzierten Eidotter (was nun mal Sache ihrer weiblichen Artgenossen ist), umgekehrt fanden sich weibliche Meeresschnecken in der Nord- und Ostsee mit männlichem Geschlechtsorgan, bei Alligatorenmännchen in Florida waren die Penisse bis zur Unkenntlichkeit verkümmert. Berichte über die Verweiblichung männlicher Tiere, ob Vögel, Reptilien, Raubkatzen oder Fische, häuften sich – unabhängig vom Erdteil. Bald war auch der Grund dafür gefunden: eine massive Störung des Hormonhaushalts, hervorgerufen durch synthetische Stoffe, die wie das Hormon Östrogen wirken. Sie ließen die Zuchtforellen durch Abwässer mutieren oder aber den Meeresschnecken männliche Geschlechtsorgane wachsen.

Die Bombe tickt

Ein Versuch an trächtigen Rattenweibchen warf alsbald ein neues Licht auf die Wirkung der Hormonchemikalien. Den Tieren wurden über das Trinkwasser Spuren von drei in der Umwelt weit verbreiteten östrogenähnlichen Chemikalien verabreicht. Das Ergebnis war, dass die männlichen Rattenjungen kleinere Hoden besaßen und weniger Spermien produzierten. Damit bestätigte sich, was man bereits vor Jahrzehnten ahnte: Die Folgen hormonähnlicher Kunstsubstanzen zeigen sich erst in der nächsten Generation, da sie die äußerst empfindliche embryonale Entwicklung stören. Die spätere Fruchtbarkeit wird also bereits im Mutterleib beeinträchtigt.

Genau genommen sitzen wir auf einer Zeitbombe, deren explosive Bedrohung mit jedem Jahr wächst. Denn ein großer Teil der hormonell wirksamen Industriechemikalien und Pestizide findet sich in unserer alltäglichen Lebensumgebung und entfaltet seine schädlichen Einflüsse bereits während der Entwicklung des Embryos im Mutterleib – und zwar irreversibel. Das bedeutet, dass

Da sich Veränderungen durch Chemikalien auch erst in einer späteren Generation zeigen können, ist es oft schwierig, den Zusammenhang zwischen einer Substanz und ihrer Wirkung herzustellen.

Wie Sie Ihren Organismus beim Kampf gegen Umweltgifte durch Ihre Ernährung unterstützen können, erfahren Sie ab Seite 191.

heute erkennbare Beeinträchtigungen bereits vor 25 bis 30 Jahren angelegt worden sind. Die heute allerorten registrierte Spermakrise wurzelt also in der vorangegangenen Generation. Und ebenso werden sich Schädigungen, die heute stattfinden, auch erst viele Jahre später auswirken. Das bedeutet, die Fruchtbarkeit wird in den nächsten Jahren weiter absinken.

Bereits in den 40er Jahren gab es eindeutige Hinweise dafür, dass eine synthetische Substanz schon in der Gebärmutter in den Hormonhaushalt eingreifen kann. Damals wurde das künstlich erzeugte Östrogen Diäthylstilböstrol (DES) vor allem in den USA und Lateinamerika rund fünf Millionen schwangeren Frauen verabreicht. Es sollte zunächst nur Frühgeburten verhindern und später zu einer beschwerdefreien Schwangerschaft verhelfen.

Gefährliche Spätfolgen

Erst 1970 stellte sich heraus, dass DES schwerwiegende Schäden verursacht. Diese offenbaren sich erst im späteren Leben in Form von Immunschwäche, seltenen Krebsarten, schweren inneren Missbildungen des Genitaltrakts und niedrigeren Spermienzahlen. Wer sich hier an Contergan erinnert fühlt, liegt richtig. Mit dem Stoff Thalidomid, der zwischen 1957 und 1961 als Schlaf- und Beruhigungsmittel frei erhältlich war, wiederholte sich die DES-Katastrophe. Die Kinder, deren Mütter Contergan eingenommen hatten, kamen mit schwersten Missbildungen zur Welt.

Zwischen Verharmlosung und Panikmache

Obwohl die hormonähnliche Wirkung vieler Chemikalien an sich gering ist, kann durch die Kombination verschiedener Substanzen eine gefährliche Mischung entstehen.

In der Diskussion um die Ursachen der Spermakrise werden in Fachkreisen natürlich viele kritische Stimmen laut – »Panikmache« meinen die einen, »irrelevant« die anderen. Häufig ins Feld geführtes Gegenargument ist, dass die hormonelle Aktivität der betreffenden Chemikalien nicht an die der körpereigenen Östrogene und Androgene heranreichen würde. Das ist in der Tat richtig. Die Wirkeffekte der Kunsthormone rangieren zwischen einem 50stel bis zu einem 10 000stel von jenen der Originale. Dies ist jedoch kein Grund zum Aufatmen und alles andere als eine harmlose Irrelevanz, denn die Anhäufung der Schadstoffe ist gewaltig. Das, was sich im Fettgewebe von Lebewesen entlang der Nahrungskette summiert, liegt im Zig-Millionen-Bereich. Hormonchemikalien in einem See haben sich bereits bis zum Körper einer dort lebenden Möve 25-millionenfach angereichert – bis zu uns Menschen, die wir am Ende der Nahrungskette stehen, genügt die Menge dann vollauf. Hinzu kommt die Entdeckung, dass die Wirkungen zweier Hormonchemikalien sich in einer Mischung aus beiden um das 1000fache erhöhen. Was sich aus der Kombination vieler verschiedener dieser Schadstoffe ergeben kann, ist noch nicht bekannt. Bedenkt man jedoch, dass in unserer Umwelt eben nicht nur ein oder zwei hormonell wirksame Chemikalien, sondern mehrere Dutzend davon existieren, kann man die Brisanz der Lage erahnen.

Allen Schönfärbereien und auch Einwänden wie dem, dass die dänischen und andere Wissenschaftler sich ja auch beim Spermazählen vertan haben können, zum Trotz – der Zusammenhang zwischen hormonell wirksamen Umweltschadstoffen und zunehmender Unfruchtbarkeit ist nicht mehr von der Hand zu weisen. Die bislang vorliegenden Ursache-Wirkung-Beziehungen sind bereits eindeutig genug.

Über der Diskussion um die männliche Zeugungskraft darf nicht vergessen werden, dass auch bei Frauen vermehrt Krebserkrankungen der Unterleibsorgane sowie Bruskrebs diagnostiziert werden.

Alltägliche, allgegenwärtige Gefahr

Chemikalien, die in das Hormonsystem eingreifen, sind allgegenwärtig und Bestandteil unseres täglichen Lebens. Im Zeitalter von Kunststoff- und Chlorchemie ist ihre Verbreitung explosionsartig gestiegen. Vom Benzin bis zur Hautlotion, von der Kontaktlinse bis zur Zahnfüllung, von der Konservendose bis zur Plastikfolie – überall können die Pseudohormone lauern. Viele wurden und werden jährlich jeweils in der Größenordnung von Tausenden von Tonnen eingesetzt und tauchen mittlerweile überall in unserer Umwelt auf. Persönliche Strategien zur Vermeidung sind kaum möglich, denn diese Substanzen werden über Atemluft und Nahrung vom Menschen aufgenommen und in seinem Fettgewebe gespeichert. Aber nicht nur dort, sondern auch im Gehirn, genau-

Während der Schwangerschaft durchdringen die Schadstoffe den Schutzschild der Plazenta und schädigen so das hormonelle System des Ungeborenen.

er in der Hirnanhangsdrüse, die ja bekanntlich das hormonelle Orchester dirigiert. Darüber hinaus hemmen die Hormonchemikalien Enzyme, die zur Hormonproduktion erforderlich sind.

Dazu addieren sich die hohe Schadstoffbelastung aus anderen Quellen wie Blei und Kadmium aus Auto- und Industrieabgasen, Quecksilber aus Amalgamfüllungen im Zahn und weiteres Ungemach aus Holzschutz- oder Lösungsmitteln und Kunststoffbeschichtungen, um nur einige zu nennen.

Ungewollte Verhütung

Was bislang noch keine Erwähnung fand, die Umweltbelastung mit künstlichen Östrogenen jedoch weiter in die Höhe treibt, sind Antibabypille und Zäpfchen zur Empfängnisverhütung. Die in der Pille enthaltenen Östrogene werden von Frauen über den Urin ins Trinkwasser ausgeschieden und können auch in mehreren Klärstufen nicht im Klärwerk abgebaut werden. So gelangen die Östrogene über das »gereinigte« Trinkwasser wieder zurück in die Haushalte und damit in den Körper. Ein weiterer Rückweg sind Nahrungsmittel, vornehmlich landwirtschaftliche Produkte, die mit östrogenhaltigem Wasser gegossen werden, das zugleich auch noch das Grundwasser belastet.

Mit der steigenden Umweltverschmutzung nehmen wir immer mehr schädliche Substanzen auf, die unseren Organismus nachhaltig belasten.

Das gleiche Szenario bei Verhütungszäpfchen: Deren spermizide, also spermienabtötende Wirkstoffe gelangen über Nahrung und Wasser ebenso wieder zurück in den menschlichen Körper. Und hier entfalten sie dann ihre gute Hemmwirkung auf die männlichen Samenzellen.

Die schwarze Liste der Fruchtbarkeitsgifte

Der schädlichen Wirkung von Genussgiften kann sich jeder Einzelne kraft eigener Entscheidung entziehen, doch niemand kann Umweltschadstoffen aus dem Weg gehen. Sie existieren ganz einfach überall in unserer Lebensumgebung. Dennoch sollte man wissen, welcher Stoff wo enthalten ist, um die schädlichen Wirkungen wenigstens etwas zu reduzieren. Einen Überblick vermittelt die folgende Aufstellung. Genauere Informationen über Schadstoffgehalt, besonders belastete Nahrungsmittel und weitere schädliche Stoffe erteilen Verbraucherschutzverbände und andere Institutionen.

Starke Umweltverschmutzung und Pestizide gefährden Studien zufolge zunehmend die Zeugungskraft indischer Männer.

Phthalate Bei dieser hinsichtlich der hormonellen schädlichen Wirkung wichtigsten Stoffgruppe handelt es sich um Weichmacher, die in vielen weichen Kunststoffen, Klebern, Druckfarben und besonders in Polyvinylchlorid (PVC) zu finden sind und daraus ausdampfen.

Bisphenol A Der Weichmacher ist unter anderem in den weißen Innenbeschichtungen von Konservendosen, Kronkorken und Wasserleitungen enthalten, in Trinkwasserbehältern aus Polykarbonatkunststoffen sowie in harten Plastikkontaktlinsen. Schwieriger wird es bei weißen Kunststoffzahnfüllungen und Zahnlacken, die ebenso Bisphenol A enthalten; zur Vermeidung hilft nur ein guter Zahnarzt, der Ihr Vertrauen verdient.

Pentachlorphenol (PCP) Trotz Verbotes ist dieser Stoff oftmals noch Bestandteil von Farben, Holzschutzmitteln und anderen Heimwerkerartikeln.

Alkyl- und Nonylphenole Die in Weichmachern, Antioxidationsmitteln, Kunststoffen und Pestiziden enthaltenen Zusätze entstehen als Abbauprodukte einiger Körperpflegemittel.

Die Kenntnis jener Stoffe, welche die Fruchtbarkeit gefährden, hilft, sie ein Stück weit zu vermeiden.

Darüber hinaus sind Nonylphenole oft auch in »superstarken Reinigungsmitteln« enthalten.

Kadmium, Blei und Quecksilber Diese Schwermetalle kommen in roten Farbpigmenten, Batterien, Benzin, Fluoreszenzfarben und Zahnfüllungen aus Amalgam vor.

Cyclamat Ursprünglich als Rostschutzmittel eingesetzt, findet Cyclamat heute überwiegend als Süßstoff Verwendung. Viele Menschen wandeln diese Substanz in ihrem Stoffwechsel allerdings in Cyclohexylamin um, das im Tierversuch Hodengewebe und als Folge davon die Spermienbildung schädigt (Dosis 1mg/kg Körpergewicht). Cyclamat kann auch in die Plazenta sowie in die Muttermilch gelangen. Aus diesen Gründen ist die Substanz heute in den USA verboten.

Biozide Die in Innenräumen zur Schädlingsbekämpfung eingesetzten Stoffe werden darüber hinaus als Materialschutz vor allem für Holzschutzmittel, konservierte Lack- und Dispersionsfarben sowie für mottenfraßgeschütze Teppiche verwendet.

Diagnose von Fruchtbarkeitsstörungen

Die Kosten der Untersuchungen zur Ursache der Kinderlosigkeit übernimmt in jedem Fall die Krankenkasse. Anders verhält es sich bei der Therapie. Welche Kriterien hier gelten, erfahren Sie ab Seite 200.

Die körperlichen Ursachen von Fruchtbarkeitsstörungen sind, das haben die vorangegangenen Seiten gezeigt, äußerst vielfältig. Um herauszufinden, welche davon bei einem oder aber bei beiden Partnern vorliegen, bedarf es einer umfassenden Diagnose. Die Methoden, die hierzu üblicherweise durchgeführt werden, sind im Folgenden aufgeführt.

Zum Auftakt ein Interview

Am Anfang der ärztlichen Untersuchungen steht eine eingehende Befragung, eine Anamnese. Wie schon erwähnt, sollten beide Partner zu diesem Arzttermin erscheinen. Bei diesem ärztlichen Interview werden eine Reihe wichtiger Daten ermittelt.

Die häufigsten Eckdaten, die bei der Anamnese abgefragt werden, sind unten kurz aufgeführt, damit Sie sich bereits vor dem Gang zum Arzt Gedanken machen können. So kann die Frage, ob in der Familie Erberkrankungen bestehen, beispielsweise meist nicht so aus dem Stegreif beantwortet werden.

Ist diese erste Bestandsaufnahme durch den Arzt abgeschlossen, geht es zum zweiten Diagnoseschritt Ihrer ungewollten Kinderlosigkeit: der eingehenden körperlichen Untersuchung.

Untersuchungen bei der Frau

Es handelt sich dabei um eine gynäkologische Untersuchung, die Sie vom Besuch beim Frauenarzt her kennen und die zunächst Aufschluss über anatomische Auffälligkeiten der Geschlechtsorgane geben soll. Unter Umständen sind für die nach der Anamnese erfolgenden Untersuchungen nicht nur einer, sondern mehrere Arztbesuche erforderlich. Die Überprüfung des Eisprungs sowie die Ultraschalluntersuchung und andere können jedoch zum Glück alle ambulant, also in der Praxis selbst, durchgeführt werden.

Gut ist außerdem, sich vor dem Arztbesuch einige Stichpunkte zu notieren, damit nichts vergessen wird.

Punkte, die der Arzt bei der Anamnese klärt

- Alter und Gewicht
- Erbkrankheiten und alle Erkrankungen, die bislang aufgetreten sind
- Dauer und Intensität der Periode
- Frühere Schwangerschaften und deren Verlauf
- Fehlgeburten, Operationen und Erkrankungen der Geschlechtsorgane
- Bisher praktizierte Verhütung
- Einnahme von Medikamenten
- Dauer des Kinderwunsches
- Dauer und Art der bisher durchgeführten Diagnostik bzw. Therapie
- Libido, Sexualleben und Häufigkeit des Geschlechtsverkehrs
- Angaben zur Lebensweise: Alkohol-, Nikotin- und Kaffeekonsum, Leistungssport u. a.

> **Medizinische Nachweise**
>
> - **Reifen der Eizelle:** mittels Ultraschall und/oder durch ansteigenden Estradiolgehalt im Blut (Blutuntersuchung). Estradiol (E2) wird von den Zellen gebildet, die den Follikel auskleiden
> - **Eisprung:** durch den steilen Anstieg des luteinisierenden Hormons im Urin oder im Blut (Harn- oder Blutuntersuchung)
> - **Funktion des Gelbkörpers:** durch ausreichend hohen Progesteronwert (Blutuntersuchung)

Überprüfung des Eisprungs

Als nächstes muss abgeklärt werden, ob Sie überhaupt einen Eisprung haben. Dazu bietet sich die tägliche Messung der Basaltemperatur an. Die Basaltemperatur ist die Körpertemperatur nach dem Aufwachen, aber vor dem Aufstehen. Sie steigt ein bis zwei Tage nach dem Eisprung um etwa 0,5 Grad an und bleibt während der zweiten Zyklushälfte erhöht. Darüber hinaus nimmt der Arzt eine Ultraschalluntersuchung vor. Bei regelmäßigem 28-tägigem Zyklus genügt eine einmalige Kontrolle zwischen dem 10. und 12. Zyklustag. Üblich sind auch Blut- und Urintests.

Ultraschallüberwachung

Mit Ultraschalluntersuchungen ist es möglich, den Verlauf des Zyklus zu beobachten. Dazu werden die Tests ab dem fünften Zyklustag in ein- bis zweitägigem Abstand durchgeführt.

Die völlig schmerzfreie Ultraschalluntersuchung gehört zum Standard der Diagnosemethoden bei Fruchtbarkeitsstörungen. Neben dem Eisprung lassen sich damit auch Follikelwachstum, Lage, Größe und Form der Gebärmutter, Aufbau der Gebärmutterschleimhaut und die Beschaffenheit der Eierstöcke untersuchen. Auch Zysten und krankhafte Veränderungen der Geschlechtsorgane können so erkannt werden. In den meisten Arztpraxen gibt es hochmoderne Ultraschallgeräte, die umgehend Aufschluss über anatomische Auffälligkeiten sowie über den Eisprung geben können. Dazu wird in aller Regel ein mit einem speziellen Gel eingestrichener »Stab« in die Scheide eingeführt, was absolut keine Beschwerden oder gar Schmerzen verursacht.

Der Hormonstatus

Wie steht es mit den Hormonen?

Ebenso unerlässlich sind so genannte Hormonbasisuntersuchungen, bei denen etwa am fünften Zyklustag etwas Blut entnommen und auf Androgene, Prolaktin, luteinisierendes Hormon und follikelstimulierendes Hormon untersucht wird.

Eine andere Möglichkeit sind Hormonfunktionstests. Dazu nimmt die Frau täglich Hormone ein. Anschließend werden alle ein bis zwei Tage mit Hilfe von Blutuntersuchungen Hormonprofile erstellt. Gemessen werden hier Gonadotropine, Prolaktin, Östrogene, Progesteron und Androgene.

Anhand des Befunds, dem Hormonstatus, kann der Arzt sagen, ob eine hormonelle Störung verhindert, dass die Frau schwanger wird. Normale Hormonwerte im Blut zeigt folgende Tabelle:

Anhand verschiedener zyklusabhängiger Blutuntersuchungen kann der Arzt Hormone nachweisen oder ihre Auswirkung auf den Körper überprüfen.

Normale Hormonwerte bei der Frau

Hormon	Normaler Gehalt im Blut
Östrogen	zyklusabhängige Werte
Progesteron nach Eisprung	über 10 Nanogramm/Milliliter (ng/ml)
Testosteron	bis 0,6 Nanogramm/Milliliter (ng/ml)
TSH	0,1 bis 10 Millieinheiten/Milliliter (mU/ml)
Prolaktin	bis 15 Nanogramm/Milliliter (ng/ml)
Follikelstimulierendes Hormon	zyklusabhängige Werte

Postkoital-Test

Wie der Name schon sagt, wird dieser Test nach erfolgtem Geschlechtsverkehr durchgeführt, und zwar binnen der nächsten acht bis zehn Stunden. Dabei macht der Arzt einen Abstrich, um das Sekret aus dem Gebärmutterhals unter dem Mikroskop zu untersuchen. Von Bedeutung sind dabei Anzahl, Beweglichkeit, Form und Überlebensdauer der Spermien. Lassen sich keine beweglichen Spermien erkennen, liegt möglicherweise eine Unverträglichkeit zwischen Spermien und Gebärmutterhalsschleim vor. Der Körper der Frau bildet in diesem Fall Antikörper gegen die Samenzellen des Mannes.

Der Postkoital-Test ist nicht so ganz unproblematisch – zum einen aufgrund der zeitlichen Eingrenzung, zum anderen lastet »Sex zu Testzwecken« oftmals auch auf der Libido.

Wenn der Körper nein sagt

Vor der eigentlichen Untersuchung sollte sich das Paar gemeinsam und ausführlich durch einen Arzt informieren lassen.

Penetrationstest

Dieser wird dann durchgeführt, wenn auch bei einem Postkoital-Test, der ja bereits zwei Stunden nach dem Sex vorgenommen wurde, überhaupt keine Spermien gefunden wurden. Dazu wird durch Masturbation gewonnenes Sperma gemeinsam mit aus dem Gebärmutterhals entnommenem Schleim auf einem Objektträger zusammengebracht. Unter dem Mikroskop wird der Versuch des Spermas, den Schleim zu durchdringen, beobachtet und beurteilt. Der Test erlaubt zudem auch wichtige Rückschlüsse auf eventuelle Störungen der Spermaqualität, die Unverträglichkeit von Schleim und Sperma, die Zervixfunktion und einen eventuellen Östrogenmangel.

Zum Penetrationstest werden in der Regel beide Partner in die Praxis gebeten – aus naheliegenden Gründen...

Die folgenden Verfahren werden meist in Kliniken durchgeführt und bedeuten für die betroffenen Frauen einen größeren Aufwand als eine ambulante Untersuchung beim Frauenarzt oder eine Blutuntersuchung.

Eileiter-Check

Um die Durchgängigkeit der Eileiter zu überprüfen, bedient man sich sehr häufig einer Röntgen-Untersuchung mit der unaussprechlichen Bezeichnung Hysterosalpingographie (HSG). Dabei wird die Durchgängigkeit der Eileiter durch ein Kontrastmittel kenntlich gemacht. Ein noch nicht lange eingesetztes Verfahren ist die Ultraschalluntersuchung nach Einspritzen eines Kontrastmittels in die Eileiter, die so genannte Hysterosalpingokontrastsonographie (HKSG).

Bauchspiegelung (Laparoskopie)

Auch im Rahmen einer Bauchspiegelung kann eine genauere Untersuchung der Eileiter durchgeführt werden. Außer der Eileiterdurchgängigkeit lassen sich dabei mögliche Verschlüsse, Aussehen und Funktion des Eileitertrichters und Verwachsungen untersuchen. Auch Endometrioseherde können bei der Bauchspiegelung aufgespürt werden. Aus diesem Grund gehört diese Methode heute zum Standard bei einem Verdacht auf Endometriose.

Da der Bauchspiegel, das Laparoskop, bei dieser Untersuchung durch den Bauchnabel in den Bauchraum eingeführt wird, sind zu seiner Durchführung eine Vollnarkose und ein mehrtägiger stationärer Klinikaufenthalt notwendig.

Informationen zu Ursache und Symptomen der Endometriose finden Sie auf Seite 49.

Untersuchungen beim Mann

In einem Gespräch oder per Fragebogen erfasst der Androloge ähnlich wie bei der Frau frühere Erkrankungen und Operationen ihres Partners, die Häufigkeit des Geschlechtsverkehrs, besondere körperliche und psychische Belastungen im Privatleben oder am Arbeitsplatz und bisher praktizierte Verhütungsmethoden.

Beim Männerarzt

Andrologen sind gewissermaßen das Pendant zum Gynäkologen. Sie befassen sich mit den männlichen Geschlechtsorganen und -erkrankungen. Die Domäne der Andrologie ist die Behandlung von Zeugungsunfähigkeit – der größte Teil der Patienten kommt aus diesem Grund in die Sprechstunde.

Durch Krampfadern an den Hoden können die Spermien ihre Zeugungskraft verlieren, denn durch das gestaute Blut in der Varikozele werden sie überwärmt.

Die äußere Erscheinung

Zunächst wirft der Arzt einen Blick auf typische hormonell bestimmte Merkmale wie Behaarung, Brustansatz und Fettverteilung. Weitere Untersuchungen erstrecken sich auf die äußeren Geschlechtsorgane wie Penis und Hoden (richtiger Sitz der Harnröhre, Bestimmung der Hodengröße). Durch Tasten lassen sich hierbei eventuell vorhandene Krampfadern am Hoden, Varikozelen, erkennen. Auch die Nebenhoden werden abgetastet und auf Verhärtungen oder Druckempfindlichkeit hin untersucht.

Zum Corpus Delicti: das Spermiogramm

Zur Untersuchung der wichtigsten Grundlage der Befruchtung, des Spermas, wird heute ein so genanntes Spermiogramm erstellt. Dabei müssen mehrfach in bestimmten Abständen Proben des Samenergusses abgegeben werden. Vor der Spermagewinnung stehen zwei bis sechs Tage Abstinenz an. Alles in allem keine so angenehme Angelegenheit. Den Samenerguss in Praxisräumen hervorzurufen und den Samen in einen Vorratsbehälter abzugeben, ist nicht jedermanns Sache. Erleichterung bringt es da in manchen Fällen – falls die Praxis des betreuenden Arztes nicht zu weit entfernt liegt – den Samen zu Hause zu gewinnen. Der Haken dabei ist jedoch, dass die Zeit bis zur Analyse eine Stunde nicht

Um Qualität und Quantität der Samen und eventuelle Entzündungserreger zu erkennen, darf das Sperma nicht älter als eine halbe Stunde sein.

Digitale Information zum Spermiencheck

Die Universität Gießen hat gemeinsam mit der Universität Düsseldorf eine CD-ROM herausgegeben, auf der alles Wichtige rund um die Untersuchung des Ejakulates vermittelt wird. Sie basiert auf den praktischen Erfahrungen aus den andrologischen Ambulanzen Gießen und Düsseldorf, in denen jährlich mehr als 5000 Ejakulate untersucht werden. Die CD-ROM ist erhältlich unter folgender Adresse: Ferring Arzneimittel GmbH, Wittland 11, 24109 Kiel, Tel. 04 31/585 20, Fax 58 52 35

überschreiten darf. Das Sperma darf also maximal 20 bis 30 Minuten alt sein, wenn es in die Praxis kommt. Um Keime im Samen zu vermeiden, die nicht von einer Infektion herrühren, müssen Hände und Penis vorher desinfiziert werden. Der Samen muss außerdem in einem speziellen Behälter aufgefangen werden, da gewöhnliche Becher Spermien tötende Bestandteile enthalten können. Um also die Hetzjagd mit dem kostbaren Nass zum Arzt zu vermeiden und eine sachgemäße Gewinnung des Samens sicherzustellen, empfiehlt es sich, die ganze Sache doch besser in der Arztpraxis zu absolvieren.

Ist alles überstanden, wird das Sperma analysiert und auf Anzahl, Beweglichkeit und Aussehen der Spermien überprüft. Weitere Eckdaten beim Spermacheck sind Untersuchungen auf Entzündungserreger (Bakterien, Viren und bakterienähnliche Erreger wie Chlamydien) sowie auf Abwehrstoffe in der Samenflüssigkeit (Sperma-Antikörper). Mithilfe eines Spezialmikroskops lässt sich zudem erkennen, ob die Spermien überhaupt in der Lage sein werden, in die Eizelle einzudringen.

Wer die Spermaprobe lieber zu Hause tätigt, muss sich sehr genau an die Anweisungen des Arztes halten.

Hormoncheck

Deuten die Befunde des Spermiogramms auf eine eingeschränkte Fruchtbarkeit hin, macht der Arzt einen Test zur Bestimmung der Hormonwerte im Blut. Diese Untersuchung beschränkt sich in der Regel auf das luteinisierende Hormon, das follikelstimulierende Hormon, Testosteron, Estradiol und Prolaktin.

Hodenbiopsie

Bei unklarem Befund des Spermiogramms kann eine Hodenbiopsie vorgenommen werden. Diese Gewebeentnahme aus den Hoden wird unter örtlicher Betäubung in der andrologischen Praxis durchgeführt.

Wenn sich die Seele weigert

Zur Zeugung neuen Lebens bedarf es mehr als optimaler körperlicher Bedingungen. Mindestens ebenso bedeutsam ist Ausgewogenheit im komplexen Wechselspiel zwischen Körper, Geist und Seele. Und so besteht zwischen Fruchtbarkeitsstörungen und seelisch-psychischen Problemen ein enger, oftmals ursächlicher Zusammenhang.

Eine bunte Palette psychischer Einflüsse

Liegen die Gründe der Unfruchtbarkeit vielleicht im seelischen Bereich?

Wie sehr die Psyche die Fruchtbarkeit zu beeinflussen vermag, wird häufig unterschätzt. Schon allein deshalb, weil sich psychische Ursachen schwer messen und in ein allgemein gültiges Raster einfügen lassen – sie sind weder im Ultraschallbild noch bei einer Laboruntersuchung zu erkennen.

Das Verhältnis zwischen den beiden Partnern, das sexuelle Erleben, die Prägung durch die Erziehung, die familiäre Herkunft, ganz generell negative oder gar traumatische Erlebnisse in Kindheit und Pubertät, die berufliche und gesellschaftliche Situation, das eigene Selbstverständnis – all das kann die Fähigkeit zur Fortpflanzung negativ wie auch positiv beeinflussen. Die soeben genannten und die in diesem Kapitel noch genauer ausgeführten sind nur ein kleiner Ausschnitt aus dem großen Reigen jener Parameter, welche die Fruchtbarkeit fördern oder aber blockieren. Entsprechend schwierig ist es auch, die Dinge zu erkennen, die auf der Seele lasten und das erwünschte Kind, zumindest im Moment, in so weite Ferne rücken lassen. Oftmals sind es gerade die nie

Psychische Belastungen beeinträchtigen das sensible Zusammenspiel der Hormone mehr, als man bislang angenommen hat.

bewusst gewordenen, tief verborgenen Konflikte, die verdrängten Probleme und nicht offenbarten Bedürfnisse, die der Erfüllung des Kinderwunsches im Wege stehen.

Dass ihre Kinderlosigkeit psychisch-seelische Gründe haben könnte, wird von den meisten Paaren zunächst nicht und schließlich erst dann in Erwägung gezogen, wenn körperliche Ursachen nach eingehender Diagnose ausgeschlossen wurden.

Begeben sich die Betroffenen dann auf die Spurensuche, kommt vielfach Überraschendes zu Tage. Das kann sehr schmerzhaft und, wenn es sich beispielsweise um bislang nicht bewusst gemachte partnerschaftliche Differenzen handelt, auch sehr verletzend sein. Doch die Verarbeitung solcher Konflikte und Probleme stellt oftmals eine große Chance für die Partnerschaft und eine immense Bereicherung für das weitere Leben dar.

Die Auseinandersetzung mit ungewollter Kinderlosigkeit kann sich positiv auf die Partnerschaft auswirken, wenn dabei Beziehungsprobleme aufgedeckt und bearbeitet werden.

Was Kindern im Weg stehen kann

Psychische und soziale Einflüsse und damit das emotionale Befinden können sich auf zwei Ebenen manifestieren. Zum einen können sie organische Störungen verursachen, die sich medizinisch diagnostizieren lassen; beispielsweise dauerhafte psychische Belastungen und Stress, die Zyklusstörungen oder eine verminderte Spermienproduktion verursachen. Zum anderen können psychische Faktoren auch unmittelbar zu Fruchtbarkeitsstörungen führen, also selbst deren Ursache darstellen. Dies kann etwa der Fall sein, wenn durch ausgiebige Untersuchungen keine körperlichen Gründe festgestellt wurden, eine Schwangerschaft jedoch trotzdem schon lange auf sich warten lässt.

Medizinisch werden psychische und seelische Ursachen als funktionelle und idiopathische Sterilität erfasst und folgendermaßen unterschieden: Bei der funktionellen Sterilität lassen sich keine organischen Gründe für das ausbleibende Elternglück feststellen, bei der idiopathischen Sterilität sind sowohl körperliche, funktionelle als auch psychische Ursachen bei der Frau wie beim Mann ausgeschlossen worden. Hier handelt es sich also um eine nicht erklärbare Unfruchtbarkeit.

Darüber, in welchem Ausmaß emotionale und psycho-soziale Faktoren zu ungewollter Kinderlosigkeit führen können, gibt es keine wissenschaftlichen Erkenntnisse oder gar Statistiken. Gesichert sind Beobachtungen, dass Stress die Fruchtbarkeit bei Frauen und Männern deutlich mindert oder dass ungewollt kinderlose Frauen mehr zu Ängstlichkeit und Depressionen neigen als andere – ob dies jedoch Ursachen oder Folgen ihrer Fruchtbarkeitsstörungen sind, ist ungeklärt.

Nicht zuletzt aufgrund der schwierigen Ursachenfindung zeigen sich viele Ärzte hinsichtlich psychisch bedingter Unfruchtbarkeit recht verschlossen und unsensibel.

Nicht nur Frauensache

Schwangerschaft und Kinderkriegen sind rein weibliche Angelegenheiten – dieser althergebrachten Auffassung entsprechend, wurden auch die psychischen Ursachen dafür, dass der Nachwuchs auf sich warten ließ, stets bei den vergebens aufs Mutterglück Wartenden gesucht. Dass sich eine ganze Reihe emotionaler Störfaktoren hinter weiblichen Fruchtbarkeitsproblemen verbergen kann, ist schon lange bekannt – und allseits akzeptiert.

An der einseitigen Ursachensuche änderte sich auch nicht viel, als sich mehr und mehr herausstellte, dass hinter ungewollter Kinderlosigkeit ebenso häufig körperliche Störungen der Männer stehen können. Erst Ende der 70er Jahre begann die psychologische Expertenschaft, nicht zuletzt aufgrund des im Zuge der sexuellen Revolution veränderten Rollenverständnisses, die Gründe auch im Befinden der Männerseele zu suchen. Die Aufmerksamkeit gegenüber den Indizien dafür, dass die männliche Fruchtbarkeit auch psychisch anfällig ist, wuchs beständig.

Heute besteht kein Zweifel mehr daran, dass es nicht nur die Nöte der so sensiblen Frauenpsyche, sondern ebenso emotionale Konflikte seitens des Mannes sein können, die sich dem Nachwuchs in den Weg stellen.

Wie bereits erwähnt, sind die psychischen Gründe von Fruchtbarkeitsstörungen ungeheuer vielfältig und nie voll erfassbar. Und so werden im Folgenden auch nur einige häufig auftretende Blockaden im emotionalen Bereich vorgestellt. Sie sollen als Anstoß verstanden werden, bei sich selbst weiterzuforschen.

Die Wirkung von Stresshormonen

Physische und psychische Dauerbelastungen sind Gift für den Hormonhaushalt und seine Balance.

Störfaktor Nummer eins: Stress

Das Symptom unserer Zeit und Auslöser zahlreicher körperlicher Erkrankungen ist auch vielfach die Ursache von Fruchtbarkeitsstörungen. Dauerhafte psychische und körperliche Be- und meist Überlastung kommen als häufige Gründe in Frage, wenn es mit dem Kind nicht klappen will. Denn um den ihm gestellten Anforderungen gerecht werden zu können, schüttet der Körper beständig Stresshormone wie Adrenalin aus. Und diese können auf Dauer die Funktionen von Eierstöcken und Hoden lahm legen. Infolge des Anstiegs von Stresshormonen vermindert der Hypothalamus die Ausschüttung des Gonadotropin-Releasing-Hormons (GnRH), sodass die Hypophyse nicht zur Produktion des follikelstimulierenden Hormons angeregt wird. Ohne das follikelstimulierende Hormon unterbleibt die Botschaft an die Eierstöcke und Hoden, Follikel heranreifen zu lassen bzw. Spermien zu produzieren. Darüber hinaus sinkt der Testosteronspiegel deutlich in den Keller und Anzahl wie Qualität der Spermien verschlechtern sich.

Was auf körperlicher Ebene so einfach nachzuvollziehen ist, gibt auf der emotionalen hingegen oftmals Rätsel auf. Denn nicht alle Auslöser für Stress sind so vordergründig dingfest zu machen wie

Eines der typischen Stresshormone, die bei dauerhafter Überlastung vermehrt ausgeschüttet werden, ist Kortison. Ein erhöhter Kortisonspiegel bringt den Hormonhaushalt aus dem Gleichgewicht.

Wenn sich die Seele weigert

Im Rahmen von wissenschaftlichen Untersuchungen wurde gesunden Männern eine Überdosis Adrenalin gespritzt. Die Produktion von Testosteron ging anschließend signifikant zurück.

permanent klingelnde Telefone, die Hetze von einem Termin zum nächsten oder extremer Leistungsdruck.

Oft können es aber auch psychische Faktoren sein, die tief im Unterbewusstsein verborgen und den Betroffenen selbst nicht bekannt sind. Einige der nachfolgend aufgeführten Problemkreise sind beispielsweise hervorragend dazu geeignet, über das Unterbewusste Stress zu verursachen. In diesem Fall ist es zum Teil nur schwer oder gar nicht möglich, die Stressfaktoren auszuschalten und die Funktion des Hypothalamus wieder zu normalisieren.

Die Angst vor dem Absprung

Wenn der Nachwuchs auf sich warten lässt, kann das am alltäglichen Stress liegen. Der selbst auferlegte Zwang endlich schwanger zu werden, verstärkt diesen Effekt zusätzlich.

Erst mal die Karriere und in einigen Jahren dann ein Kind – eine verständliche Lebensplanung, denn eine Frau, die unter Umständen jahrelang studiert hat, möchte nicht gleich in den Kreißsaal, sondern ins Berufsleben. Doch je länger man »dabei ist«, desto schwerer fällt es, nun alles Erreichte erst einmal aufgeben zu müssen. Die Angst, nach der Babypause den Anschluss nicht mehr richtig zu bekommen, nagt stets ein wenig an der Seele und viel mehr noch an der Fruchtbarkeit. Vielfach besteht der Kinderwunsch nur vordergründig, während das Unterbewusstsein das Bedürfnis, Mutter zu sein, nicht mehr zulässt. Die Angst, die Stellung, die auf der Karriereleiter erreicht ist, zu gefährden, minimiert tief im Innersten die Chancen einer Schwangerschaft oft ganz enorm.

Kind oder Karriere

Angst vor dem Karrieretief muss nicht sein, deckt sich jedoch mit zahlreichen Erfahrungen von Psychotherapeuten und Psychologen.

Andererseits kommt bei vielen Frauen, die aus dem Berufsleben ganz oder vorübergehend ausgestiegen sind, nach der Geburt eine immense Unzufriedenheit auf. Das belastet nicht nur die betreffende Mutter, sondern auch das zunächst lang ersehnte Kind und kann dazu führen, dass es mit einem zweiten Kind oft lange nicht klappt.

Zu aktiv für ein Kind

Dass der Körper die Hormonproduktion eindämmt, um so die Möglichkeiten der Fortpflanzung zu reduzieren, ist eine nur natürliche und sehr sinnvolle Maßnahme. Denn durch die anhaltende Ausschüttung von Stresshormonen herrscht für den Körper vermeintlich eine Notsituation, vergleichbar mit anhaltendem Hunger und extremem Untergewicht. Als Reaktion versucht der Organismus nun, sowohl bei der Frau als auch beim Mann, die Befruchtungsfähigkeit herabzusetzen.

Eine stressgeplagte Frau soll durch eine Schwangerschaft nicht zusätzlich geschwächt werden. Obwohl Sie eigentlich ja unbedingt ein Kind möchten, deutet Ihr Körper Ihre erhöhten Anforderungen und den Stress anders und stellt die Weichen entgegen Ihren Wünschen. Im Grunde genommen handelt es sich also um ein gewaltiges Missverständnis.

Ob dieses tatsächlich so groß ist, sollte man bei sich selbst prüfen. Denn unter Umständen sind im Moment beide Partner oder einer von ihnen viel zu beschäftigt und zu sehr in berufliche und gesellschaftliche Verpflichtungen eingebunden, um sich auch noch um ein Kind zu kümmern. Vielleicht ist ja gerade tatsächlich nicht die beste Zeit für Nachwuchs. Sich diese Fragen zu stellen, ist ebenso wichtig, wie zu versuchen, den Stress einzuschränken und zu lernen, besser damit umzugehen.

Fraktion gegen die Fruchtbarkeit

Nicht selten verbündet sich das Unterbewusstsein mit dem Körper und schlägt allen Versuchen, ein Kind zu bekommen, ein Schnippchen. Tief im Innersten verweigert sich die Seele einer Schwangerschaft und ersinnt die verschiedensten Möglichkeiten, ihr auf körperlicher Ebene entgegenzutreten. Solche »unbewussten Verhütungsmethoden«, die überwiegend bei Frauen greifen, sind beispielsweise unwillkürliches Zusammenziehen der Eileiter oder des Gebärmutterhalses, sodass der Transport der Spermien zur Eizelle erschwert wird, oder aber Veränderungen der Schleimhaut in der Gebärmutter selbst sowie am Gebärmuttermund.

Der Hypothalamus ist eng an jene Regionen des Gehirns gekoppelt, in denen Gedanken und Gefühle gesteuert werden – deren Einfluss auf den Haushalt der Sexualhormone ist demnach nicht verwunderlich.

Wenn sich die Seele weigert

Ein Baby wird's schon richten

Ein Kind als mögliche Lösung für Probleme in einer Partnerschaft birgt meistens Konfliktpotential in sich – die Situation für alle Beteiligten wird nur schwieriger.

Im Idealfall erwächst der Wunsch nach einem Kind aus einer tragfähigen Beziehung, in der beide Partner ein harmonisches Miteinander leben und Nachwuchs als Bereicherung ihres Zusammenseins erachten. Doch genau daran hapert es nicht selten. Oft verbirgt sich hinter dem so drängenden Kinderwunsch beispielsweise die Hoffnung, den Partner damit fester an sich zu binden oder eine länger bestehende Beziehungskrise durch ein Kind meistern zu können.

So erhält das Kind, noch nicht einmal gezeugt, die Aufgabe, die entstandene Leere zwischen beiden Partnern zu überbrücken und die Lücke im gegenseitigen Verständnis aufzufüllen. Ein solcher als »narzisstisch« bezeichneter Kinderwunsch ist häufiger, als man glauben mag. Und auch das betroffene Paar selbst ist sich dieses tief liegenden Motivs meist nicht bewusst.

Neben dem »Kind als Retter« liegt bei Fruchtbarkeitsstörungen vielfach auch mangelndes Selbstbewusstsein beider Partner vor. Menschen, die sich von ihrem Umfeld missachtet und ungeliebt oder wenig anziehend fühlen, pflegen kaum soziale Kontakte und

Oft sind es Probleme mit der eigenen Persönlichkeit, die der Schwangerschaft ungewollt und unbewusst im Wege stehen.

leben auf sich und den Partner bezogen. Jeder der beiden empfindet sich wie in einer Symbiose auf den anderen angewiesen und klammert sich an ihm fest. Eine zwar stabile Beziehung, deren Tragfähigkeit jedoch darauf beruht, dass ein Partner wechselseitig den anderen anführt und dominiert, der andere sich entsprechend anpasst. Daher ist es ihnen auch erschwert, gemeinsam ein Kind zu haben.

Abgesehen von solchen Beziehungskonstellationen, die die Fruchtbarkeit herabsetzen, besteht die Gefahr, dass die große Energie, die für die Erfüllung des Kinderwunsches eingesetzt wird, auf der anderen Seite dazu fehlt, Konflikte in der Partnerschaft anzusprechen und zu lösen. Da man schließlich für ein »gemeinsames Ziel kämpft«, werden eigentlich längst fällige Auseinandersetzungen vermieden oder auf die lange Bank geschoben. Auf Dauer verschärfen sich damit die Probleme jedoch immer mehr und lassen im Verbund auch die ersehnte Schwangerschaft in immer weitere Ferne rücken.

Gerade Paare, die ungewollt kinderlos sind, neigen dazu, ihre Beziehung zu idealisieren; bestehende Konflikte bleiben unbearbeitet.

Sex nach Plan

Fast alle Paare, die bewusst etwas gegen ihr Nachwuchsproblem unternehmen, erleben früher oder später, dass sich ihr sexuelles Erleben und Verhalten verändert. Nicht sonderlich überraschend. Denn wenn die Erfüllung des Kinderwunsches Sex zum Zeitpunkt des Eisprungs und damit »nach Termin« erforderlich macht, wird dies von beiden Partnern oftmals als massive Beeinträchtigung empfunden. Kraft mangelnder Spontaneität »klappt« es häufig gerade dann nicht, wann es doch unbedingt soll – zum fruchtbaren Zeitpunkt nämlich. Darüber hinaus lässt die immense Bedeutung, welche die Sexualität nach und nach bekommt, die Libido auch außerhalb der fruchtbaren Tage sinken. Jedwede Chance zur Befruchtung nutzen zu müssen, birgt in sich die Gefahr, dass dem Paar wortwörtlich »die Lust vergeht«.

Von einer lustvollen und spontanen Sexualität kann dann keine Rede mehr sein. Und genau hier schließt sich der Kreis wieder. Ist das Geschlechtsleben eher enttäuschend denn erfüllend, setzt dies

Der enge Zusammenhang zwischen Emotionen und Hormonhaushalt zeigt sich daran, dass intensive Gefühle oder ein sexuell stark anregender Partner einen regelrechten Hormonschub auslösen.

nicht nur die Stimmung, sondern auch die Fruchtbarkeit herab. Denn häufiger Frust mit der Lust erzeugt Stress und Anspannung, belastet die Beziehung und erschwert den partnerschaftlichen Umgang miteinander. Auf Dauer kann diese Stresssituation dazu führen, dass sich der Körper – wiederum unbewusst – vor einer Zeugung schützt. Bei der Frau beispielsweise durch ausbleibenden Eisprung, beim Mann durch eine Verringerung der Spermienproduktion.

Depressivität

Dass ungewollte Kinderlosigkeit über Jahre hinweg depressiv machen kann, ist nur verständlich. Umgekehrt haben psychologische Untersuchungen ergeben, dass eine Neigung zu depressiven Verstimmungen auch als mögliche Ursache für die eingeschränkte Fruchtbarkeit betrachtet werden muss. Eine Tatsache, die zwar beide Geschlechter betrifft, aber häufiger bei Frauen beobachtet wird. Ebenso stellte sich heraus, dass bei Frauen mit wiederholten depressiven Verstimmungen auch künstliche Befruchtungen öfter misslingen als bei anderen. Neben Depressivität leiden Männer wie Frauen mit Fruchtbarkeitsstörungen auch häufiger an Versagensängsten und haben ein gering ausgeprägtes Selbstbewusstsein. Und dies schon lange, bevor sich die Realisierung ihres Kinderwunsches als problematisch erwiesen hat. Die Betroffenen sind oftmals sehr streng erzogen worden und stammen aus einem Elternhaus, in dem Sex tabuisiert wurde. Sexuelle Gefühle und Erlebnisse waren von Kindheit an mit Schuldgefühlen und negativen Empfindungen überschattet.

Auch der befreite Umgang mit der eigenen Sexualität ist ein wichtiger Faktor für die Empfängnisbereitschaft der Frau. Ist Sex in der Partnerschaft kein Tabu, klappt es mit der Schwangerschaft oft besser.

Druck von außen

In der Verwandtschaft, bei Freunden und Arbeitskollegen stellt sich Nachwuchs ein, und Eltern nebst Schwiegereltern wünschen sich doch schon so lange ein Enkelkind. Das erzeugt Druck und macht die Situation eines ungewollt kinderlosen Paares nur noch schlimmer. Die ohnehin schon immens hohe Erwartungshaltung, nun endlich auch ein Kind zu kriegen, wird zusätzlich gesteigert.

Die Stoffe der (Lebens-)Lust

Sexualität ist für die Erhaltung des Menschheit so wichtig wie der Atem. Darüber hinaus ist Sex als natürlicher Glücksspender ein wesentlicher Faktor für das seelische und geistige Wohlbefinden eines Menschen. Nach einer erfüllenden sexuellen Begegnung wird, was zuvor schwer war, wieder leichter, Selbstbewusstsein und Leistungsfähigkeit steigen, man fühlt sich motiviert und voller Energie – die Welt sieht einfach anders aus.

Mit für diese positiven Erscheinungen verantwortlich sind die Endorphine. Dies sind hormonähnliche Stoffe, die während des Geschlechtsverkehrs und insbesondere beim Orgasmus vermehrt vom Körper ausgeschüttet werden. Endorphine sind sozusagen körpereigene Opiate, denn sie mindern Schmerzempfindungen, reduzieren die schädlichen Auswirkungen von Stresssituationen und helfen bei ihrer Bewältigung. Nicht zuletzt steigern sie Libido und Orgasmusfähigkeit. Eine weitere sehr wichtige Eigenschaft dieser »Glückshormone« ist, dass sie den Hypothalamus zur Ausschüttung des Gonadotropin-Releasing-Hormons (GnRH) anregen. Somit haben Endorphine auch einen direkten Einfluss auf die Fruchtbarkeit, denn dieses Hormon ist jener Botenstoff, der bei Mann und Frau die Bildung der Sexualhormone in Gang setzt.

Dieser Leistungsdruck erzeugt gewaltigen Stress und letztlich genau das, was niemand will: Die Chancen einer Schwangerschaft sinken weiter in den Keller.

Die Erwartungen, die seitens der Umwelt unausgesprochen oder offen an es herangetragen werden, treiben so manches Paar nach und nach in die Isolation. Weil sie den permanenten Fragen »Bekommt ihr jetzt …« nicht mehr entgegentreten, nicht immer wieder eine Erklärung finden können und wollen, ziehen sie sich immer mehr zurück und brechen den Kontakt zu Bekannten oder Freunden ab. Eine Situation, die den Konflikt und das erniedrigende Gefühl der vermeintlichen Unfähigkeit noch verstärkt.

Die Freundschaft zu Paaren, die selbst gerade Eltern geworden sind, aufrechtzuerhalten, ist für ungewollt Kinderlose oft sehr schwierig.

Zwischen Traum und Traumata

Schließlich ist es auch die Situation selbst, die enorm auf der Seele und letztlich auch auf der Fruchtbarkeit lastet. Die Katze beißt sich hier gewissermaßen »selbst in den Schwanz«. Denn vielfach ist es der so lange nicht erfüllte Kinderwunsch, der seiner Verwirklichung selbst im Weg steht. Das Selbstwertgefühl leidet ganz erheblich, und zwar bei beiden Partnern. Man erachtet sich nicht mehr als »richtige« Frau und nicht als »ganzer« Mann. Es handelt sich also um eine schwere Erschütterung der Identität, deren Überwindung immense Energie erfordert und auch an die Tragfähigkeit der Partnerschaft gewaltige Anforderungen stellt.

Immer wieder abwarten

Da ist zunächst vom Beginn des Eisprungs an die allmonatliche Zitterpartie zwischen Hoffnung und Enttäuschung, wenn sich die Periode wieder einmal einstellt. Früher oder später wird dann die Klärung der Ursachen für die nicht stattfindende Befruchtung vorgenommen werden. Und dann nagt die Angst an der Seele, derjenige zu sein, an dem »es liegt«.

Viele ungewollt kinderlose Paare vermeiden jedes Gespräch zu diesem Thema aus der Angst, die Fruchtbarkeitsstörung könnte für andere transparent werden.

Ganz zu schweigen vom Warten auf das, was als Erklärung für die Fruchtbarkeitsstörung gefunden wird oder werden könnte. Stellen sich bei den Untersuchungen keine schwerwiegenden organischen Störungen heraus, tritt das Projekt »programmierte Sexualität« in Kraft. Hat die Diagnose einen Befund ergeben, der künstliche Befruchtungsmethoden erforderlich macht, ergibt sich unweigerlich die Sorge, welche medizinischen Behandlungsschritte möglicherweise »fruchtbar« sein werden.

Zudem bleibt meist die bange Überlegung nicht aus, was ist, wenn es auch dann nicht klappt. Unter Umständen müssen Lebenskonzepte neu formuliert und das eigene Rollenverständnis, einmal Mutter oder Vater zu sein, geändert werden. Je ausgeprägter der Kinderwunsch aber ist, desto mehr bringt seine Nichterfüllung das Ego ins Wanken – der Psychologe nennt dies »narzisstische Kränkung«.

Elternschaft beginnt im Kopf

Psychotherapeuten und andere Fachleute haben immer wieder bestätigt gefunden, dass es enorm hilft, sich über die Motive klar zu werden, die hinter dem Kinderwunsch stehen. Sich selbst zu hinterfragen, was ein Kind für das eigene Leben bedeutet, kann helfen, den Blickwinkel zu erweitern und wieder ein wenig Distanz herstellen zu können zum drängenden Kinderwunsch. Letzteres ist überaus wichtig.

Darüber hinaus kann diese Auseinandersetzung auch bislang nicht bewusst gemachte Ängste oder Einwände zum Vorschein bringen, die sich unter Umständen störend auf die Fruchtbarkeit auswirken. Ebenso kann dabei aufgedeckt werden, ob der Kinderwunsch überwiegend eigennützig motiviert ist. Das mag sicherlich schmerzhaft sein, bringt jedoch wertvolle Einsichten in eventuell bestehende partnerschaftliche Probleme. Gelingt es, diese zu lösen – und ihr Bewusstmachen ist bereits der erste Schritt dazu – rückt die Schwangerschaft in vielen Fällen in greifbare Nähe.

Eine ausbleibende Schwangerschaft belastet die Psyche stark. Erfahrungsaustausch mit ebenfalls betroffenen Paaren und eine professionelle Beratung helfen, den Konflikt zu lindern.

Fachkundige Unterstützung

Viele Paare fühlen sich mit der Bewältigung des unerfüllten Kinderwunsches überfordert. Zumal dann, wenn dahinter keine organischen, sondern psychische Ursachen stehen. Psychotherapeutische Beratung kann hier eine wertvolle Hilfe und insbesondere eine große Chance für die Partnerschaft sein. Doch erfahrungsgemäß nimmt nur eines von zehn betroffenen Paaren diese Hilfe in Anspruch. Dies, so mutmaßen Fachleute, könnte nicht nur an der Scheu liegen, sich einem »Seelenklempner« zu offenbaren, sondern auch daran, dass fachkundiger Rat teuer und nicht überall verfügbar ist. Um hier einen besseren Einblick zu bekommen, wird seit Juli 1998 eine große Umfrage im Internet durchgeführt. Hintergrund dieser in dem Forschungsprojekt »Heidelberger Kinderwunsch-Sprechstunde« integrierten Maßnahme ist es, Genaueres über den Bedarf psychischer Beratung bei ungewollter Kinderlosigkeit zu ermitteln.

Internet- und E-Mail-Adresse der »Heidelberger Kinderwunsch-Sprechstunde« finden Sie im Anhang auf Seite 238.

Dieser Fragenkatalog soll helfen, sich die verschiedenen Motive für den Kinderwunsch bewusst zu machen.

Motive für ein Kind

- Bin ich mir über die Gründe für meinen Kinderwunsch und über seine Bedeutung für meine Beziehung im Klaren? ja ❏ nein ❏
- Erhoffe ich mir durch ein Kind, der jetzigen Lebenssituation entfliehen zu können? ja ❏ nein ❏
- Bin ich mir bewusst, welche Veränderungen ich mir von einer Schwangerschaft erwarte? ja ❏ nein ❏
- Kann ich mich noch an anderen Lebenssituationen erfreuen, oder überschattet der Kinderwunsch alles? ja ❏ nein ❏
- Ist ein Leben ohne Kind vollkommen unvorstellbar für mich? ja ❏ nein ❏
- Habe ich konkrete Bilder von einem Leben ohne Kind? ja ❏ nein ❏
- Ist mir bewusst, dass Kinder auch eine erhebliche Belastung und Einschränkung bedeuten? ja ❏ nein ❏
- Hat einer von uns beiden Bedenken, dass die Geburt eines Kindes uns zu sehr einschränken könnte? ja ❏ nein ❏
- Habe ich Angst, meiner Mutter- oder Vaterrolle nicht vollauf gerecht werden zu können? ja ❏ nein ❏
- Sind meine Mutter- bzw. Vatergefühle eventuell bereits gebunden, da ich mich intensiv um ein anderes Familienmitglied kümmere? ja ❏ nein ❏

Häufig sind unbewusste Ängste und Furcht vor Veränderungen schuld daran, dass eine Schwangerschaft ausbleibt.

Mögliche Gründe für die Kinderlosigkeit

Motive für ein Kind

- Hat einer von uns beiden zunehmend das Gefühl, für den anderen extrem häufig eine Mutter- bzw. Vaterrolle einnehmen zu müssen? ja ❏ nein ❏
- Ist der Wunsch nach einem Kind bei meinem Partner und mir gleich groß? ja ❏ nein ❏
- Können wir genau darüber offen sprechen? ja ❏ nein ❏
- Haben mein Partner und ich noch Lust auf Sex? ja ❏ nein ❏
- Haben ich oder mein Partner Ängste vor der Schwangerschaft und/oder der Geburt? ja ❏ nein ❏
- Passt es nicht in mein Rollenbild, keine Familie zu gründen und kein Kind zu bekommen? ja ❏ nein ❏
- Passt es nicht in meine Familientradition, kinderlos zu bleiben? ja ❏ nein ❏
- Spüre ich einen besonderen Druck von meiner Familie, etwa von meinen Eltern, endlich ein Kind haben zu müssen? ja ❏ nein ❏
- Fühlen wir uns durch unsere Freunde unter Druck gesetzt, ein Kind zu bekommen, um »dazuzugehören«? ja ❏ nein ❏
- Können wir mit unseren Freunden über den unerfüllten Kinderwunsch sprechen? ja ❏ nein ❏
- Kommt auch die Adoption eines Kindes in Frage? ja ❏ nein ❏

Die Auseinandersetzung mit den Motiven für den Kinderwunsch bringt oftmals Erstaunliches über die Partnerschaft und das eigene Selbstverständnis zutage.

Erst durch den Dialog mit anderen Betroffenen wird vielen Paaren wieder bewusst, dass ungewollte Kinderlosigkeit kein Einzelschicksal ist.

Beratungsstellen

Zahlreiche Städte und Gemeinden bieten kostenlose Ehe- und Lebensberatung, Beratungsstellen für Familienplanung oder Pro Familia an. Die Psychotherapeutenliste der Krankenkassen gibt darüber hinaus Auskunft über seriöse, von den Kassen anerkannte Psychotherapeuten. Diese können auch dann helfen, wenn sie nicht auf dieses Gebiet spezialisiert sind. Vereinzelt gibt es, allerdings kostenpflichtige, Gesprächskreise von Sozialarbeitern und -pädagogen, Psychologen und Heilpraktikern mit einer psychotherapeutischen Zusatzausbildung.

Erfahrungsaustausch klärt und baut auf

Eine weitere und für viele oft angenehmere Möglichkeit bietet die wachsende Schar von Selbsthilfegruppen. Das Gespräch mit ebenso Betroffenen zeigt neue Wege auf und hilft, Ängste und Barrieren abzubauen.

Aus dem gemeinsamen Erfahrungsaustausch erwachsen neue Ideen, wie man mit der Situation umgehen kann, es werden Behandlungsmöglichkeiten und Partnerschaftsprobleme diskutiert, Erfahrungen mit Ärzten, Heilpraktikern, Psychologen oder Adoptionsvermittlern ausgetauscht – also alle psychischen, medizinischen und praktischen Belange rund um die Unfruchtbarkeit erörtert.

Eine Selbsthilfegruppe gründen

Findet sich im Umkreis keine Selbsthilfegruppe oder nicht die geeignete, kann man die Initiative ergreifen und selbst eine ins Leben rufen.

Zunächst muss dazu der Kontakt mit anderen Interessenten zustande kommen. Eine gute Möglichkeit stellen hier Inserate in Zeitschriften dar oder Handzettel, die bei Ärzten, Apotheken oder Beratungsstellen ausgelegt werden. Teilweise erklären sich auch

Impulse durch andere Betroffene

Organisationen wie Pro Familia oder Selbsthilfekontaktstellen (→ Seite 238) bereit, Adressen und Telefonnummern von Interessenten entgegenzunehmen und weiterzuleiten oder Info-Abende zum Thema ungewollter Kinderlosigkeit durchzuführen.

Hat man schließlich weitere Betroffene gefunden, stellt sich die Frage, in welchem Rahmen die Treffen stattfinden sollen. Vereinbaren Sie einen festen Wochentag und eine regelmäßige Uhrzeit. Halten Sie die Gesprächsrunden in einem Abstand von zwei bis vier Wochen ab.

Als Treffpunkt empfiehlt sich ein »neutraler« Raum, da es sich zumindest bei den ersten Gesprächen in einer eher nüchternen Atmosphäre besser reden lässt. Die jeweiligen Themen, über die diskutiert wird, ergeben sich oft aus den individuellen Bedürfnissen der Teilnehmer. Interessant könnte es darüber hinaus sein, ab und an einen Experten einzuladen.

Gerade auf Paaren, die schon längere Zeit unter ihrem unerfüllten Kinderwunsch leiden, lastet diese Situation wie ein Makel. Über die vielen praktischen Anregungen hinaus kann der Kontakt zu anderen Betroffenen deshalb auch eine wichtige Hilfe sein, eine häufig aus dieser Scham resultierende Isolation zu überwinden und neue Freunde zu gewinnen.

Selbst die Initiative zu ergreifen, das Problem gemeinsam mit anderen Betroffenen anzugehen, wird von den meisten Paaren als enorm wohltuend empfunden.

Auch bei einer intakten Beziehung kann das Gespräch mit anderen betroffenen Paaren trotzdem hilfreich und anregend sein.

NOTABENE

Natürliche Heilmittel zur Stärkung der Fruchtbarkeit

Zur Erfüllung des Kinderwunsches bewähren sich natürliche Heilmethoden und -mittel bestens: Homöopathische Arzneien und Heilpflanzen lassen sich sehr wirkungsvoll zur Stärkung der weiblichen wie männlichen Fortpflanzungskraft einsetzen. Nicht zu vergessen das Potenzial, das die Nahrung zur Förderung der Fruchtbarkeit bereithält. Welche Arzneien aus der Naturapotheke, Vitamine, Spurenelemente und anderen Nahrungsstoffe jeweils für Frauen und Männer besonders empfehlenswert sind, vermittelt diese Übersicht:

Aus dem Saft des Süßholz wird auch Lakritze hergestellt.

Homöopathische Kombinationsmittel

Bewährte Präparate aus mehreren homöopathischen Mitteln sowie Heilpflanzen zur Behandlung von Fruchtbarkeitsstörungen, die alle in Apotheken erhältlich sind: Rephamen N, Hormeel Tropfen, Gynäkoheel Tropfen und Hormonal-Komplex, Phytohypophyson L Tropfen, Glandulae F. Bei der Dosierung richten Sie sich nach den Angaben auf der Packung.

Fruchtbarkeitsfördernde Heilpflanzen

Eine ganze Reihe von Heilpflanzen werden seit Generationen bei Fruchtbarkeitsstörungen eingesetzt; die moderne Wissenschaft bestätigt in zahlreichen Fällen das tradierte Volksheilwissen um deren gute Wirksamkeit.

Pflanzen für Frauen
- *Chinesische Engelwurz – Dong-Quai (Angelica sinensis)*
- *Eisenkraut (Verbena officinalis)*
- *Frauenwurzel (Caulophyllum thalictroides)*
- *Mönchspfeffer (Vitex agnus castus)*

- Rotklee (Trifolium pratense)
- Süßholz (Glycyrrhiza glabra)
- Traubensilberkerze (Cimicifuga racemosa)
- Fo-Ti-Tieng
- Shatavari (Aspargus racemosus)
- Ashoka (Saraca indica)

Pflanzliche Fertigpräparate für Frauen
Cefanorm, Cimisan F sowie Genistein (aus Apotheken)

Pflanzen für Männer
- Wilde Yamswurzel (Dioscorea villosa)
- Ginseng (Panax ginseng)
- Taigawurzel (Eleutherococcus senticosus)
- Ingwer (Zingiber officinarum)
- Sabalpalme (Serenoa serrulata)
- Falsches Einhorn (Chamalerium luteum)
- Ashwagandha (Withania somnifera)
- Atmagupta (Mucuna pruriens)
- Bala (Sida cordifolia)

Hormonell wirksame Pflanzen – für Frauen und Männer
Heilpflanzen, die östrogenartige Wirkungen entfalten und so regulierend in die Hypophysentätigkeit eingreifen: Muskatellersalbei, Lavendel, Thymian, Basilikum, Oregano, Petersilie, Hopfen, Muskatnuß, Kamille, Minze, Salbei, Himbeere, Beifuß, Ringelblume, Kreuzkraut

Heilpflanzen mit gestagenartigen Wirkungen
Frauenmantel, Steinsamen, Geißbart, Rainfarn, Schafgarbe, Sarsaparilla

Nahrung für die Fruchtbarkeit
Vitamine, Mineralstoffe und Spurenelemente, jene lebenswichtigen Stoffe, die wir mit der Nahrung zu uns nehmen, haben einen weitreichenden Einfluss auf den Hormonhaushalt und damit auf die Fortpflanzungsfähigkeit – wer sich Nachwuchs wünscht, sollte sich deshalb die genannten Stoffe ausreichend zuführen.

Frauen
Vitamin A, Vitamin E, Eisen, Linolsäure, Folsäure

Männer
Vitamin C, Vitamin E, Selen, Zink

Sanft in die Wiege gelegt

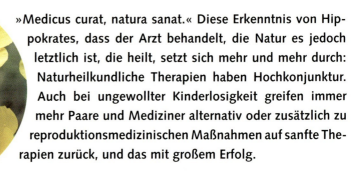

»Medicus curat, natura sanat.« Diese Erkenntnis von Hippokrates, dass der Arzt behandelt, die Natur es jedoch letztlich ist, die heilt, setzt sich mehr und mehr durch: Naturheilkundliche Therapien haben Hochkonjunktur. Auch bei ungewollter Kinderlosigkeit greifen immer mehr Paare und Mediziner alternativ oder zusätzlich zu reproduktionsmedizinischen Maßnahmen auf sanfte Therapien zurück, und das mit großem Erfolg.

Aus den Samen der Nachtkerze wird das beliebte Öl gewonnen.

Der natürliche Weg zum Baby

Natürliche Verfahren zur Behandlung von Unfruchtbarkeit gehen auf ganzheitliche Weise an das Problem heran und erfassen den Menschen sowohl auf der körperlichen als auch auf der geistig-seelischen Ebene. Wie sehr diese beiden Bereiche gerade bei Fruchtbarkeitsstörungen ineinander greifen, wurde bereits eingehend beleuchtet.

Im Gegensatz dazu stehen die schulmedizinischen Fruchtbarkeitsbehandlungen, deren relativ geringe Erfolgsquote sicherlich mit darauf zurückzuführen ist, dass sie sich vorrangig auf die betroffenen Organe, auf die Förderung des Eisprungs und der Spermienproduktion stürzen, die tatsächlich zugrunde liegenden Störungen darüber jedoch vernachlässigen.

Unter den ganzheitlichen Behandlungsmethoden bei Fruchtbarkeitsstörungen spielen Homöopathie, Akupunktur und Phytotherapie die größte Rolle.

Dazu kommt außerdem, dass die technisierten Behandlungen der Reproduktionsmedizin aufgrund der immensen Konzentration auf die Empfängnis und nicht zuletzt der großen Nebenwirkungen wegen eine Schwangerschaft eher behindern als sie herbeiführen. Die naturheilkundliche Fruchtbarkeitstherapie ist jedoch in der Lage, und zwar ganz ohne Nebenwirkungen, ursächliche Blockaden vollständig zu lösen oder ihnen zumindest entgegenzuwirken.

Zusammenspiel von körperlichen und seelischen Ursachen berücksichtigen

Fruchtbarkeit ist untrennbar mit dem allgemeinen körperlichen wie auch psychischen Gesundheitszustand eines Menschen verbunden. Bei Fruchtbarkeitsproblemen genügt es daher nicht, die direkt betroffenen Organe zu behandeln, sondern es ist wichtig, den Organismus in seiner Gesamtheit in die Therapie mit einzubeziehen. Und dazu gehören auch die Ernährungs- und Lebensweise sowie das Umfeld, in dem Sie leben und arbeiten. Sowohl bei der Suche nach den Ursachen als auch bei der Behandlung geht es darum, sich die Zusammenhänge zwischen Fruchtbarkeit und Lebensweise sowie allgemeiner Verfassung immer wieder bewusst zu machen.

Alle diese Faktoren werden von ganzheitlichen Therapien berücksichtigt, und darin liegt auch der Grund für ihre guten Erfolge bei der Behandlung von Fruchtbarkeitsstörungen – bei Frauen wie bei Männern.

Bei vielen naturheilkundlichen Fruchtbarkeitstherapien besteht die Heilwirkung vor allem in der Stärkung des gesamten Organismus.

Homöopathie – Heilen mit Ähnlichem

Homöopathie hat sich als sehr erfolgreich bei Fruchtbarkeitsstörungen und Unfruchtbarkeit erwiesen und erlangt daher einen immer größeren Stellenwert bei deren Behandlung. So finden Homöopathika nicht nur in den Kliniken und Arztpraxen Anwendung, die auf alternative Therapieverfahren gegen ungewollte Kinderlosigkeit setzen, sondern auch Schulmediziner greifen zunehmend auf das »Heilen mit Ähnlichem« zurück.

»Was einen Menschen krank macht, kann ihn auch heilen.«

Außer Hippokrates (460–377 v. Chr.), dem Vater der Medizin, wussten auch andere Ärzte wie Paracelsus (1493–1541) von der Möglichkeit, Ähnliches durch Ähnliches zu heilen. Doch erst Christian Friedrich Samuel Hahnemann (1755–1843) legte das

Fundament für die Homöopathie. Bis heute basiert die gesamte homöopathische Praxis auf der Arzneimittellehre des Arztes aus Meißen. Die Geburtsstunde der Homöopathie schlug mit dem Chinarindenversuch im Jahr 1790. Er gab den entscheidenden Impuls zur Entwicklung dieser Heilmethode, die zu einem neuen Verständnis von Gesundheit und Krankheit geführt hat. Der Chinarindenversuch zeigte nämlich, dass ein Mittel, das bei einem Gesunden bestimmte Symptome hervorruft, genau diese heilen kann. Auf dieser Tatsache postulierte Hahnemann schließlich den Grundsatz der Homöopathie, das Ähnlichkeitsprinzip: »Similia similibus curantur«, Ähnliches wird mit Ähnlichem geheilt.

Diese Erkenntnis führte die bisher gültigen medizinischen Grundsätze der Allopathie ad absurdum, die zur Behandlung einer Erkrankung ein Mittel mit entgegengesetzter Wirkung suchte, um die Symptome zu beseitigen.

Homöopathische Mittel unterstützen den Körper darin, eine Erkrankung aus eigener Kraft zu überwinden.

Die homöopathische Lehre hingegen versteht Krankheitssymptome als Ausdruck eines gestörten Gleichgewichts, das die Lebenskraft des Patienten beeinträchtigt.

Entsprechend ihrem Leitgedanken verordnet die Homöopathie geringe Dosierungen von Substanzen tierischer, pflanzlicher und mineralischer Herkunft, die in höheren Dosen beim Gesunden ein ähnliches Krankheitsbild hervorrufen. Das verabreichte Mittel soll nicht primär die Krankheit und deren Symptome bekämpfen, sondern die Abwehrkräfte steigern und die Selbstheilungskräfte aktivieren.

Die Potenzierung: Aus Materie wird Energie

Alle homöopathischen Medikamente, derzeit sind an die 4500 bekannt, sind nach ein und demselben altbewährten Prinzip von Hahnemann hergestellt: der Potenzierung, dem Verstärken durch Verdünnen. Dazu wird die Grundsubstanz eines Mittels mit Lösungsmitteln wie Alkohol, destilliertem Wasser, Glyzerin oder Milchzucker (für Globuli) mehrmals um den Faktor 10 oder 100 verdünnt. Ein Tropfen der Ursubstanz wird mit neun Tropfen Lösungsmittel vermischt. Diese Mixtur erhält zehn Schüttelschläge; das Ergebnis ist die Potenz D1. Dieser wird ein Tropfen entnommen, mit neun Tropfen Lösungsmittel verdünnt und erneut zehnmal geschüttelt, womit man bei der Potenz D2 angelangt ist. Auf diese Art und Weise geht es weiter bis hin zu Potenzen wie D6 oder D12.

Bei jedem Verdünnungsschritt erhalten die Mischungen von Hand eine bestimmte Anzahl Schüttelschläge. Dies ist ein wichtiger Faktor bei der Potenzierung, denn damit werden die heilenden Eigenschaften aus der Ursubstanz gelöst und gehen auf den Verdünnungsstoff über. Anders formuliert: Eine existente biophysikalische Substanz verliert bei jedem Verdünnungsschritt etwas von ihrem stofflichen Charakter und verwandelt sich nach und nach in Information, die in der Lösungssubstanz gespeichert wird.

Die Potenzen werden mit D, von Dezimalpotenz, bezeichnet. D1 bedeutet zum Beispiel eine Verdünnung von 1:10, D2 von 1:100.

Die Therapie

Den Auftakt jeder homöopathischen Behandlung bildet ein ausführliches Gespräch. In seinem Verlauf werden nicht nur eingehend die Symptome – Zeitpunkt und Art ihres Auftretens, Empfindungen, die sie verursachen –, sondern auch die Lebensumstände des Patienten erfragt. Anhand dieser Informationen wählt der Homöopath das individuell passende Präparat aus.

Entsprechend dem homöopathischen Konzept kann es nach Therapiebeginn zu einer vorübergehenden Verschlimmerung der Krankheitssymptome kommen. Diese so genannte Erstverschlimmerung ist eine wichtige Reaktion des Körpers, stimuliert die Abwehrkräfte. Im Anschluss beginnt der eigentliche Heilungsprozess, das Hering'sche Prinzip, in dessen Verlauf sich erst die psychischen, dann die körperlichen Symptome bessern.

Homöopathie kann bei vielen akuten und chronischen Erkrankungen eingesetzt werden. Besonders gute Heilerfolge zeigt sie bei Atemwegs-, Haut- und Magen-Darm-Erkrankungen, bei Frauen- und Kinderkrankheiten, psychosomatisch bedingten Erkrankungen sowie – nicht zuletzt und ganz entscheidend – bei Unfruchtbarkeit.

Ehe mit einer Therapie begonnen werden kann, muss der Homöopath in Gesprächen durch Tests und anhand verschiedener Untersuchungen mögliche Ursachen für die Unfruchtbarkeit erkennen.

Sanft in die Wiege gelegt

Homöopathie bei Fruchtbarkeitsstörungen

Die Wirkung des gewählten Mittels zeigt sich zum einen an der Besserung der Begleitsymptome, zum anderen an der Regulierung der Basaltemperatur (→ Seite 168).

Angesichts ihrer Erfolge ist die Beliebtheit der Homöopathie verständlich. Die potenzierten Präparate können beachtlich gute Heilungsraten für sich verbuchen; bessere als Reproduktionsmedizin oder Hormontherapien. Wie verschiedene Studien gezeigt haben, werden durchschnittlich rund 21 Prozent aller Patientinnen, die mittels Homöopathie behandelt wurden, schwanger. Und zwar ohne die unerfreulichen Nebenwirkungen von Hormonpräparaten, ohne Krankenhausaufenthalte, vielmalige Arztbesuche, Eingriffe und andere Strapazen, die reproduktionsmedizinische Verfahren mit sich bringen.

Gute Argumente also für die homöopathische Behandlung bei Nachwuchssorgen. Neben der Befragung durch den Homöopathen wird ebenso wie bei der schulmedizinischen Therapie eine Reihe von Diagnoseuntersuchungen durchgeführt. Zum Standard gehören sowohl Hormontests als auch Gebärmutterhalsschleim- und Eileiteruntersuchungen bzw. Spermiogramme. Zusätzlich untersucht man die Schadstoffbelastung der Patienten. Dazu werden mittels eines Komplexbildners Schwermetalle im Blut gebunden, mit dem Harn ausgeschieden und dann dessen Schwermetallgehalt im Labor bestimmt.

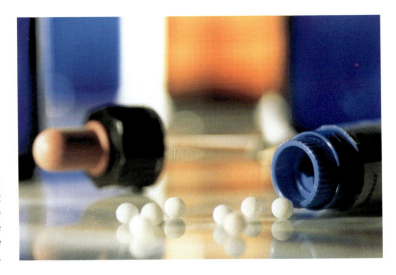

Immer mehr Frauen versuchen zunächst eine homöopathische Behandlung, die eine gute Erfolgsrate verzeichnet.

Selbstbehandlung

Die Selbstmedikation widerspricht im Grunde genommen den homöopathischen Regeln. Denn die klassische Homöopathie legt ihr Hauptaugenmerk auf die Faktoren, welche die Lebenskraft des Patienten gestört und so das Auftreten der Beschwerden ermöglicht haben. Diese eigentlichen Ursachen herauszufinden, ist Aufgabe eines erfahrenen Homöopathen. Gerade bei vorübergehender oder dauerhafter Unfruchtbarkeit spielen unzählige dieser auslösenden Faktoren eine Rolle, und diese kann der Betroffene selbst oftmals nicht erkennen und entsprechend behandeln.

Dennoch werden im Anschluss einige homöopathische Mittel sowie Kombinationspräparate genannt, die sich in der Behandlung von Fruchtbarkeitsstörungen sehr bewährt haben.

Alle homöopathischen Mittel sind rezeptfrei in der Apotheke erhältlich; liegt die Potenzierung bei giftigen Ausgangssubstanzen wie etwa Arsen unter D12 (was seltenst verordnet wird), ist ein Rezept erforderlich. Homöopathika sind in der Regel wesentlich günstiger als allopathische Medikamente. Je nachdem, ob sie maschinell oder von Hand geschüttelt wurden, bewegen sich die Preise zwischen 9 und 30 Mark pro Fläschchen, einerlei ob Tropfen oder Globuli. Sind die Mittel ärztlich verordnet, zahlt ohnehin die Kasse.

Zur homöopathischen Behandlung von Fruchtbarkeitsstörungen und Unfruchtbarkeit kommen vor allem die unten aufgeführten Mittel zur Anwendung. Sie können je nach den individuell verschiedenen Symptomen des Patienten durch weitere, so genannte Nebenmittel ergänzt werden.

Homöopathische Präparate sollten Sie nicht gemeinsam mit ihren allopathischen Schwestern aufbewahren und vor Hitze sowie UV- und elektromagnetischer Strahlung schützen.

ARISTOLOCHIA CLEMATITIS

Symptome: Traurigkeit und depressive Stimmung sowie Ängstlichkeit; die Periode setzt verspätet ein, ist kurz und meist sehr schwach; Prämenstruelles Syndrom; schleimiger Ausfluss aus der Scheide (Fluor vaginalis)

Dosierung: zweimal täglich 5 Tropfen D12; ein- bis zweimal wöchentlich 5 Tropfen D30

Obgleich homöopathische Mittel fast unbegrenzt haltbar sind, schreibt der Gesetzgeber eine Haltbarkeit von maximal drei Jahren vor. Ältere Präparate sollten nicht mehr verwendet werden.

AURUM METALLICUM

Symptome: fülliger, rundlicher Körperbau, schwere Knochen und maskuline Züge; die Periode verspätet sich meist und ist ziemlich stark; chronische bzw. wiederholt auftretende Eierstockentzündung durch aus der Scheide aufsteigende Erreger; Scheidenausfluss (Fluor vaginalis)

Dosierung: zweimal täglich 1 Globulus D12; ein- bis zweimal wöchentlich 1 Globulus D30

BORAX

Symptome: unregelmäßige Periode; während der Periode findet ein schmerzhafter Abgang von Gebärmutterschleimhaut (oft auch in größeren Gewebestücken) statt; starker, milchiger Scheidenausfluss

Dosierung: zwei- bis dreimal täglich 1 Globulus D3 und D6

NATRIUM MURATICUM

Symptome: schmaler Körperbau, schlank und zum Teil auch leichtes Untergewicht; die Periode setzt verzögert ein und ist schwach; psychosomatisch bedingte Fruchtbarkeitsstörungen

Dosierung: zweimal täglich 1 Globulus D12; ein- bis zweimal wöchentlich 1 Globulus D30

EINE MIXTUR AUS EIGENER PRODUKTION

Auch diese Mischung, die Sie aus mehreren homöopathischen Mitteln selbst herstellen, wirkt sich bei Unfruchtbarkeit sehr positiv aus.

Zutaten: *15 ml Pulsatilla D12 oder Sepia D12 · 15 ml Cimicifuga D3 · 15 ml Oophorin D12*

Dosierung: dreimal täglich 10 Tropfen

REPHAMEN N

Dieses Kombinationsmittel regt die Funktion der Eierstöcke an und fördert die Regelmäßigkeit des Menstruationszyklus und insofern auch des Eisprungs.

Bei Unfruchtbarkeit haben sich homöopathische Kombinationsmittel sehr gut bewährt. Es gibt sie bereits fertig in der Apotheke zu kaufen. Die Dosierung ist auf der Packung angegeben.

Homöopathische Heilmittel

HORMEEL TROPFEN

Wie sein Name schon andeutet, wirkt dieses Präparat auf den Hormonhaushalt, indem es die Eierstöcke zur Produktion der beiden Hormone Östrogen und Progesteron (→ Seite 29) anregt. Die Tropfen selbst enthalten keinerlei Hormone, sondern ausschließlich homöopathische Mittel organischen Ursprungs.

GYNÄKOHEEL TROPFEN UND HORMONAL-KOMPLEX

Diese beiden Kombinationsmittel haben die gleiche Wirkung wie Hormeel.

PHYTO-HYPOPHYSON L TROPFEN

Hierbei handelt es sich um ein Homöopathikum mit pflanzlicher Unterstützung, nämlich Schöllkraut und Mariendistel, das die Hirnanhangsdrüse, die Hypophyse, und damit die Ausschüttung von follikelstimulierendem und luteinisierendem Hormon (→ Seite 28) aktiviert.

GLANDULAE F

Dieses Mischpräparat aus homöopathisch aufbereiteten, also potenzierten Organextrakten der Eierstöcke und der Thymusdrüse reguliert den Hormonhaushalt und unterstützt die Hormonproduktion der Eierstöcke.

Während der Einnahme von Homöopathika sollten Sie Ihren Kaffee- und Nikotingenuss einschränken, da beides die Wirkung beeinträchtigt. Gleiches gilt für Alkohol und Fleisch.

Entgiften

Homöopathie kann sehr erfolgreich zur Ausleitung angewendet werden. Dazu wird der Schadstoff in homöopathischer Form eingenommen – in der Regel in hohen Potenzen wie D12 oder D30. Gleichzeitig führt der Homöopath eine sogenannte Drainagebehandlung durch. Sie regt die Nieren- und Leberfunktion an und unterstützt so die Ausleitung der Schadstoffe. Zusätzlich können Sie die Vitamine A, E und C sowie Zink und Selen (→ Seite 173) einnehmen.

Die Entgiftung mit homöopathischen Präparaten sollten Sie nicht selbst durchführen, sondern von einem erfahrenen Arzt vornehmen lassen.

Traditionelle Chinesische Medizin

In der chinesischen Medizin ist das Ungleichgewicht der Energien eine mögliche Ursache für Unfruchtbarkeit. Akupunktur und Akupressur helfen Blockaden, zu lösen und den Körper für eine Schwangerschaft zu öffnen.

Auch die Therapiemethoden aus dem Reich der Mitte erobern sich einen immer höheren Rang in der sanften Behandlung ungewollter Kinderlosigkeit. Ebenso wie die Homöopathie und Ayurveda, die traditionelle Medizin Indiens (→ Seite 120), hat die Heilkunst des alten China einen ganzheitlichen Ansatz. Und so werden Entstehung wie auch Behandlung von Fruchtbarkeitsstörungen nicht isoliert und auf die Fortpflanzungsorgane beschränkt betrachtet, sondern stets im Zusammenhang mit der Gesamtheit des Organismus. Aus diesem Grund setzt die traditionelle Chinesische Medizin oftmals an Organen und Funktionsbereichen des Körpers an, die vermeintlich nicht mit der Fortpflanzungsfähigkeit des Menschen in Verbindung stehen: etwa an Nieren und Blase oder aber einer bestimmten Ernährungsweise.

Die hierzulande bekanntesten Behandlungsmethoden aus dem Reich der Mitte sind Akupunktur und Akupressur. Um deren Wirkmechanismen besser nachvollziehen zu können, vorab ein kleiner Exkurs in die Philosophie, die der traditionellen Chinesischen Medizin zugrunde liegt.

Heilen im Reich der Mitte

»Einmal Yin – einmal Yang – das ist das Tao«, heißt es im Buch der Wandlungen (11. Jh. v. Chr.).

Der alten Heilkunst der Chinesen zufolge ist der Mensch als Mikrokosmos in den Makrokosmos eingebunden und unterliegt seinen Gesetzmäßigkeiten. Alles, was in unserem Körper geschieht, spiegelt die Abläufe im großen Makrokosmos, der uns umgibt, wider. Diese natürliche Ordnung ist Grundvoraussetzung für Gesundheit und Wohlbefinden und sollte von jedem Menschen angestrebt werden. Denn wer sie verloren hat, befindet sich im Zustand des Ungleichgewichts, und dies kann zu Krankheiten führen.

Ziel jeder Therapie, die diesem Denkansatz folgt, ist deshalb, die natürliche Ordnung zu fördern, indem sie die Lebensenergie im Gleichgewicht hält und Störungen, die ihren Fluss im Körper beeinträchtigen, beseitigt.

Der Fluss des Lebens

Mit »Qi« bezeichnet die Chinesische Medizin die Lebensenergie und damit jene Kraft, die alle Funktionen des Organismus unterhält und auch für die Fortpflanzungsfähigkeit verantwortlich ist. Nach Ansicht der chinesischen Heilkunde fließt die Lebensenergie in einem eigenen System von Leitbahnen, den Meridianen, durch unseren Körper. Bei Akupunktur und Akupressur werden bestimmte Punkte, die auf diesen Kanälen liegen, stimuliert und damit der harmonische Fluss der Lebensenergie aufrechterhalten. Das ist die Grundvoraussetzung für die Gesundheit des Menschen und damit auch für seine Fruchtbarkeit.

Ganzheitliche Heilung

Die Chinesische Medizin sucht nicht nach einzelnen Faktoren, sondern richtet ihr Augenmerk stets auf den gesamten Organismus. So werden bei der Klärung der Krankengeschichte auch Informationen über die Lebensumstände des Patienten gesammelt. Aus all diesen Daten ergibt sich schließlich das, was man in der Chinesischen Medizin das »Muster der Disharmonie« nennt: der Zustand des Ungleichgewichts, welches den Patienten schwächt und ihn damit auch anfälliger für schädliche Einflüsse macht.

Als bestes und einfachstes Mittel zur Erhaltung der Gesundheit galt und gilt die Harmonisierung der Lebensenergien. Das ist die Basis von Akupunktur und Akupressur, aber auch von allen anderen chinesischen Heilverfahren.

So zeigt die Chinesische Medizin mit ihrem ganzheitlichen Ansatz vor allem bei solchen Beschwerden Erfolge, deren Ursachen in einem Ungleichgewicht der Lebensenergien zu suchen sind und bei deren Behandlung die moderne Schulmedizin oftmals an ihre Grenzen stößt; und dies ist nicht nur, aber auch bei Fruchtbarkeitsstörungen der Fall.

Die traditionelle Chinesische Medizin geht davon aus, dass in einem gesunden Körper Energie und Materie ausgewogen sind. Diese beiden gegensätzlichen Kräfte symbolisieren Yin und Yang.

Die zwölf Meridiane und zwei Hauptgefäße

3E	Dreifacher-Erwärmer-Meridian	LU	Lungen-Meridian
		MA	Magen-Meridian
BL	Blasen-Meridian	MP	Milz-Pankreas-Meridian
DI	Dickdarm-Meridian		
DÜ	Dünndarm-Meridian	NI	Nieren-Meridian
GB	Gallenblasen-Meridian	PE	Kreislauf-Meridian
HE	Herz-Meridian	KG	Konzeptionsgefäß
LE	Leber-Meridian	LG	Lenkergefäß

Meridiane, die Wege des Lebens

Bei der Moxibustion werden an den Akupunkturpunkten mit einem Brennkegel Hitzereize ausgeübt und diese so angeregt.

Auf den Meridianen, auch Leitbahnen genannt, zirkuliert die Lebensenergie, das Qi, durch unseren Körper. Diese insgesamt zwölf Meridiane sind mit den beiden Leitgefäßen in einem Netzwerk gegenseitiger Beeinflussung und Abhängigkeit verknüpft. Obwohl man die Meridiane nicht mit den Augen erkennen und anatomisch nachweisen kann, existieren sie. Man hat herausgefunden, dass die Haut entlang der Meridianverläufe dünner ist und dass die Nerven, die dort enden, wesentlich ausgeprägter sind als am übrigen Körper. Darüber hinaus konnte man feststellen, dass sich Schallwellen und Infrarotstrahlen auf den Meridianen schneller und mit höherer Frequenz als an anderen Körperstellen fortbewegen.

An bestimmten Punkten konzentriert sich die Energie, die in dem betreffenden Meridian fließt. Sie kann durch Techniken wie Akupressur, Akupunktur und Moxibustion aktiviert oder eingedämmt werden. Die Stimulation oder Dämpfung ist nicht lokal beschränkt, sondern kann, wie über eine Telefonleitung, auch an weiter entfernt liegende Bereiche des Körpers übermittelt werden. Auf den folgenden Seiten ist beschrieben, wie mit Akupressur und Akupunktur Fruchtbarkeitsstörungen wirksam behandelt werden können. Mit etwas Übung können Sie selbst akupressieren, Akupunktur bieten zahlreiche Ärzte und Heilpraktiker an.

Akupressur löst Blockaden und macht Lust

Akupressur, von lateinisch »pressus«, Druck, ist eine ideale Methode zur Behandlung der Meridianpunkte. Sie bewährt sich seit über 5000 Jahren und ist bis heute jedem Chinesen als praktische und »alltagstaugliche« Methode zur Selbsthilfe vertraut. Im Gegensatz zur Akupunktur, bei der die Punkte auf den Meridianen mittels Metallnadeln stimuliert werden (→ Seite 108), kann die Akupressur auch gut vom Laien in eigener Regie angewandt werden. Die dazu erforderlichen Grundkenntnisse sind rasch erlernt; ein weiterer Vorteil ist, dass für Akupressur keinerlei Hilfsmittel erforderlich sind – die Heilkraft der Hände genügt.

Bei der Druckpunktmassage wird durch Drücken und Massieren bestimmter Punkte auf den Meridianen der Fluss der Energien im Körper angeregt. Energetische Blockaden können abgebaut und das harmonische Gleichgewicht erhalten bzw. wiederhergestellt werden.

Zugleich entfaltet Akupressur eine sehr entspannende Wirkung auf den gesamten Organismus. Kraft all dieser Effekte ist die Druckpunktmassage ideal dazu geeignet, Fruchtbarkeitsprobleme, die vorwiegend im psychischen Bereich, in Stress und Anspannung, aber auch in ungelösten emotionalen und sexuellen Konflikten gründen, zu behandeln. Denn gerade hier setzt die positive Wirkung der Akupressur an, indem sie die energetischen Kräfte und damit auch die sexuelle Energie harmonisiert. Zudem stärkt sie die Funktionen der Fortpflanzungsorgane und trägt auch damit zur Verbesserung der Fruchtbarkeit bei.

Die optimale Stärke des Drucks ist bei jedem ein wenig unterschiedlich, es sollte jedoch nicht mehr als ein leichtes Schmerzgefühl auftreten.

Blockieren Stress oder zu hoher Erwartungsdruck die sexuellen Energien, wirkt sich das nicht nur auf das Lustempfinden, sondern auch auf die Zeugungsfähigkeit und die Empfängnisbereitschaft aus.

Was Nieren und Sex miteinander zu tun haben

Nach Auffassung der traditionellen Chinesischen Medizin wird die sexuelle Aktivität von den Nieren gesteuert. Deren Funktion und Gesundheit kann durch ungesunde Ernährung, Überarbeitung und Stress sowie vor allem durch Probleme im emotionalen Bereich beeinträchtigt werden.

… wie die alten Meister

Gegen jede Krankheit und jedes Unwohlsein gibt es den richtigen Griff. Wenn Sie Ihre Fruchtbarkeit steigern wollen, behandeln Sie die sechs Fruchtbarkeitspunkte regelmäßig.

Nachfolgend einige Grundlagen der praktischen Anwendung der Akupressur, die zur Behandlung der genannten Punkte von Bedeutung sind:

Auffinden des Akupressurpunktes Obwohl die Lage der Punkte genau beschrieben ist, kann es vorkommen, dass man knapp am Punkt vorbei greift. Deshalb empfiehlt es sich, den Bereich um den jeweiligen Punkt sanft abzutasten, bis Sie die Stelle gefunden haben, an der Sie spontan fühlen: »Hier liege ich richtig.« Denn Akupressurpunkte unterscheiden sich durch eine andere Gewebefestigkeit und eine höhere Schmerzempfindlichkeit von ihrer Umgebung und sind daher kaum zu verfehlen. Oft lässt sich auch eine kleine Einbuchtung ertasten. Versuchen Sie immer, im Zentrum des Punktes zu akupressieren.

Grifftechnik »Drücken in kreisender Bewegung« ist die häufigste Art, einen Punkt zu stimulieren, und eignet sich besonders gut für den ungeübten Laien zur Selbstakupressur. Dabei setzen Sie die Kuppe des Daumens, Zeige- oder Mittelfingers ins Zentrum des Punktes und massieren dann kreisend im Uhrzeigersinn. Der Druck sollte in jedem Fall so stark sein, dass sich das Gewebe unter den Fingern beim Kreisen mitbewegt. Zudem gilt folgende Regel: zum Anregen (Tonisieren) rechts herum massieren und zum Dämpfen (Sedieren) links herum massieren. Drücken Sie langsam und rhythmisch und vermeiden Sie abrupten und gewaltsamen Druck. Setzen Sie die Finger- oder Daumenkuppen stets fest auf den zu behandelnden Punkt und halten Sie Ihre Fingernägel möglichst kurz, damit Sie sich nicht verletzen.

Es empfiehlt sich, nach einer leichten Mahlzeit mindestens eine Stunde, nach einem üppigen Gericht oder dem Genuss von Alkohol zwei bis drei Stunden mit der Behandlung zu warten.

Kleidung Tragen Sie bequeme Kleidung, möglichst aus natürlichen Materialien. Enge Rock- und Hosenbünde sind tabu, denn sie behindern den Energiekreislauf und beeinträchtigen die Atmung. Ziehen Sie bei der Behandlung auch Ihre Schuhe aus. Da beim Akupressieren, bedingt durch die tiefe Entspannung, Blutdruck und Pulsfrequenz absinken, empfiehlt es sich, eine zusätzliche Strickjacke oder einen weiteren Pullover anzuziehen. Der Raum sollte angenehm warm temperiert sein.

Entspannung durch Akupressur

Die Fruchtbarkeitspunkte

Nun zu den einzelnen Akupressurpunkten und ihrer Lage. Sie müssen nicht immer alle Punkte behandeln, oftmals genügt es schon, zwei oder drei Punkte täglich zu akupressieren. Eine Ausnahme bildet KG 6, der Fruchtbarkeitspunkt schlechthin, er sollte in jedem Fall immer mitbehandelt werden. Behandeln Sie die Punkte jeweils etwa eine Minute lang.

KG 6 – Meer des Qi (Meer der Energie)

Zu Anfang gleich der beste Punkt. Das Meer der Energie ist ein spezieller Punkt zur Tonisierung des Unterleibs und zur Verbesserung der Fruchtbarkeit. Er befindet sich unterhalb des Nabels, etwa vier Finger breit oberhalb des Schambeins.

MP 6 – Zusammentreffen der drei Yin-Meridiane

Dieser Punkt auf dem Milz-Pankreas-Meridian reguliert den weiblichen Zyklus und den Eisprung, verbessert Libido und sexuelle Empfindungskraft und hilft bei Erektionsstörungen. MP 6 liegt an der Innenseite der Unterschenkel, vier Finger breit über dem inneren Knöchel.

Suchen Sie zunächst das Zentrum des Druckpunktes durch sanftes Abtasten.

MA 36 – Drei Meilen am Bein

Dieser Punkt dient der allgemeinen Tonisierung und Vitalisierung des Körpers. Er befindet sich außen am Schienbein. Dort findet man ihn vier Querfinger breit unterhalb der Kniescheibe.

Die Massage von MA 36 wirkt auch gegen Energiemangel und Müdigkeit. Das ist wohl auch der Grund, warum sich chinesische Manager bei langen Verhandlungen gerne unterm Konferenztisch ans Knie fassen.

BL 23 – Transportpunkt zu den Nieren

Der Blasen-Meridian hat nach Auffassung der Chinesischen Medizin eine besondere Bedeutung für die Fortpflanzungsorgane. BL 23 ist deshalb vor allem angezeigt bei Impotenz und vorzeitigem Samenerguss, mangelnder Libido und allgemeiner körperlicher wie psychischer Anspannung.

Er ist am Rücken in Höhe zwischen dem zweiten und dem dritten Lendenwirbel in einem zwei Finger breitem Abstand zur Wirbelsäule, links und rechts von ihr, zu finden.

KG 1 – Zusammentreffen des Yin, KG 3 – In der Mitte zwischen den Polen, KG 4 – Tor der Ursprungsenergie

Sowohl KG 1 als auch KG 3 und KG 4 unterstützen die Funktionen der Geschlechtsorgane von Mann und Frau. Darüber hinaus regulieren sie unregelmäßigen Eisprung wie Periode und verbessern die männliche Potenz.

KG 1 befindet sich genau in der Mitte des Damms.

KG 3 finden Sie auf der Verbindungslinie zwischen Schambein und Nabel knapp über dem Schambeinrand (auf einem Fünftel der Strecke zwischen Schambein und Nabel).

KG 4 liegt auf der Verbindungslinie zwischen Schambein und Nabel bei etwa zwei Fünftel der Strecke.

Die Punkte KG 1, KG 3 und KG 4 sollten Sie sich gegenseitig sanft massieren – das entspannt und verursacht, bedingt durch die Lage der Punkte, eine Menge Lust.

LG 20 – Hundert Zusammenkünfte

Dieser höchste Punkt am Körper, oben auf dem Schädel, im Mittelpunkt der Verbindungslinie zwischen den Ohrenachsen gelegen, dient der allgemeinen Harmonisierung des Organismus. Seine Massage entspannt und löst emotionale Blockaden.

LE 2 – Reise dazwischen

Die Behandlung dieses Punktes greift regulierend in das Hormonsystem ein und fördert die Funktionen der weiblichen wie männlichen Geschlechtsorgane. Zudem stärkt LE 2 die Libido. Sie finden ihn an der »Schwimmhaut« zwischen dem großen und dem zweiten Zeh; sowohl am linken als auch am rechten Fuß.

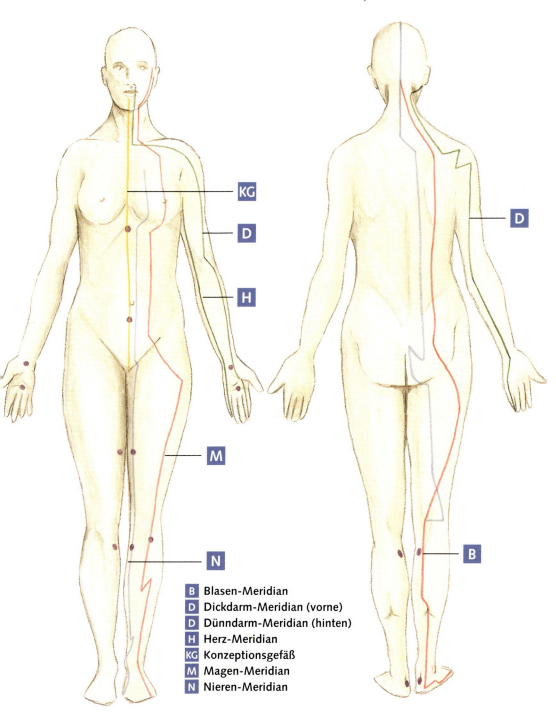

Akupunktur

Dem Begriff Akupunktur liegen die beiden lateinischen Wörter »acus«, Spitze, Punkt sowie »pungere«, stechen zugrunde. Wie archäologische Funde aus dem Ursprungsland China belegen, ist die Akupunktur eine seit mehr als 3000 Jahren praktizierte Heilmethode.

Während sich die Akupressur ideal zur Selbstbehandlung eignet, sollte das »Punktstechen« in jedem Fall einem erfahrenen Akupunkteur überlassen werden.

Beim »Punktstechen« werden bestimmte Punkte auf den Meridianen durch das Einstechen von Nadeln stimuliert. Zur Behandlung bedient sich der Akupunkteur dünner Metallnadeln, die an der betreffenden Stelle ein bis mehrere Zentimeter tief in die Haut eingeführt werden. Der Einstich wird häufig als etwas unangenehm empfunden. Diese Reizung schwindet jedoch, sobald die Nadel an ihrem endgültigen Platz ist. Pro Therapiesitzung, bei welcher der Patient ruhig liegt und die etwa 20 Minuten in Anspruch nimmt, werden maximal zehn bis zwölf Nadeln gestochen. »Genadelt« werden je nach Indikation die Meridianpunkte an Teilbereichen, am gesamten Körper oder am Ohr.

Punkt für Punkt Endorphinausstoß

Die Domänen der Akupunktur sind die Schmerztherapie und, neben psychovegetativen und gynäkologischen Erkrankungen, auch Fruchtbarkeitsstörungen. Denn die durch die Nadelung hervorgerufene Ausschüttung von Endorphinen (→ Seite 83) greift auch in das hormonelle Geschehen ein. Wissenschaftliche Studien ergaben, dass ein Endorphinanstieg und die damit einhergehende Ausschüttung des luteinisierenden Hormons eisprungauslösend wirkt. Vor diesem Hintergrund kann Akupunktur erfolgreich eingesetzt werden, wenn Eisprung und Menstruationszyklus unregelmäßig eintreten oder ausbleiben. Bei Männern bewirkt die vermehrte Endorphinausschüttung über den Anstieg des luteinisierenden Hormons eine gesteigerte Testosteronproduktion und fördert damit die Spermienbildung.

Der Endorphinausstoß schützt aber auch vor den Auswirkungen von Stress. Mehrere Studien kamen zu dem Ergebnis, dass bereits durch das Nadeln einiger weniger Akupunkturpunkte die stress-

Akupunktur zum Abbau von Stress

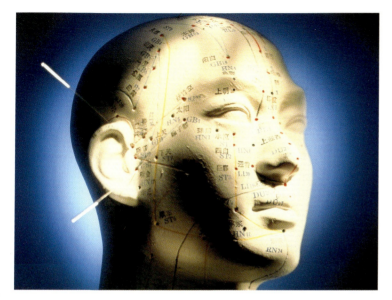

Der Vorteil einer Heilbehandlung wie beispielsweise Akupunktur ist, dass keinerlei Nebenwirkungen zu erwarten sind.

bedingte Kortisol- und Kortikosteronausschüttung gehemmt werden. Diese beiden Stresshormone haben, steigt ihre Konzentration durch dauerhafte Belastung zu sehr an, bei Frauen wie Männern einen nachteiligen Effekt auf die Fruchtbarkeit. Zudem sorgt Akupunktur dafür, dass Serotonin schneller abgebaut wird. Dieser Neurotransmitter ist unter anderem zuständig für Stressreaktionen des Körpers. Auch das erklärt, weshalb Akupunktur so große Erfolge in der Behandlung von ungewollter Kinderlosigkeit zeitigt.

Ohrakupunktur

Außer der Körperakupunktur hat sich auch das »Punktstechen« am Ohr in westlichen Arztpraxen bestens etabliert. Weithin bekannt ist die Ohrakupunktur als effektive Hilfe, um dem Nikotin zu entsagen. Doch auch zur Therapie von Fruchtbarkeitsstörungen gewinnt diese Heilmethode zunehmend Anhänger. Am Ohr befinden sich zahlreiche Akupunkturpunkte, die einen direkten Einfluss auf Hypothalamus und Hirnanhangsdrüse und damit auf den Hormonhaushalt nehmen. Andere Punkte aktivieren Eierstöcke und Hoden.

Die Akupunktur hat sich von allen naturheilkundlichen Therapien am stärksten in den westlichen Arztpraxen etabliert. 10 000 Mediziner bedienen sich ihrer mit Heilungserfolgen von bis zu 85 Prozent.

Wie wirken Akupunktur und Akupressur?

Bis heute kann der Wirkmechanismus von Akupressur und Akupunktur nicht vollständig erklärt werden. Zweifelsfrei steht jedoch fest, dass Akupunktur und Akupressur tatsächlich wirken. Denn Akupressur zeigt auch bei Bewusstlosen sowie bei Tieren Effekte, die mittels Blutuntersuchungen, Messungen der Herzströme sowie der Atmungswerte nachgewiesen werden können. Außerdem lassen sich an den Akupunkturpunkten und auf den Meridianen besondere energetische Zustände nachweisen. Hier ist die Leitfähigkeit der Haut höher als an anderen Stellen des Körpers und die Reaktion auf bioelektrische Impulse ist besser und schneller. Das ist zwar noch kein endgültiger Beweis für die tatsächliche Existenz der »unsichtbaren« Meridiane, stützt aber die Vorstellung der Chinesischen Medizin.

Blockaden lösen

Auch bei der Klärung der Frage, wie die Druckpunkte Schmerzen lindern können, ist man etwas weiter: Die Stimulation durch Druck, Nadeln oder Wärme führt zur Ausschüttung körpereigener Schmerzmittel, der Endorphine. Diese Neurotransmitter genannten Botenstoffe blockieren und vermindern die Schmerzweiterleitung zum Gehirn. Mit dem Ergebnis, dass die Schmerzen nachlassen oder sogar vollkommen verschwinden.

Phytotherapie – die grünen Arzneien

»… die Erde erwarb mit Recht sich den Namen einer Mutter. Denn alles, was lebt, hat die Erde erschaffen«, Lukrez (um 97 v. Chr. – 55 n. Chr.).

Schon die alten Ägypter, Chinesen und Inder wussten: Gegen jedes Leiden ist ein Kraut gewachsen. Zu früheren Zeiten waren Heilpflanzen neben einigen wenigen mineralischen und tierischen Substanzen die einzigen Heilmittel, die man kannte. Und so hatten Zubereitungen wie Ingwersirup, Johanniskrautöl, Kamillentee, Ringelblumensalbe oder Rosmarinwein über die Jahrhunderte hinweg ihren festen Platz in der Heilkunde. Erst die rasante

Entwicklung der modernen Medizin ließ pflanzliche Heilmittel mehr und mehr in Vergessenheit geraten. Doch natürliche Therapiemethoden erleben gegenwärtig eine Renaissance. Das Heilwissen vergangener Tage wird aus der Mottenkiste geholt und kräftig entstaubt – altbewährte Kräutermittel sind heute gefragter denn je. Nach einer vor einigen Jahren durchgeführten Umfrage stehen 80 Prozent der Bevölkerung pflanzlichen Heilmitteln sehr positiv gegenüber und ziehen sie bei leichten Beschwerden herkömmlichen, schulmedizinischen Medikamenten vor.

Auch Heilpflanzen können bei unsachgemäßem Gebrauch schaden. Stellen sich Befindlichkeitsstörungen ein, sollten Sie die Behandlung abbrechen und einen Arzt aufsuchen.

Wissenschaftliche Anerkennung

Doch nicht nur bei Laien feiert die Apotheke der Natur ihr Comeback, Heilpflanzen halten auch mehr und mehr Einzug in wissenschaftliche Labors – die Erforschung heilkräftiger Kräuter läuft auf Hochtouren. Vieles aus dem tradierten Heilwissen unserer Vorfahren findet damit seine eindrucksvolle Bestätigung. Die Inhaltsstoffe von Heilkräutern können nach und nach identifiziert und analysiert werden, viele ihrer Wirkungen werden durch Versuche untermauert. Und so fanden auch jene Heilpflanzen ihren wissenschaftlichen Segen und die Anerkennung der modernen Medizin, die schon seit Jahrhunderten zur Stärkung der Fruchtbarkeit eingesetzt worden waren. Denn eine Domäne der grünen Medizin ist die Therapie typisch weiblicher wie männlicher Beschwerden. Wie man heute weiß, greifen viele Heilpflanzen sanft in das Hormonsystem ein, unterstützen die Funktionen von Eierstöcken und Hoden und stärken darüber hinaus die Abwehrkraft des Körpers sowie die Regenerationsfähigkeit von Zellen und Geweben.

Die Wirkstoffe des Johanniskrauts sorgen für guten Schlaf und hellen dadurch zudem die Stimmung auf.

> ### Aus Erfahrungsheilkunde wird wissenschaftliche Therapie
>
> Aus dem meist nur mündlich überlieferten heilkundlichen Wissen um Kräuter und ihre Wirkungen ist eine wissenschaftlich fundierte Therapie geworden – die Phytotherapie. Diese wendet Arzneimittel an, die ausschließlich oder überwiegend aus Pflanzen, Pflanzenteilen, Pflanzeninhaltsstoffen oder deren pharmazeutischen Zubereitungen bestehen. Diese so genannten Phytopharmaka können einerseits vom Arzt verordnet, andererseits aber auch vom Patienten selbst zur Behandlung von Befindlichkeitsstörungen sowie zur Vorbeugung eingesetzt werden.

Die Phytotherapie nutzt das tradierte Wissen über die Heilwirkung von Kräutern ebenso wie die Erkenntnisse über biochemische Zusammenhänge.

Fruchtbarkeit aus der Natur

Während zahlreiche Pflanzen über ihre allgemein kräftigenden und tonisierenden Effekte fruchtbarkeitsfördernd wirken, gibt es eine Reihe von Kräutermitteln, die seit Generationen ganz gezielt zur Stärkung der weiblichen wie der männlichen Fortpflanzungskraft eingesetzt werden. Um welche Mittel es sich dabei jeweils für Frauen bzw. Männer handelt und wie diese Arzneien aus der Naturapotheke angewendet werden können, erfahren Sie auf den nächsten Seiten.

Es gibt zahlreiche heimische und exotische Heilkräuter, die Libido und Fruchtbarkeit bei Mann und Frau auf natürliche Weise fördern.

Die ayurvedischen Heilpflanzenzubereitungen für die weibliche und männliche Fruchtbarkeit sind hier ausgeklammert; sie sind auf den Seiten 130 bis 132 aufgeführt. Pflanzen, die darüber hinaus oder überwiegend als Aphrodisiakum zur Libidosteigerung verwendet werden, finden sich ab Seite 226.

Eine Trennung zwischen Pflanzen für die Fruchtbarkeit und jenen zur Steigerung der Lust lässt sich nur in seltenen Fällen vornehmen. Da die Libido unbestritten eine wichtige Grundlage für Fruchtbarkeit ist und somit in engem Zusammenhang mit dieser steht, haben fruchtbarkeitsfördernde Kräuter in der Regel auch aphrodisierende Wirkungen.

Pflanzen für Frauen

Die Behandlung von Frauenleiden ist eine Domäne der Pflanzenheilkunde.

Chinesische Engelwurz – Dong-Quai (Angelica sinensis)

Dong-Quai genießt in China seit Tausenden von Jahren als eine der wirksamsten Heilpflanzen bei Frauenbeschwerden eine hohe Wertschätzung, allen voran bei hormonellen Ungleichgewichten und deren Folgeerscheinungen sowie bei Fruchtbarkeitsproblemen. Dong-Quai reguliert den Hormonhaushalt, verbessert die Regelmäßigkeit des Eisprungs und stärkt außerdem die Gebärmutterfunktionen.

Wissenschaftliche Untersuchungen von Angelica-Extrakt haben gezeigt, dass die Pflanze einen hohen Gehalt an Phytoöstrogenen sowie einen etwas niedrigeren an Kumarinen und Flavonoiden besitzt. Die erstgenannte Stoffgruppe ist verantwortlich für den regulativen Einfluss auf das Hormonsystem und damit auch auf den Zyklus.

Phytoöstrogene gleichen in ihrem Aufbau dem menschlichen Östrogen. Ihre Wirkung ist zwar wesentlich geringer, in hoher Konzentration können sie jedoch die Hormonproduktion beeinflussen.

Eisenkraut (Verbena officinalis)

Das ganze Kraut, mitsamt Blättern und Stängeln, ist ein altbewährtes Hausmittel bei seelischen Beschwerden wie nervöser Reizbarkeit, depressiver Verstimmung und nervös bedingten Verspannungen. Zudem fördert Eisenkraut die Menstruation und die Gebärmutterfunktionen.

Hormonell aktive Pflanzen

Heilpflanzen mit östrogenartiger Wirkungen sind:
Basilikum, Beifuß, Himbeere, Hopfen, Kamille, Kreuzkraut, Lavendel, Minze, Muskatellersalbei, Muskatnuss, Oregano, Petersilie, Ringelblume, Salbei, Thymian
Gestagenartige Wirkungen entfalten: Frauenmantel, Geißbart, Rainfarn, Sarsaparilla, Schafgarbe, Steinsamen

Frauenwurzel (Caulophyllum thalictroides)

Wie ihr Name schon sagt, lindert die Wurzel dieser Pflanze Frauenbeschwerden. Als Tonikum löst sie Verkrampfungen der Gebärmutter und verbessert ihren Muskeltonus. Doch die Frauenwurzel gilt aufgrund ihres uterusstimulierenden Effekts auch als wirksames Heilkraut gegen Unfruchtbarkeit.

In der Homöopathie ist sie ein hoch geschätztes Mittel gegen Menstruationsbeschwerden sowie Gebärmutterkrämpfe und -schmerzen.

Mönchspfeffer (Vitex agnus castus)

Apotheken führen inzwischen einige Präparate, die standardisierte Extrakte von Mönchspfeffer enthalten.

Die zu den Eisenkrautgewächsen zählende, zartblau blühende Heilpflanze wirkt vor allem ausgleichend auf das weibliche Hormonsystem. Denn die Inhaltsstoffe des Mönchspfeffers haben einen direkten Einfluss auf die Hirnanhangsdrüse und fördern die Produktion des follikelstimulierenden und des luteinisierenden Hormons. Zudem unterstützt diese Heilpflanze die Hormonproduktion durch den Gelbkörper des Eierstocks in der zweiten Zyklushälfte und hat daher eher eine progesteron- denn östrogenähnliche Wirkung.

Mönchspfeffer findet außer bei Fruchtbarkeitsstörungen auch bei unregelmäßigem Zyklus, beim Prämenstruellen Syndrom sowie bei Menstruations- und Wechseljahrebeschwerden Anwendung. Vitex agnus castus ist in vielen homöopathischen Kombinationsmitteln enthalten, welche den Hormonhaushalt harmonisieren. Ebenso setzt man ihn »solo« gegen Impotenz ein.

Auch der in Europa heimische Wiesen- oder Rotklee zählt schon lange zu den Heilpflanzen, die zur Förderung der Fruchtbarkeit eingesetzt werden.

Rotklee (Trifolium pratense)

Zahlreiche alte Kräuteralmanache rühmen die Blüten des Rotklees als Förderer der Fruchtbarkeit. Wie wissenschaftliche Studien heute bestätigen, ist Rotklee in der Tat reich an Isoflavonen, östrogenähnlichen Stoffen, welche die Fruchtbarkeit verbessern, insbesondere bei Frauen mit Östrogenmangel.

Heilkräuter für die Fruchtbarkeit

Süßholz (Glycyrrhiza glabra)

Diese auch bei vielen anderen Beschwerden altbewährte Heilpflanze besitzt hormonaktive Substanzen, die Saponine. Einer japanischen Studie zufolge fördert der Extrakt der Süßholzwurzel die Regelmäßigkeit des Zyklus und des Eisprungs. Ebenso stellte sich heraus, dass Süßholz bei Frauen mit einem erhöhten Testosteron- und einem zu niedrigen Östrogenspiegel ausgleichend wirkt und auf diese Weise verschiedenen hormonell bedingten Frauenerkrankungen entgegensteuern kann – auch Fruchtbarkeitsstörungen.

Die Wirkstoffe der Traubensilberkerze werden bei den verschiedensten Frauenleiden eingesetzt.

Traubensilberkerze, auch Schlangenkraut (Cimicifuga racemosa)

Die Wurzeln der Traubensilberkerze enthalten Wirkstoffe, vor allem das so genannte Cimicifugin, die östrogenartige Effekte haben und so die Follikelreifung sowie die Regelmäßigkeit von Zyklus und Eisprung fördern. Darüber hinaus regt diese Pflanze, ebenso wie der Mönchspfeffer, die Ausschüttung des luteinisierenden Hormons durch die Hirnanhangsdrüse an, wodurch die Eierstöcke stimuliert werden. Die Traubensilberkerze ist darüber hinaus ein hoch geschätztes Homöopathikum bei verschiedenen Frauenleiden.

Auch die Blüten der Kamille tragen zur Regulierung des Zyklus bei. Bereits der griechische Arzt Dioskurides (1. Jh. n. Chr.) verordnete sie gegen Gebärmutterentzündungen.

Pflanzen für Männer

Auch gegen Fruchtbarkeitsstörungen des starken Geschlechts sind einige Kräuter gewachsen.

Falsches Einhorn (Chamalerium luteum)

Das alte Heilmittel der nordamerikanischen Ureinwohner hilft gegen männliche wie weibliche Unfruchtbarkeit sowie gegen Impotenz. Falsches Einhorn wirkt allgemein tonisierend und stärkend auf die Geschlechtsorgane.

Sanft in die Wiege gelegt

Die Wirkstoffe des Ginseng mobilisieren nicht nur die körpereigenen Abwehrkräfte, sondern haben außerdem einen positiven Einfluss auf die Stimmungslage.

Ginseng (Panax ginseng)
Das berühmteste und meistgesuchte Allheilmittel und Aphrodisiakum in ganz Asien. Die Wurzeln des Ginseng enthalten einen Cocktail aus Wirkstoffen, der nicht nur die Potenz, sondern den gesamten Organismus kräftigt und tonisiert, aber auch die Funktionen der männlichen Geschlechtsorgane, allen voran der Hoden und damit die Spermienproduktion, anregt.

Ingwer (Zingiber officinarum)
Das Knollengewächs stärkt generell die Funktionen der weiblichen und männlichen Geschlechtsorgane.

Sabalpalme (Serenoa serrulata)

In der Frauenheilkunde ist die Sabalpalme zur Behandlung von Gebärmutterentzündungen und als Mittel bei unterentwickelten Brüsten bekannt.

Der Presssaft aus den Früchten der Sabalpalme galt bereits den mittel- und nordamerikanischen Indianervölkern als herausragend gutes Mittel bei Impotenz sowie bei Hoden- und Prostataerkrankungen. Hierzulande wird er zum selben Zweck, sowie gegen Harnverhalten und unzureichende Spermienbildung verordnet. In der Homöopathie kommt der Sabalpalmenextrakt als Sabal serrulata ebenfalls zur Stärkung der Manneskraft zum Einsatz sowie bei mangelhafter männlicher Fruchtbarkeit.

Taigawurzel, auch Sibirischer Ginseng (Eleuterococcus senticosus)

Ebenso wie sein Namensvetter, der »echte« Ginseng, verbessert der Sibirische Ginseng die Fortpflanzungsfähigkeit, indem er allgemein Gesundheit und Vitalität fördert. Deshalb ist die Taigawurzel Frauen wie Männern mit Fruchtbarkeitsstörungen zu empfehlen. Zudem kann diese Pflanze direkt Einfluss auf den Hypothalamus nehmen und hier die Ausschüttung des follikelstimulierenden und des luteinisierenden Hormons regulieren.

Wilde Yamswurzel (Dioscorea villosa)

Eines der bedeutendsten pflanzlichen »Hormonpräparate«, die Yamswurzel, enthält eine ganze Reihe pflanzlicher Hormone, darunter die Saponine Diosgenin, Pregnenolon und Botogenin. Aus diesem Grund nutzte man die Pflanze bis vor wenigen Jahrzehnten zur Gewinnung von Progesteron, Kortison und Prednison. Yamswurzel hat also einen nicht geringen Einfluss auf den Hormonhaushalt beider Geschlechter und wird deshalb traditionell gegen hormonell bedingte Beschwerden angewendet, so z. B. bei unregelmäßiger Periode, Eierstocksunterfunktion oder mangelhafter Spermienbildung.

Da zahlreiche fruchtbarkeits- sowie libidofördernde Kräuter auch ätherische Öle besitzen, kommt der Aromatherapie ebenfalls eine erhebliche Bedeutung zu (→ Seite 157).

Teekur für Frauen

Heilpflanzentees, kurmäßig über vier bis fünf Wochen getrunken, sind eine wirksame Maßnahme bei weiblichen Fruchtbarkeitsstörungen. Bewährt hat sich hierzu eine Mischung aus Schafgarbenkraut, Johanniskraut, Rotkleeblüten, Frauenmantel und Brennnesselsamen.

Die genannten Kräuter werden zu gleichen Teilen gemischt und pro Tasse ein Esslöffel der Mischung mit heißem (nicht mehr kochendem) Wasser überbrüht. Anschließend zehn Minuten ziehen lassen, durch ein Sieb abseihen und schluckweise trinken (drei bis vier Tassen täglich).

Sanft in die Wiege gelegt

Heilkräuter sollten stets gut verschlossen an einem kühlen und trockenen Ort aufbewahrt werden. Nach gut einem Jahr sollten sie durch Neue ersetzt werden.

Kräuter für Psyche und Seele

Es gibt diverse Heilpflanzen, die direkt auf das zentrale Nervensystem wirken. Diese so genannten Psychophytopharmaka erfreuen sich nicht zuletzt aufgrund ihrer geringen Nebenwirkungen einer zunehmenden Beliebtheit – vor allem bei der Behandlung von depressiven Verstimmungen, nervöser Unruhe und Angstzuständen, also Beschwerden, die auch Fruchtbarkeitsprobleme begleiten oder mit auslösen.

Die »Seelenkräuter« sind daher eine gute Ergänzung zu den fruchtbarkeitsfördernden Heilpflanzen und lassen sich hervorragend mit ihnen kombinieren.

- Johanniskraut (Hypericum perforatum) wirkt bei depressiven Verstimmungen bis hin zu mittelschweren Depressionen.
- Kava-Kava-Wurzelstock, auch Rauschpfeffer genannt (Piperis methystici rhizoma), hilft bei Angstzuständen.
- Baldrianwurzel (Valerianae radix) lindert Nervosität und nervliche Überreizung.
- Passionsblumenkraut (Passiflorae herba) eignet sich bei nervösen Unruhezuständen.

Extrakte dieser Pflanzen sind heute als Fertigpräparate von vielen Herstellern im Handel. Erkundigen Sie sich danach bei Ihrem Apotheker.

Wasseranwendungen

Neben den grünen Arzneien aus der Naturapotheke zeigen auch verschiedene Wasseranwendungen sowie die Kneipp-Therapie sehr gute Erfolge bei der Behandlung von Fruchtbarkeitsstörungen. Denn sie stärken die Vitalität des Organismus insgesamt und fördern die Abwehrkräfte.

Zudem sorgen Wasseranwendungen für eine gute Durchblutung des Körpers und damit auch der Geschlechtsorgane, unterstützen deren Funktionen und tragen zur Regulierung des Hormonhaushalts bei.

Die Durchblutung fördern

Moorbäder

Eine vielfach empfohlene und bewährte Maßnahme bei Problemen mit der Fruchtbarkeit, die auch im Rahmen von so genannten Sterilitätskuren in Kurbädern durchgeführt wird, ist das Moorbad. Es stimmt den Organismus generell um, sodass sich die gestörte Bildung und Ausschüttung des follikelstimulierenden und des luteinisierenden Hormons durch die Hypophyse wieder normalisieren. Die angestiegene Körperkerntemperatur aktiviert die Hirnanhangsdrüse, und der vielfach auch ausgebliebene Eisprung stellt sich wieder ein. Diese Wirkung lässt sich durch mehrfache Hormonuntersuchungen sowie durch Messen der Basaltemperatur belegen.

Moore entstehen in wasserreichen Gebieten. Dort zersetzen sich Pflanzenteile durch Ausschluss von Sauerstoff nur unzureichend zu Torf. Für das Moorbad wird der frisch gestochene Torf gereinigt, zu Pulver zermahlen, mit heißem Meer- oder Quellwasser verdünnt und durch Wasserdampf auf etwa 45 °C erhitzt. In dieser Weise aufbereitet, kann der Torf schließlich für heilsame Bäder und Packungen verwendet werden.

Getrocknete Moorextrakte sind in jeder Apotheke, Drogerie oder im Reformhaus erhältlich. So kann man ihre heilkräftige Wirkung auch zu Hause nutzen. Keine Angst vor schwarzen Rändern in der Badewanne – die Moorspuren lassen sich durch klares Wasser mühelos beseitigen.

Zur Behandlung von Fruchtbarkeitsstörungen empfiehlt es sich, das Moorbad zweimal wöchentlich durchzuführen.

Moorbad in der Badewanne

Lassen Sie warmes Wasser (36 bis 38 °C) in die Badewanne einlaufen und rühren Sie Moorextrakt aus der Apotheke oder dem Reformhaus unter. Halten Sie sich dabei an die Zubereitungsempfehlungen auf der Packung. Nachdem der Moorbrei gut verrührt und aufgequollen ist, legen Sie sich für etwa zehn Minuten ins »Schwarzwasser« – keinesfalls recht viel länger, denn diese Anwendung ist sehr kreislaufintensiv.

Um den Kreislauf nach einem Moorbad nicht weiter zu belasten, legen Sie nach der Behandlung eine Ruhepause ein. Am besten legen Sie sich gemütlich ins Bett, damit Ihr Körper nicht zu schnell wieder abkühlt.

Wer einen schwachen Kreislauf hat oder unter Herzbeschwerden leidet, sollte von Moorbädern absehen.

Nach dem Bad duschen Sie sich mit lauwarmem Wasser ab, trocknen sich und ruhen anschließend mindestens eine Stunde lang, gut zugedeckt, im Bett.

Sole und Fango

Solebäder und Fangopackungen sind ebenso sehr wirksam bei Fruchtbarkeitsstörungen. Die Sole kann auch innerhalb der Scheide angewendet werden, und zwar in Gestalt von Vaginalspülungen mit auf 44 °C erwärmter Sole. Solebäder wie Fangopackungen müssen von geschulten Therapeuten durchgeführt werden.

Kneipp'sche Anwendungen

Einige Kurorte, etwa Bad Wörishofen, bieten spezielle Kuren gegen Unfruchtbarkeit an. Wämeanwendungen, Moorbäder, Massagen und Quellgasbehandlungen stehen dabei im Vordergrund.

Aus dem Behandlungskanon des berühmten Bad Wörishofener Geistlichen eignen sich besonders das Wassertreten, wechselwarme Unterleibs- und Schenkelgüsse, Leibwickel und Heublumensack zur Therapie von Fruchtbarkeitsstörungen. Bewährt haben sich auch morgendliche Wechselduschen, bei denen der warme Körper zunächst fünf Sekunden kaltem Wasser und anschließend zwei bis drei Minuten warmem Wasser ausgesetzt wird. Nach dem Duschen empfiehlt es sich, den Körper mit Rosmarinöl zu massieren. Durch den Wechsel von Kalt nach Warm wird das vegetative Nervensystem angeregt und die allgemeine körperliche wie seelische Verfassung stabilisiert.

Ayurveda – das Wissen vom Leben

Der Begriff Ayurveda setzt sich zusammen aus »Ayus«, leben, und »Veda«, Wissen. Das »Wissen vom Leben« ist medizinische Lehre und Lebenskunst in einem. Denn obgleich Medizin eine bedeutende Säule des ayurvedischen Gesamtkonzepts darstellt, ist dieses nicht nur heilkundlich ausgerichtet. Vielmehr erfasst Ayurveda alle Aspekte des täglichen Lebens und findet so in gesunden wie in kranken Tagen nutzbringende Anwendung.

Kamasutra und Tantra

Jeder kann lernen, sich zu entspannen. Suchen Sie sich Übungen und Techniken, die Ihnen Spaß machen.

In seiner Eigenschaft als »Wissen vom Leben« befasst sich Ayurveda natürlich auch ausführlich mit der Entstehung neuen Lebens bzw. mit allem, was dazu erforderlich ist. Die immense Bedeutung, welche der Fruchtbarkeit seit Jahrtausenden auf dem indischen Subkontinent zukommt, zeigt sich nicht zuletzt auch in den zahllosen Zeremonien, Riten und Bräuchen rund um die Zeugung neuen Lebens. Nicht zu vergessen das je nach Landstrich wechselnde Heer der Fruchtbarkeitspatrone und -patroninnen. Auch das Kamasutra, die indische Liebeslehre, sowie das Tantra-Yoga verdeutlichen den Stellenwert der Fruchtbarkeit; schließlich ist das Liebesleben untrennbar mit ihr verbunden. Die Empfehlungen von Kamasutra und Tantra haben bei weitem nicht nur gegenseitigen Lustgewinn zum Ziel, sondern dienen auch und vor allem der Erhaltung und Förderung der Fortpflanzungskraft. Nicht umsonst berücksichtigen beide Lehren auch ethische wie gesellschaftliche Aspekte.

Und so verwundert es nicht, dass Ayurveda über eine reiche Palette an Behandlungsmaßnahmen und Rezepturen zur Förderung der weiblichen wie männlichen Fruchtbarkeit verfügt.

Vatsayaya, der als Verfasser des Kamasutra gilt, verweist an vielen Stellen seines Werks darauf, dass Stress und übermäßige Arbeit Gift fürs Liebesleben sind.

Sanft in die Wiege gelegt

Der Einfluss der ayurvedischen Wissensinhalte reicht weit über Indiens Grenzen hinaus.

Die Konzepte des Ayurveda

Die Anfänge der ayurvedischen Lehre reichen bis etwa in das dritte Jahrtausend vor Christus zurück. Ayurveda bildet die Basis vieler Heilsysteme außerhalb Indiens, etwa der traditionellen Chinesischen Medizin.

Auch unsere abendländische Medizin wurde entscheidend vom ayurvedischen Wissensgut beeinflusst; von Hippokrates, dem Begründer der empirischen Medizin, ist beispielsweise überliefert, dass er in enger Anlehnung an die ayurvedische Lehre behandelte. Nicht umsonst wird Ayurveda deshalb oft als »Mutter der Medizin« bezeichnet.

Ein ganzheitliches Weltbild

Die grundlegende These von Ayurveda ist, dass alles in der Natur, und damit auch wir Menschen, aus den gleichen Grundbausteinen zusammengefügt ist: den fünf Elementen Feuer, Wasser, Erde, Luft (Wind) und Äther (Raum). Aufgrund dieses gemeinsamen Ursprungs steht alles in einer immer währenden Wechselbeziehung zueinander. Jeder Mensch wird von zahlreichen inneren und äußeren Einflüssen geprägt und in seinem Befinden beeinflusst.

Die Harmonie der Dosha ist die Voraussetzung für Ihre Gesundheit.

Das holistische Weltbild des Ayurveda findet seinen Ausdruck unter anderem in der Lehre von den fünf Elementen und den drei Dosha, genannt Vata, Pitta und Kapha.

Das Konzept von den drei Dosha ist ein wichtiger Schlüssel zum Verständnis von Ayurveda. Die Dosha entstehen aus den fünf Elementen, indem diese sich zu Paaren vereinen.

Jedes einzelne Dosha ist in allen Zellen, Geweben und Organen des Körpers wirksam und prägt die verschiedenen Erscheinungstypen der Menschen sowohl im gesunden wie im kranken Zustand. Denn die in jedem Menschen vorhandenen drei Dosha sind von Geburt an in einem charakteristischen Verhältnis angelegt; dabei können ein oder zwei Dosha dominieren. Entsprechend geht man im Ayurveda von verschiedenen Typen oder Konstitutionen aus. Die Konstitution gibt Aufschluss über Stärken, aber auch Schwach-

Die Grundbausteine der Natur

stellen, erlaubt Aussagen über die Krankheitsanfälligkeit und erklärt die unterschiedlichen Reaktionen auf Ernährung, Sinneseindrücke, Klima oder Lebensumstände.

Vata, Pitta und Kapha sind wechselseitig voneinander abhängig. Eine Disharmonie der Dosha kann körperlichen wie psychischen Erkrankungen den Weg ebnen.

Im Folgenden ein Überblick über die drei Dosha und die Eigenschaften der Dosha-Typen.

Vata-Dosha entsteht aus der Verbindung der beiden Elemente Luft und Äther; es steht für das Prinzip der Bewegung und des Wechsels, für Leichtigkeit, Instabiles und sich Veränderndes. Die Eigenschaften von Vata-Typen sind:

- Leichter Knochenbau und (sehr) schlanke Figur
- Schwach entwickelte Muskulatur
- Eher dunkler Teint mit Neigung zu Muttermalen und einem trockenen Hauttyp
- Wenig Haarwuchs, brüchige Nagelsubstanz
- Unterschiedlich stark ausgeprägter Appetit und unregelmäßige Verdauung
- Abneigung gegen kaltes und windiges Wetter
- Neigung zu Sorgen und Kummer sowie zu leichtem und unterbrochenem Schlaf
- Schnelle Auffassungsgabe und gutes Kurzzeitgedächtnis
- Reagiert empfindsam auf seine Umgebung (geräusch- und berührungsempfindlich)
- Fantasiebegabt, große Begeisterungsfähigkeit
- Oftmals schwach ausgeprägter Wille und wenig Selbstvertrauen
- Hektisch, sprunghaft, ermüdet schnell

Pitta-Dosha generiert sich aus den Elementen Feuer und Wasser; es steht für Wärme und (Stoffwechsel-)Aktivität. Eigenschaften von Pitta-Typen sind:

- Mittelschwerer Körperbau und mittelstarke Muskulatur
- Hellerer Teint mit Neigung zu Sommersprossen und Muttermalen sowie einem stärker durchfeuchteten, weichen und sonnenempfindlichen Hauttyp

Dosha lässt sich mit »Stütze« übersetzen, was auch die Funktion verdeutlicht: Die Dosha unterstützen den Organismus durch Steuerung der seelischen wie körperlichen Vorgänge.

- Feines Haar mit Neigung zu Haarausfall und Grauhaarigkeit, weiche Nagelsubstanz
- Stark ausgeprägter Hunger und viel Durst, gute Stoffwechselfunktionen, normaler Schlaf
- Neigung zu verstärktem Schwitzen
- Arbeitet sehr systematisch und organisiert
- Abneigung gegen Hitze
- Bevorzugt kalte Speisen und kühle Getränke
- Unternehmungslustig, kühn, ehrgeizig
- Empfindliche Reaktionen auf Nahrungsgifte, Drogen und ungute Atmosphäre
- Gute Auffassungsgabe, scharfsinnig, analytisch und rhetorisch begabt, konzentrationsfähig
- Hitzig, ungeduldig, eifersüchtig

Menschen, bei denen das Kapha-Dosha zu sehr überwiegt, neigen zu Trägheit und Lethargie.

Kapha-Dosha ist das aus den beiden Elementen Wasser und Erde abgeleitete Dosha und repräsentiert Schwere und Stabilität. Eigenschaften von Kapha-Typen sind:
- Stabiler, schwerer Knochenbau mit Neigung zu Übergewicht
- Gut entwickelte Muskulatur, kaum sichtbare Venen
- Heller Teint mit normalem bis fettem Hauttyp
- Kräftiges, dunkles und häufig welliges Haar, starke Nagelsubstanz
- Regelmäßiger Appetit, eher träge Verdauung, wenig Schweißabsonderungen, tiefer Schlaf
- Ausdauernd, entspannt, ruhig und beständig
- Bedächtig, erdverbunden, an Körperempfindungen orientiert
- Langsame Auffassungsgabe, aber gutes Langzeitgedächtnis
- Tolerant, vergebend, Liebe schenkend
- Oft wenig ausgeprägter Wille und Selbstvertrauen
- Besitzgierig und lethargisch

Harmonie der Dosha für die Fruchtbarkeit

Zentrales Anliegen jeder Maßnahme der ayurvedischen Medizin ist es, die Balance der drei Dosha zu erhalten oder wiederherzustellen. Denn ihr Gleichgewicht ist bestimmend für die umfassende Gesundheit eines Menschen und damit auch für seine Fähigkeit, sich fortzupflanzen. Unter diesem Blickwinkel betrachtet, können zunächst einmal alle ayurvedischen Behandlungen als Therapien gegen ungewollte Kinderlosigkeit gelten, da sie die Grundbedingungen für Fruchtbarkeit schaffen. Und so finden sich unter den aufgeführten Empfehlungen aus dem ayurvedischen Behandlungskanon sowohl Nahrungsmittel- wie auch Heilkräuterzubereitungen und die Pancakarma-Therapie, eine wichtige Komponente der ayurvedischen Medizin; nicht zu vergessen Yoga sowie ayurvedische Meditations- und Atemübungen (→ Seite 134).

Ayurveda verkörpert ein holistisches Weltbild, das heißt, alle Formen des Daseins streben danach, ein Ganzes zu werden.

Das Fortpflanzungsgewebe

Ayurveda geht von insgesamt sieben verschiedenen Gewebearten aus, den Dhatu. Dhatu, »aufbauende Elemente«, sind für die Struktur des Körpers verantwortlich und ermöglichen die Funktion der einzelnen Organe und Organsysteme. Alle Dhatu stehen in einem fortwährenden Umwandlungsprozess und sind voneinander abhängig. Ist eines der Gewebe geschwächt, wirkt sich dies zugleich auch auf alle anderen schädlich aus. Eines der Dhatu ist das Fortpflanzungsgewebe, Shukradhatu. Insgesamt unterteilen sich die Gewebe in:

- Plasma – Rasadhatu
- Blut – Raktadhatu
- Muskelgewebe – Mamsadhatu
- Fettgewebe – Medodhatu
- Knochengewebe – Asthidhatu
- Knochenmark und Nervengewebe – Majjadhatu
- Fortpflanzungsgewebe – Shukradhatu

Jedes dieser Gewebe resultiert aus einer Potenzierung, einer Verstärkung des vorangegangenen Dhatu. Da das Fortpflanzungsgewebe am Ende dieser Kette steht, dauert es auch am längsten, bis es entwickelt wird. Entsprechend gilt Shukradhatu als wertvollstes aller Gewebe. Auch deshalb, weil es die anderen Dhatu unterstützt und so den Kreislauf wieder schließt.

Wird das Shukradhatu gestärkt, erhöht sich die Fruchtbarkeit. Um ein Ungleichgewicht zu vermeiden, darf die Pflege der übrigen Dhatu jedoch nicht vernachlässigt werden.

Shukra bedeutet übersetzt Samen, steht aber auch für Eizelle. Damit wird bereits klar, was die Aufgabe von Shukradhatu ist: neues Leben zu erzeugen. Ein Mangel an Shukradhatu äußerst sich in Impotenz, Zyklus- und Ejakulationsstörungen, ausbleibendem Eisprung, nachlassender Spermienproduktion und Libido sowie in trockenen Schleimhäuten; auch Immunschwäche und Energielosigkeit sind typische Symptome. Zur Behandlung von Fruchtbarkeitsstörungen gilt es also, Shukradhatu zu stärken. Da dieses wie erwähnt mit allen anderen Geweben zusammenhängt, müssen die Dhatu in der Gesamtheit gesund und funktionsfähig gehalten werden. Ebenso wie bei den Dosha steht auch hier wieder der Teil für das Ganze. Sein Zustand ist bestimmend für die Gesamtverfassung eines Menschen und damit für seine Fähigkeit, sich fortzupflanzen.

Shukradhatu stärkt – sofern ausreichend vorhanden – nach Auffassung des Ayurveda auch die körpereigenen Abwehrkräfte.

Ayurveda bedient sich ganz spezieller Maßnahmen, Shukradhatu zu stärken – der Vajikarana (→ Seite 226). Dies sind aphrodisierende Zubereitungen, Nahrungsmittel sowie Heilpflanzen, kraft derer das Fortpflanzungsgewebe in ausreichender Quantität und Qualität produziert wird und so für gesunde Nachkommen sorgen kann.

Wie die Dosha ins Gleichgewicht gebracht und die Dhatu – allen voran Shukradhatu – gestärkt werden, um die Fruchtbarkeit zu erhalten oder wiederzuerlangen, ist das Thema der nun folgenden Seiten.

Fünf Handlungen für die Gesundheit

Eine der zentralen Therapien des Ayurveda ist Pancakarma, die »fünf Handlungen«. Diese sehr beliebte Kur besteht aus einem Komplex reinigender Behandlungen, die sich in fünf verschiedene Zyklen gliedern. Die Anwendungen des Pancakarma sind ein Jungbrunnen für Körper und Seele, der Gesundheit und Wohlbefinden fördert oder wieder herstellt und so die besten Voraussetzungen zur Erfüllung Ihres Kinderwunsches schafft. Denn die Therapien des Pancakarma sind ganzheitlich wirksam; ihre positiven Effekte beeinflussen Körper, Geist und Seele gleichermaßen.

Die Anwendungen des Purvakarma

Eine Massage mit erwärmtem Öl löst im Körper Giftstoffe und Stoffwechselschlacken, die anschließend ausgeschwitzt werden können.

Zum einen dienen sie der intensiven Entschlackung und dem Abbau schädlicher Stoffe, zum anderen harmonisieren sie das Hormonsystem und erhöhen die Aktivität des Immunsystems. Bevor die eigentliche Reinigung stattfinden kann, müssen die in Geweben und Organen angelagerten Gifte und Stoffwechselschlacken, genannt Ama, aktiviert und gelöst werden. Dies geschieht durch die Anwendungen des Purvakarma:

Abhyanga – Ganzkörpermassage mit Ölen

Dabei wird der gesamte Körper, einschließlich des Kopfes, mit auf etwa 39 °C erwärmten pflanzlichen Ölen massiert. Diese so genannten Tailatschichten sind meist Sesam- oder Kokosöl, mit verschiedenen Heilkräutern versetzt. Das Abhyanga regt Kreislauf und Stoffwechsel an, beruhigt das Nervensystem, kräftigt die Muskulatur, stärkt Immunsystem und Verdauungskraft und regt die inneren Organe über ihre Reflexzonen in der Haut an.

Kaltgepresstes Sesamöl dringt tief in die Haut ein und ist deshalb besonders wirksam.

Swedana – Schwitzbehandlung

Beim »Schwitzkasten« sitzt man auf einem Stuhl in einem großen Kasten, in den warmer Wasserdampf (etwa 39 °C) eingeleitet wird; der Kopf schaut dabei oben heraus. Vorher gibt es ein Abhyanga mit Sesamöl. Die durch die Massage gelösten Gift- und Schlackenstoffe werden vom Blut abtransportiert und ausgeschwitzt. Ein

Swedana wird bei Erkältungskrankheiten, wie vor allem Bronchitis und Mandelentzündungen, Nieren- und Blasensteinen, nichtentzündlichen rheumatischen Erkrankungen, Muskelverspannungen sowie bei Wirbelsäulenbeschwerden empfohlen.

Samvahana – Synchronmassage

Die angenehmste unter den Pancakarma-Behandlungen: Vier oder sechs geschickte Hände massieren den ganzen Körper von oben bis unten mit warmen medizinierten Ölen, und zwar in vollkommener Übereinstimmung der Bewegungen. Die, auch was Geschwindigkeit und Druckintensität anbelangt, absolut synchron ausgeführte Massage wirkt regenerierend und hilft, zum inneren Gleichgewicht zurückzufinden.

Shirodhara – Stirnguss mit Öl

Sie können außerdem die Kopfhaut mit in die Massage einbeziehen. Auch das wirkt sehr entspannend.

In kontinuierlichem Strom ergießen sich erwärmte, mit heilkräftigen Kräuteressenzen versetzte Öle auf die Stirn und bringen tiefe Entspannung, die Shirodhara zum Erlebnis für die Sinne macht. Der Stirnguss harmonisiert das gesamte Nervensystem, beruhigt und verleiht innere Ruhe. Ideal bei nervlichen Störungen, chronischen Kopfschmerzen und Migräne, Schlaflosigkeit und Erschöpfungszuständen.

Nach diesen Vorbereitungen erfolgt die Ausleitung der gelösten Giftstoffe durch die fünf Maßnahmen des Pradhanakarma:

Vamana – therapeutisches Erbrechen

Das Erbrechen, der weniger angenehme Teil der Therapie, wird ausgelöst durch das Trinken von in Milch gelöstem Steinsalz sowie durch die Einnahme von Honig und ayurvedischen Heilkräutern.

Virecana – Abführen

Die ausleitende Darmbehandlung wird mit stets sehr milden und ausgewogen zusammengesetzten Abführmitteln durchgeführt. Sehr beliebt ist Rizinusöl, das mit etwas Wasser und Milch vermischt verabreicht wird.

Die Maßnahmen des Pradhanakarma

Vasti – Darmeinlauf
Vasti bedeutet Büffelblase, die man früher auch tatsächlich für diese Anwendung verwendete. Vasti besitzt große Bedeutung, denn er leitet überschüssige Dosha als Giftstoffe aus und hilft ihnen, sich wieder an ihren ursprünglichen Orten im Körper niederzulassen.

Nasya – Behandlung der Nasenschleimhaut
Mit Nasya bezeichnet man die Gabe medizinierter Öle oder Puder durch die Nase. Damit werden Schlacken- und Giftstoffe aus dem Kopfraum, vor allem aus der Nase, den Ohren, dem Rachen und dem Mund entfernt. Nicht umsonst heißt diese Anwendung auch Shirovirecana, was soviel bedeutet wie »Abführen aus dem Kopf«.

Wärme und Massage sind wichtige Bestandteile der ayurvedischen Medizin. Sie helfen dem Körper, sich zu entspannen. Wenn die psychische Belastung nachlässt, steigt die Fruchtbarkeit.

Raktamoksha – Aderlass
Wörtlich übersetzt bedeutet Raktamoksha »befreien von Blut«. Dabei wird der Patient durch Anritzen einer Vene, Einführen einer Kanüle oder eines Venenkatheters sowie durch Anlegen von Blutegeln oder einer Glasglocke zur Ader gelassen.

Abhyanga daheim
Wie erwähnt, wirkt sich bei Fruchtbarkeitsproblemen die gesamte Pancakarma-Kur überaus positiv aus, sowohl bei Frauen wie bei Männern. Eine der wirksamsten Anwendungen hinsichtlich der Erfüllung des Kinderwunsches ist das Abhyanga. Die Ölmassage des gesamten Körpers greift regulierend in den Hormonhaushalt ein und stärkt die Geschlechtsorgane nebst Shukradhatu. Darüber hinaus kann sie auch als ein sehr wirksames Aphrodisiakum eingesetzt werden.

Für das Abhyanga benötigen Sie täglich zehn Minuten Zeit, zwei Handtücher und Öl, das Sie im Wasserbad auf etwa 39 °C erwärmen. Verwenden Sie ein nährendes und kräftiges Öl. Ideal ist Sesamöl, am besten versetzt mit einer Abkochung von Shatavari (→ Seite 130), dem ayurvedischen Fruchtbarkeitsmittel schlechthin. Ansonsten eignet sich auch Kokosöl.

Die beste Zeit für das Abhyanga ist morgens nach dem Aufstehen, noch vor der Morgentoilette. Auf jeden Fall sollte die Massage vor den Mahlzeiten durchgeführt werden.

- Setzen Sie sich zunächst in Ihrem Badezimmer, in dem es angenehm warm sein sollte, bequem auf einen Stuhl oder einen Hocker.
- Nehmen Sie dann ein wenig Öl in beide Hände. Verwenden Sie jedoch nur so viel, dass es einen dünnen Film auf der Haut bildet und nicht tropft.
- Beginnen Sie das Abhyanga auf der Kopfhaut, an den Ohren und im Gesicht. Massieren Sie mit kreisenden Bewegungen; der Druck Ihrer Finger sollte nicht zu fest sein.
- Weiter geht es mit Hals, Nacken und Brustbein, die Sie sanft kreisend massieren.
- Der Bauch wird mit den Handflächen im Uhrzeigersinn kreisend massiert.
- Anschließend sind Arme, Hände, Beine und Füße an der Reihe, an denen Sie mit festem Druck auf- und abstreichen.
- Nach der Massage nehmen Sie ein warmes Bad oder eine warme Dusche.

Pflanzen für das Leben

Die ayurvedischen Planzenarzneien werden bis heute nach alten, über Jahrhunderte überlieferten Rezepten in traditionellen Verfahren hergestellt.

Viele Heilpflanzen gelten in Indien als heilig. Daher sind die Arzneimittel der ayurvedischen Heilkunde überwiegend pflanzlichen Ursprungs. Über 600 Pflanzen finden sich in den jahrtausendealten Ayurveda-Schriften explizit beschrieben, darunter auch eine ganze Reihe von Pflanzen, die neues Leben ermöglichen, indem sie die Fruchtbarkeit fördern und erhalten. Hier eine kleine Auswahl:

Shatavari (Aspargus racemosus)

Das beste gleich als Erstes: Shatavari ist die Nummer eins unter den ayurvedischen Heilpflanzen zur Förderung der weiblichen Fruchtbarkeit. Sein Name lässt sich mit »hundert Männer« übersetzen – mit Hilfe von Shatavari können sie glücklich gemacht werden.

Die Pflanze gilt als Ginseng für Frauen, denn ihre Einnahme stärkt die weiblichen Geschlechtsorgane in ihrer Gesamtheit und reguliert den Hormonhaushalt. Wissenschaftliche Studien kamen darüber hinaus zum Ergebnis, dass Shatavari das Gewicht der Gebärmutter deutlich erhöht und auch die weiblichen Brüste kräftigt. In den alten Ayurveda-Texten ist es zudem als hoch wirksames Regenerationsmittel erwähnt, das Gedächtnis, Konzentration und nicht zuletzt das Immunsystem stärkt. Damit nicht genug, denn Shatavari fördert außerdem die Sehkraft und lindert Magenbeschwerden. Dass es auch ein exzellentes Aphrodisiakum für Frauen ist, versteht sich von selbst.

Shatavari zählt zu den wichtigsten Heilpflanzen für Frauen. Die positive Wirkung bezieht sich nicht nur auf die Fruchtbarkeit, sondern auf die unterschiedlichsten Körperfunktionen.

Ashoka (Saraca indica)

Auf Rang zwei in Sachen weiblicher Fruchtbarkeit rangiert der Ashoka-Baum, der in der indischen Mythologie aufs Intimste mit den Frauen verbunden ist. Nicht umsonst, denn seine Rinde übt einen direkt stimulierenden Einfluss auf die Gebärmutterschleimhaut, das Endometrium, aus. Der aus dem Rindenpulver hergestellte Kräuterwein ist ein auch von den schulmedizinischen Gynäkologen Indiens vielfach verordnetes Heilmittel bei zahllosen Frauenleiden.

Ashoka ist angezeigt bei Erkrankungen der Gebärmutter, bei allen Beschwerden rund um die Menstruation, bei Hormonstörungen und Ungleichgewichten im Hormonhaushalt. Es reguliert den Zyklus, bessert Wechseljahrsbeschwerden und nicht zuletzt auch Fruchtbarkeitsprobleme.

Ashwagandha (Withania somnifera)

Was Shatavari für die Frauen, ist Ashwagandha für die Männer: ein umfassend wirksames Regenerationsmittel, das sämtliche Funktionen des Organismus unterstützt und auch die männliche Fruchtbarkeit stärkt. Ashwagandha gibt der männlichen Libido einen Kick und sorgt darüber hinaus für ausreichende Produktion von Samenzellen. Es lässt sich unter anderem bei Sterilität, Schwächezuständen, Schlaflosigkeit, Allergien und rheumatischen Erkrankungen einsetzen; und dies bei Männern und Frauen gleichermaßen.

Aufgrund seines breiten Anwendungsspektrums und seiner guten Verträglichkeit hat Ashwagandha im Ayurveda eine ähnliche Bedeutung wie Ginseng in der Chinesischen Medizin.

Atmagupta (Mucuna pruriens)

Das wichtigste pflanzliche Aphrodisiakum im Ayurveda; für seine enorme Wirkung spricht unter anderem, dass es in früheren Zeiten all jenen, die im Zölibat lebten, untersagt gewesen sein soll, auch nur seinen Namen auszusprechen. Wissenschaftlich verbürgt ist, dass Atmagupta schon nach kurzer Zeit der Einnahme die Spermienzahl deutlich erhöht. Das optimale Mittel also bei Unfruchtbarkeit aufgrund zu geringer Spermienmenge, aber auch gegen Impotenz und ebenso gegen weiblichen Libidomangel. Atmagupta zeigt zudem durch seinen Gehalt an Dopamin gute Heilwirkungen bei neurologischen Erkrankungen, unter anderem auch bei Morbus Parkinson.

Bala (Sida cordifolia)

Auch Bala, eine der wertvollsten Heilpflanzen der ayurvedischen Medizin, vermehrt Shukradhatu; es erhöht also die Spermienzahl und fördert die Follikelreifung. Außer bei Fruchtbarkeitsstörungen bedient sich Ayurveda der Wirkung von Bala vor allem bei neurologischen und rheumatischen Beschwerden sowie zur allgemeinen Stärkung.

Triphala

Die Therapie mit einzelnen Pflanzen ist im Ayurveda selten, in den meisten Fällen setzt man Kombinationspräparate ein.

Das dritte im Bunde der Sperma vermehrenden Kräutermittel ist Triphala, die »drei Früchte«. Die Mischung aus den Früchten Amalaki (Emblica officinalis), Bibitaki (Terminalia belerica) und Haritaki (Terminalia chebula) hat aber noch mehr gute Seiten, weshalb sie im Ayurveda ein hoch geschätztes Universalmittel bei vielen Beschwerden ist: Triphala wirkt allgemein regenerierend und stimuliert die körpereigene Abwehr, fördert die Verdauung, entschlackt und stärkt die Sehkraft.

Rasayana

Die wörtliche Übersetzung dieses Sanskrit-Begriffs, im Fluss halten, verdeutlicht bereits die Wirkung, die die traditionellen Zubereitungen aus Heilpflanzen nach ayurvedischer Auffassung besit-

Der Fluss der Lebensenergien

zen: Rasayana fördern den Fluss der Lebensenergie und helfen, körperliche wie geistige Funktionen aufrecht zu erhalten. Ayurveda schreibt ihnen vielfältige Wirkungen zu, unter anderem Regeneration, Immunstimulation und Erhöhung der Konzentrationsfähigkeit.

Kurz, Rasayanas gelten als »Nektar der Unsterblichkeit« und werden deshalb auch zur Förderung der Fruchtbarkeit verordnet. Das in diesem Zusammenhang wichtigste Rasayana, welches sich vor allem auf Shukradhatu positiv auswirkt, ist Gokshura Rasayana. Seine Hauptingredienz, Gokshura (Tribula terrestris), wird bereits in den alten Ayurveda-Schriften als hervorragendes Aphrodisiakum und sehr wirksames Heilmittel bei Fruchtbarkeitsstörungen gerühmt.

Die meisten Rasayanas bestehen aus komplexen Verbindungen verschiedener Heilkräuter und Mineralien, die in aufwendigen Verfahren hergestellt werden. Ihre umfangreichen Wirkungen beruhen auf der Synergie mehrerer Substanzen, welche sich gegenseitig in ihrer therapeutischen Wirkung ergänzen und verstärken. Sie greifen an unterschiedlichen Stellen im Körper an und rufen verschiedene Reaktionen hervor, die gemeinsam zur Heilung beitragen.

Die ayurvedischen Komplexmittel fördern die Potenz und aktivieren die Spermatogenese, die Bildung der Spermien.

Eine grundsätzlich positive Lebenseinstellung unterstützt jede Art von Therapie und Heilprozess.

Ghee, Milch und Honig

Milch und Honig sind in vielen Kulturen wichtiger Bestandteil der Naturheilkunde. Auch die indische Heilkunst macht sich ihre Kräfte in zahlreichen Rezepturen zu Nutze.

Unter den Rasayana, den ayurvedischen Komplexmitteln mit umfassenden Wirkungen auf die Gesundheit, finden sich auch einige Nahrungsmittel, unter anderem Ghee, Milch und Honig. Bei Ghee handelt es sich um gereinigte Butter, die jedoch nicht wie hierzulande üblich aus Milch, sondern aus Jogurt hergestellt wird. Jogurt hat einen bakteriellen Gärungsprozess durchlaufen, der die aus ihm gewonnene Butter maßgeblich in ihrer Qualität beeinflusst. Ghee aus »Jogurt-Butter« lässt sich über Jahrzehnte aufbewahren, ohne ranzig zu werden. Ghee besitzt immense Heilwirkungen, je älter, desto ausgeprägter: Er reguliert die Dosha, stärkt Verdauung und Immunsystem, regeneriert, fördert die geistige Leistungskraft sowie die Konzentration und wird von jeher zur Stärkung der Fruchtbarkeit empfohlen.

Die beiden anderen natürlichen Rasayana, Milch und Honig, gelten auch in unseren Breiten seit undenklichen Zeiten als universell anwendbare Arzneien. Man denke an die zahllosen Rezepturen mit Honig, derer sich die Heilkundigen des alten Ägypten bedienten, und nicht umsonst wird den Kindern Israels im Alten Testament als neue Heimat ein Land verheißen, in dem »Milch und Honig fließen«.

Atmen ist Leben

Nehmen Sie sich für die Atemübungen genügend Zeit und führen Sie sie an einem Ort aus, an dem Sie ungestört sind. Sie können natürlich auch im Freien üben.

Im Sanskrit, der klassischen indischen Hochsprache, gibt es für »Atem« wie für »Leben« das gleiche Wort: »Prana«. Prana bedeutet zusammengenommen soviel wie »Lebensodem«, womit der große Einfluss einer richtigen und bewussten Atmung auf unsere Gesundheit und damit auch auf die Fruchtbarkeit schon ausgedrückt ist: Atmen bedeutet Leben.

Denn durch richtiges Atmen verbessert sich die Zellatmung, der Stoffwechsel normalisiert sich und alle Körperfunktionen werden angeregt; inklusive Hormonproduktion, Spermienbildung und Follikelreifung. Weitere Effekte richtigen Atmens sind bessere Konzentrationsfähigkeit, ausgeglicheneres Seelenleben und innere Ruhe – Stresszustände und nervös bedingte Anspannungen verringern sich, was der Fruchtbarkeit weiteren Vorschub leistet. Entscheidend bei allen Atemübungen ist vor allem das tiefe Ein- und Ausatmen, denn nur so werden alle Lungenbläschen frei, um beim nächsten Atemzug wieder genügend neuen und frischen Sauerstoff aufnehmen zu können. Versuchen Sie sich dies bei den Atemübungen, aber auch generell im täglichen Leben immer wieder ins Gedächtnis zu rufen.

Pranayama

Pranayama (»Prana« Atem, Lebenskraft, Energie; »Yama« Regelung) ist eine einfache ayurvedische Atemübung. Sie entspannt und ist deshalb auch gut zur Einstimmung auf eine Meditation (→ Seite 137) geeignet.

Mit dem wechselseitigen Atmen durch jeweils ein Nasenloch nehmen Sie mehr Sauerstoff auf als beim normalen Atmungsvorgang, und zudem verbessert sich die Koordination zwischen rechter und linker Körper-, insbesondere Gehirnhälfte.

Pranayama lässt sich wunderbar zur Aufmunterung nutzen, um einen »toten Punkt« zu überwinden. Zudem ist es auch eine schnell wirksame Hilfe gegen Kopfschmerzen.

- Setzen Sie sich bequem auf einen Stuhl oder im Schneidersitz auf den Boden, und atmen Sie mehrmals hintereinander ruhig ein und aus. Versuchen Sie, Kopf und Rücken möglichst gerade zu halten – Kopf, Schultern und Hüften sollten eine Linie bilden –, und legen Sie Ihre linke Hand vor den Bauch.
- Nun verschließen Sie mit dem rechten Daumen das rechte Nasenloch und atmen Sie langsam durch das linke Nasenloch ein. Wenn Sie eingeatmet haben, verschließen Sie das linke mit Ihrem Ringfinger, öffnen Sie das rechte Nasenloch wieder und atmen langsam aus.
- Atmen Sie wieder durch das rechte Nasenloch ein. Wenn Sie eingeatmet haben, verschließen Sie mit dem Daumen das rechte Nasenloch, öffnen Sie das linke und atmen durch dieses aus.
- Diesen Zyklus – links einatmen, rechts ausatmen und rechts einatmen, links ausatmen – wiederholen Sie insgesamt viermal. Mit ein wenig Übung können Sie die Anzahl der Zyklen langsam jeweils um zwei Zyklen steigern, bis Sie 16 Atemzyklen durchführen können.

Bauchatmung

Kinder und Tiere setzen die Bauchatmung unbewusst ein, Sportler und Sänger dagegen nutzen sie zur Leistungssteigerung.

Die Bauchatmung ist die beste und natürlichste Form der Atmung. Sie ist auch ein wesentlicher Bestandteil vieler Meditations- und Entspannungstechniken, um den Bauch als Leibesmitte, als Zentrum unseres Körpers der Lebensenergie, dem Prana, wieder zugänglich zu machen. Da diese Atmung besonders die in der Bauchregion gelegenen Fortpflanzungsorgane verstärkt mit Sauerstoff versorgt und so deren Stoffwechsel und deren Funktionen fördert, ist sie eine wichtige Strategie zur Förderung der Fruchtbarkeit.

Übung zur Bauchatmung

- Legen Sie sich auf den Rücken, und schieben Sie ein kleines Kissen unter den Nacken, damit sich Wirbelsäule und Brustkorb entspannen können. Wenn Ihre Bauchmuskulatur etwas verspannt ist, winkeln Sie beide Beine etwas an oder legen Sie sich ein Kissen unter die Kniekehlen.
- Ihre Hände legen Sie entspannt und locker in der Nabelgegend auf den Bauch.
- Richten Sie Ihre Konzentration nun auf das Zwerchfell und den Bauch, und spüren Sie, wie sich diese heben und senken.

Von Brust- und Bauchatmung

Das »richtige Atmen« haben viele verlernt, denn normalerweise erfolgt unsere Versorgung mit Sauerstoff in einer Kombination aus Brust- und Bauchatmung. Bei der Bauchatmung verlagert sich beim Einatmen das Zwerchfell nach unten und vergrößert den Brustraum. Alle Lungenbläschen füllen sich mit Luft, und der Bauch dehnt sich deutlich sichtbar nach außen. Das Ausatmen bringt das Zwerchfell wieder nach oben in seine Ausgangsposition zurück. Bei der Brustatmung hebt und senkt sich allein der Brustkorb und die Lungen werden nur im oberen Teil mit Luft gefüllt.

💡 Atmen Sie zuerst kräftig durch die Nase aus, und warten Sie mit dem Einatmen, bis der Körper danach verlangt.

💡 Atmen Sie dann in einem Zug durch die Nase ein und gehen dann gleich ins Ausatmen über.

💡 Auf diese Weise atmen Sie 20mal ein und aus. Versuchen Sie, diese Übung zwei- bis dreimal täglich durchzuführen. Wenn es Ihnen anfangs beim Üben etwas schwindlig wird, reduzieren Sie die Anzahl der Atemzüge, bis Sie sich an diesen Rhythmus des Luftholens gewöhnt haben.

Bewusste Atmung wirkt sich auf Körper und Psyche positiv aus. Stress fällt ab, Konzentration kehrt zurück. Und das wirkt sich auch auf die Fruchtbarkeit positiv aus.

Meditation

Eine ebenfalls wichtige Komponente im ayurvedischen Therapiekanon ist Meditation.

Streng genommen bedeutet Meditation nichts anderes als Lebenshaltung – ist also nicht nur auf den Zeitraum des Meditierens beschränkt, sondern sollte sich auf die gesamte Lebensweise ausdehnen. An der angestrebten Lebenseinstellung sollten stets Verstand, Gefühl und Wachsamkeit in gleichem Maße beteiligt sein. Nichts davon soll überwiegen, weder ein verstandesorientiertes Analysieren der Welt noch spontan aufbrechende Emotionen. Der Yogi sucht vielmehr geistiges Erkennen und ein tiefes Erleben seiner selbst. Meditation ist der uralte Weg, Erfahrungen durch die Wendung nach innen zu sammeln. Dieser Weg zum Selbst verschafft innere Ruhe und Gelassenheit gegenüber der Außenwelt. Gerade bei Fruchtbarkeitsstörungen, die durch Stress oder extreme psychische Anspannung verursacht sind, entfaltet die Besinnung auf das Innerste sehr heilsame Effekte. Sie hilft aber auch bei allen anderen Ursachen, die auf den Kinderwunsch zentrierte Aufmerksamkeit – wenigstens eine Weile lang – abzulenken und nach innen zu richten.

Nachfolgend zwei ayurvedische Übungen, die Sie in einem gut gelüfteten und nicht zu hell beleuchteten Raum durchführen sollten. Je ruhiger und harmonischer Ihre Umgebung ist, desto besser sind die Voraussetzungen, zur Ruhe zu finden. Tragen Sie bequeme Kleidung, die Sie nicht beengt, sondern Ihren Körper locker

Als im 6. Jahrhundert v. Chr. in Indien der Hinduismus entstand, entwickelte sich auch die Lehre, durch Selbsterkenntnis zur Harmonie zwischen Geist, Seele und Körper zu finden.

Sanft in die Wiege gelegt

einhüllt und warm hält. Damit Sie beim langen Stillsitzen keine kalten Füße bekommen, schlüpfen Sie prophylaktisch in Wollsocken.

Der »Klassiker«

Der Lotussitz bedarf zugegebenermaßen einiger Übung, bis er so richtig »sitzt«.

Die Stellung, an die viele beim Stichwort Meditation denken, ist der Lotussitz. Auf geistiger Ebene vermitteln die verschränkt auf dem Boden liegenden Beine ein Gefühl des Verwurzeltseins. Die aufrechte Haltung der Wirbelsäule fördert die geistige Wachheit und die Konzentrationsfähigkeit. Wenn Sie länger im Lotussitz verweilen, vertieft sich die Atmung und Ihre Gedanken kommen zur Ruhe. Die Lotus-Stellung ist allerdings ohne Übung nicht so ganz einfach einzunehmen. Eine Alternative bietet hier der halbe Lotussitz.

- Setzen Sie sich im Schneidersitz auf den Boden.
- Nehmen Sie mit beiden Händen den rechten oder linken Fuß und legen ihn möglichst nah am Körper auf den linken oder den rechten Oberschenkel. Ihr linkes oder rechtes Bein liegt am Boden.
- Legen Sie beide Hände mit dem Handrücken auf Ihre Knie, Daumen und Mittelfinger berühren sich.

Führen Sie die Übung nur durch, wenn um Sie herum Ruhe und eine entspannte Atmosphäre herrschen.

Nun versuchen Sie sich darauf zu konzentrieren, wie die Energie der Erde durch Ihre Finger in Sie hineinströmt. Schließen Sie die Augen, atmen Sie ruhig und gleichmäßig und spüren Sie, was in Ihrem Inneren geschieht.

Entspannungsübung – Shavasana

Legen Sie sich mit vollkommen gerader Wirbelsäule auf den Rücken, die Arme liegen zu Seiten des Körpers, die Handflächen zeigen nach oben, die Beine sind leicht gespreizt, die Zehen fallen nach außen.

Schließen Sie die Augen, atmen Sie locker und entspannt aus und ein.

Versuchen Sie, jeden Körperteil bewusst zu spüren und zu entspannen. Zuerst den Kopf, dann die Arme und Hände, Beine und Füße und schließlich den Bauch.

Richten Sie die gesamte Aufmerksamkeit auf den Bereich um den Nabel – vielleicht stellen Sie sich vor, wie über den Nabel Energieströme eintreten und sich von dort im gesamten Körper verteilen.

Nach einer Weile – die Dauer des Shavasana bleibt Ihnen überlassen – reiben Sie beide Handflächen schnell gegeneinander und legen sie über die Augenhöhlen. Dann öffnen Sie die Augen und starren eine Zeit lang in die Handflächen hinein. Noch einmal die Augen schließen, dann wieder in die Hände schauen und langsam aufsetzen.

Ebenfalls zu einer tiefen Entspannung verhilft Autogenes Training, das »westliche Pendant« zur Meditation. Dabei werden die geistige, gefühlsmäßige und körperliche Ebene wieder verbunden.

Yoga

Zu den Behandlungskonzepten des Ayurveda zählt auch Yoga, denn die Wirkung der ayurvedischen Behandlungen kann dadurch eindeutig verbessert werden.

Der Begriff Yoga taucht bereits in den alten vedischen Schriften auf. Die Yoga-Sutras stammen aus der Zeit von 200 v. Chr. bis 400 n. Chr. und wurzeln im Hinduismus. Im Laufe der Jahrhunderte entwickelten sich die heute bekannten Yoga-Techniken, die alle das gleiche Ziel verfolgen: die Erlangung einer höheren

Bewusstseinsstufe durch Sammlung der Seelenkräfte und Zügeln des ewig unruhigen Geistes; entsprechend der Bedeutung des Sanskrit-Wortes »Yoga«, verbinden, nämlich mit dem höheren Bewusstsein.

Die älteste Körperpflege der Welt

Die bekannteste und am häufigsten praktizierte Form ist der Hatha-Yoga. Er gilt als älteste Körperpflege der Welt, denn seine verschiedenen Körperstellungen, die »Asanas« (gute Stellungen), sind zur Vorbeugung und zur gezielten Behandlung äußerst wirksam.

Yoga gleicht die körperlichen, seelischen und geistigen Energien aus, reichert das Blut mit Sauerstoff an und stärkt die Immunabwehr. Zudem schulen die Übungen ganz enorm das Körperbewusstsein, aktivieren innere Organe, Gehirn, Nerven- und Hormonsystem, beschleunigen Entschlackung und Entgiftung des Organismus, machen Sehnen und Gelenke beweglicher sowie insgesamt sensibler, aufnahmefähiger und konzentrierter.

Regelmäßige Yoga-Übungen fördern die Entspannung und steigern das allgemeine Wohlbefinden.

Dynamisches Yoga

Im Anschluss finden Sie ein Yoga-Programm, das entspannende mit dynamischen Übungen vereint. Dieses Programm wurde von der Münchner Yoga-Trainerin Brigitte Streubel erstellt. Es kommt dem westlichen Empfinden sehr gut entgegen.

Das dynamische Yoga, das auch ungeübten »Yogis« mit viel Spaß gelingt, wirkt umfassend auf den gesamten Organismus: Streck- und Dehnübungen machen beweglicher, lösen Muskelverspannungen, kräftigen Rücken, Beine und Bauch; Gleichgewichts- und Konzentrationsübungen schulen das Körperbewusstsein. Innere Organe, Gehirn, Nervensystem sowie Kreislauf und endokrine Drüsen werden aktiviert und die Entgiftung des Körpers beschleunigt. Die Konzentration auf die Übungen bewirkt tiefe Entspannung und erhöht Vitalität und Wohlbefinden. Das nachfolgende Yoga-Programm bringt die Energien und den Hormonhaushalt wieder ins Gleichgewicht und ist damit eine der besten Maßnahmen zur Förderung der Fruchtbarkeit. Für die genannten Übungen benötigen Sie 45 Minuten Zeit. Sie sind zwar in erster Linie für Frauen zugeschnitten, können und sollten aber auch von Männern durchgeführt werden. Grundsätzlich empfiehlt es sich, alle Asanas täglich in der angegebenen Reihenfolge zu üben; haben Sie mal weniger Zeit, genügt auch der Sonnengruß. Er beansprucht, je nach Anzahl der Wiederholungen, höchstens zehn Minuten, hat dafür aber sehr positive Effekte, die das ausgefallene Yoga-Programm zum Teil ersetzen können.

Da ein voller Magen Yoga-Übungen im Weg steht, sollten seit der letzten Mahlzeit mindestens zwei Stunden vergangen sein. Dasselbe gilt für heiße Getränke.

1. Suryanamaskar – der Sonnengruß

Der gläubige Hindu, so wollen es Brauch und Religion, verneigt sich jeden Morgen vor der Sonne und dankt für ihre Leben spendenen Strahlen. Aus diesem religiösen Brauch entstand Suryanamaskar, der Sonnengruß, der sich aus zwölf Bewegungen zusammensetzt. Dieser Zyklus erwärmt den ganzen Körper, stärkt und streckt die Muskeln, kräftigt die Organe – allen voran Herz und Verdauungssystem –, reguliert den Blutdruck und bringt den Kreislauf in Schwung, macht wach und hält fit. Ein Sonnengruß-Zyklus dauert etwa zwei Minuten und sollte von einem Durchgang langsam auf sechs Durchgänge gesteigert werden. Wichtig ist, dass Sie bei allen Übungen, die gleichsam fließend ineinander übergehen, ruhig und entspannt atmen.

- Gehen Sie in Ausgangsstellung: Stehen Sie aufrecht und falten Sie die Hände vor dem Brustbein. Die Füße stehen nebeneinander. Atmen Sie entspannt ein und aus.
- Beugen Sie sich mit ausgestreckten Armen nach hinten über. Die Beine bleiben dabei gestreckt.
- Dann beugen Sie sich langsam nach vorne. Versuchen Sie, bei durchgedrückten Knien mit Ihren Fingerspitzen den Boden zu erreichen.

Die beiden Silben Ha und Tha symbolisieren polare Kräfte, die durch Hatha-Yoga in Einklang gebracht werden. Ziel der Asanas ist es, gegensätzliche Kräfte im Körper auszugleichen.

Sanft in die Wiege gelegt

Der Sonnengruß ist der ideale Startschuss für den bevorstehenden Tag – schon nach wenigen Durchgängen fühlt man sich wach und erfrischt.

👉 Nun bewegen Sie sich in Bodennähe. Dazu machen Sie einen weiten Grätschschritt nach hinten. Das rechte Bein ist dabei gestreckt, das linke angewinkelt. Ihre Hände stützen Sie vor dem abgewinkelten Bein parallel zueinander auf den Boden.

👉 Sie stützen sich weiter mit den Händen auf dem Boden auf. Strecken Sie nun das eben angewinkelte Bein auch in einem Grätschschritt nach hinten aus und recken Sie Ihren Po steil nach oben. Ihr Gesicht blickt dabei in Richtung Ihrer Knie.

👉 Gehen Sie nun wieder hinunter zum Boden in Liegestützstellung mit Hohlkreuz.

👉 Drücken Sie sich dann mit den Armen nach oben und strecken dabei den Rücken gerade durch. Die Zahl der Liegestützen können Sie von Tag zu Tag steigern.

👉 Gehen Sie nun wieder in Stellung 5.

👉 Nun führen Sie denselben Grätschschritt wie in Übung 4 durch. Allerdings strecken Sie jetzt das linke Bein aus und winkeln das rechte an.

👉 Entfernen Sie sich wieder vom Boden und nehmen Sie Stellung 3 ein. Versuchen Sie dabei wieder, bei gestreckten Beinen mit Ihren Fingerspitzen den Boden zu erreichen.

👉 Strecken Sie sich jetzt wieder nach oben wie in Übung 2, und recken Sie Arme und Oberkörper weit nach hinten.

👉 Beenden Sie den Sonnengruß, wie Sie ihn begonnen haben, mit Übung 1 in aufrechter Stellung und vor dem Brustbein gekreuzten Händen. Bleiben Sie noch einige Atemzüge lang in dieser Stellung stehen und beginnen Sie dann den nächsten Zyklus.

2 a. Seitliche Streckung

Die folgende Übung dehnt Beine und Längsseiten des Körpers, lockert Hüft- wie Schultergelenke und aktiviert den Tonus der Bauchmuskeln und -organe, besonders von Nieren und Dickdarm.

👉 Grätschen Sie die Beine leicht und spannen Sie sie bis zum Po hinauf an. Strecken Sie den linken Arm nach oben und führen Sie den rechten Arm zum Knie.

🔆 Atmen Sie ein, beugen Sie sich zur Seite und atmen Sie dabei vollständig aus. Der Blick geht nach oben zur Decke. Führen Sie im Wechsel vier Dehnungen pro Seite durch.

🔆 Zum Abschluss strecken Sie beide Arme nach oben, lang aus der Hüfte heraus. Dann atmen Sie ein und dehnen im Wechsel zweimal pro Seite, während Sie ausatmen.

2b. Erweiterte seitliche Streckung – Dreieckstellung

🔆 Sie grätschen die Beine leicht. Während Sie den linken Arm nach oben strecken, atmen Sie ein, beim Ausatmen führen Sie die rechte Hand neben den rechten Fuß.

🔆 Der Blick geht nun zur linken Hand, halten Sie diese Stellung einige Atemzüge lang. Beugen Sie nun den linken Arm, und umfassen Sie mit beiden Händen die rechte Fessel.

🔆 Versuchen Sie mit der Stirn das Knie zu berühren, dabei atmen Sie ein und aus, anschließend geben Sie den Oberkörper zur Mitte zwischen die Beine. Schultern, Arme und Kopf lassen Sie locker hängen, nur die Beine bleiben gestreckt.

🔆 Richten Sie sich langsam, Wirbel für Wirbel auf, und wiederholen Sie die Übung zur anderen Seite. Bleiben Sie zum Abschluss dieser Übung mit dem Oberkörper unten.

Wählen Sie zum Üben bequeme Kleidung und legen Sie eine Decke unter. Ziehen Sie keine Schuhe an, denn Sie sollen den Boden unter Ihren Füßen spüren.

Falls Ihre Stirn das Knie nicht berührt, ist das kein Problem. Je mehr Sie üben, desto beweglicher werden Sie.

Neben dem Hatha sind die vier wichtigsten Arten des Yoga Bhakti, Inana, Karma und Raja.

3. Brustexpander

Diese Übung stärkt die Abwehrkräfte und hilft Widerstände überwinden.

- Verschränken Sie die Finger hinter dem Rücken und geben Sie den Kopf in den Nacken. Öffnen Sie den Mund und atmen ein.
- Jetzt führen Sie den Oberkörper mit den Armen nach vorne und atmen aus. Bleiben Sie in dieser Position rund eine Minute, und atmen Sie einige Male tief ein und aus.
- Sie richten sich langsam auf, lassen die Hände los und kreuzen sie vor der Brust, als ob Sie sich selbst umarmen.

4. Schultertraining

- Sie stehen aufrecht, die Füße sind leicht gegrätscht.
- Sie heben beim Einatmen die rechte Schulter, beim Ausatmen senken Sie sie wieder. Führen Sie dasselbe mit der linken Schulter durch; wiederholen Sie das achtmal im Wechsel.
- Jetzt heben Sie beide Schultern gleichzeitig beim Einatmen und senken sie beim Ausatmen. Wiederholen Sie das sechsmal.
- Legen Sie anschließend die rechte Hand auf die rechte Schulter und die linke auf die linke Schulter. Führen Sie die Ellbogen vor dem Körper zusammen.
- Heben Sie die Ellbogen nach oben und zur Seite und atmen dabei ein. Beim Ausatmen drehen Sie die Ellbogen nach hinten, unten und wieder zueinander. Wiederholen Sie das viermal.
- Den Abschluss bildet das große Kreisen der Arme: Während Sie die Arme nach vorne oben führen, atmen Sie ein, dann atmen Sie aus. Das wiederholen Sie viermal. Dasselbe in die entgegengesetzte Drehrichtung: Wenn Sie die Arme nach vorne unten führen, atmen Sie ein, danach aus.

Die lockernde und entspannende Wirkung verschiedener Yoga-Übungen hat sich auch für die gezielte Stimulanz der Sexualorgane bewährt.

5. Beckenübung

Mit dieser Übung werden die Sexualorgane stimuliert; die Übungen verhelfen zu einer besseren Blut- wie auch Energiezirkulation in diesem Bereich und kräftigen die Muskeln im kleinen Becken. Durch den heftigen Ruck, mit dem das Becken nach vorne und wieder nach hinten gebracht wird, spannen sich alle Muskeln in Po, After und Scheide an; die Durchblutung erhöht sich und die Funktionen der Geschlechtsorgane werden angeregt.

C. G. Jung verwendete die Symbole des Yoga zur Interpretation des kollektiven Unterbewusstseins seiner Patienten.

- Stehen Sie aufrecht; die Beine sind gegrätscht, die Knie gebeugt.
- Beim Einatmen kippen Sie das Becken nach vorne und spannen Po und Oberschenkel an. Beim Ausatmen kippen Sie das Becken nach hinten und entspannen.
- Sie können hier auch Arme und Hände einsetzen. Winkeln Sie die Arme an, und ballen Sie die Fäuste, wenn Sie das Becken nach vorne kippen. Wenn das Becken nach hinten kippt, lassen Sie die Arme sinken und entspannen die Hände. Die Knie bleiben die ganze Zeit über gebeugt!
- Nehmen Sie die Ausgangshaltung ein: Jetzt schwingen Sie das Becken von links nach rechts und atmen dabei ein und aus.
- Lassen Sie das Becken in der Körpermitte ruhen. Beginnen Sie nun, das Becken in kleinen Kreisen zu drehen. Schwingt das Becken nach vorne, atmen Sie ein, schwingt es nach hinten, wird ausgeatmet. Langsam werden die Kreise größer. Nachdem Sie mehrmals große Kreise gedreht haben, halten Sie vorne inne, wechseln die Richtung und kehren langsam wieder zu den kleinen Kreisen zurück.
- Nachdem Sie wieder in die Ausgangshaltung zurückgekommen sind, kippen Sie das Becken noch einige Male von vorne nach hinten.

6. Hals- und Nackenlockerung

- Zum Abschluss der vorangegangenen Übung richten Sie den Kopf auf, atmen mit geöffnetem Mund ein und führen den Kopf langsam in den Nacken (die Vorderseite des Halses wird gedehnt).
- Beim Impuls auszuatmen führen Sie den Kopf wieder mit dem Kinn zum Brustbein (der Nacken wird gedehnt). Dies wiederholen Sie einige Male.
- Liegt das Kinn wieder auf dem Brustbein, versuchen Sie, das rechte Ohr langsam zur rechten Schulter hin zu drehen, ohne diese

Sanft in die Wiege gelegt

allerdings dabei zu heben. Dann atmen Sie ein und drehen Ihren Kopf, mit dem Kinn nach unten, übers Brustbein langsam zur anderen Seite. Dabei atmen Sie nun aus.

💡 Jetzt liegt das linke Ohr Richtung linker Schulter; Sie atmen wieder ein und wiegen den Kopf zur anderen Seite. Wiederholen Sie das einige Male.

💡 Zum Abschluss liegt das Kinn nochmals fast auf dem Brustbein auf, beim Einatmen öffnen Sie den Mund und führen den Kopf langsam in den Nacken; beim Ausatmen führen Sie das Kinn wieder zum Brustbein zurück und richten den Kopf langsam auf.

7. Der Baum

💡 Sie belasten den linken Fuß (Standbein) gleichmäßig; die Beine sind gestreckt.

💡 Drücken sie die rechte Fußsohle gegen den inneren linken Oberschenkel oder das Knie. Führen Sie beide Arme über den Ohren gestreckt nach oben, und legen Sie die Handflächen gegeneinander.

💡 Fixieren Sie mit den Augen einen Punkt, der in einigem Abstand vor Ihnen liegt. Atmen Sie langsam und ruhig ein und wieder aus und halten Sie dabei das Standbein und den Rücken gestreckt.

💡 Öffnen Sie anschließend zunächst die Handflächen (Energie aufnehmen), dann die Arme, und führen Sie die Arme mit den Handflächen nach unten seitwärts zum Körper. Stellen Sie dabei das angewinkelte Bein auf den Boden.

💡 Wechseln Sie nun das Standbein und wiederholen Sie dann die Übung.

💡 Danach führen Sie die aneinandergelegten Hände vor Ihrem Körper bis zum Unterleib (Energie nach unten leiten), öffnen erst dann die Hände und stehen nun wieder auf beiden Beinen.

Diese Übung hilft ausgezeichnet bei Verspannungen der Nackenmuskulatur. Wer viel sitzt, sollte die Übung immer wieder durchführen.

8. Der Flieger

👆 Stehen Sie aufrecht, knicken Sie das rechte Bein im Knie ab, und fassen Sie mit der rechten Hand die rechte Fessel; der linke Arm zeigt nach vorne, atmen Sie ein.

👆 Beugen Sie sich nun mit dem Oberkörper etwas nach vorne, und atmen Sie ruhig ein und aus. Das Standbein ist durchgedrückt; fixieren Sie einen Punkt, der in ausreichendem Abstand vor Ihnen liegt.

👆 »Landen« Sie wieder, und wiederholen Sie die Übung mit dem linken Bein.

👆 Zum Abschluss stehen Sie mit dem Oberkörper wieder aufrecht, knicken leicht in den Knien ein, lassen die Arme seitwärts hängen und schütteln den gesamten Körper eine Weile leicht durch.

Die Techniken des Biofeedback beruhen auf wissenschaftlichen Untersuchungen der Meditationstechniken des Yoga.

9. Erster Tibeter – »In den Tag drehen«

Drehen Sie sich in den Tag hinein.

👆 Stehen Sie aufrecht, die Arme seitwärts ausgestreckt. Der Blick richtet sich auf die linke Hand.

👆 Drehen Sie sich nun langsam im Uhrzeigersinn nach rechts. Dabei stellt sich immer wieder der linke Fuß über Kreuz vor den rechten.

👆 Atmen Sie ruhig ein und aus, und kommen Sie nach einigen Drehungen langsam zum Stehen.

👆 Zum Abschluss legen Sie die Handflächen aneinander und fixieren beide Daumennägel – so lange, bis sich der eventuell vorhandene leichte Schwindel gelegt hat.

10. Totenstellung

Zur inneren Sammlung und zum Ausgleich der Energien verhilft ihnen dieses Asana.

👆 Legen Sie sich mit dem Rücken auf den Boden, die Handflächen zeigen nach oben, die Füße fallen leicht auseinander. Atmen Sie ruhig ein und aus. Spüren Sie der eintretenden Entspannung nach.

Wer den Tag mit Gleichgewichts- und Konzentrationsübungen beginnt, tut nicht nur etwas für das Wohlbefinden, sondern stärkt außerdem sein Körperbewusstsein.

Sanft in die Wiege gelegt

Bei unseren dänischen Nachbarn setzt man Hatha-Yoga bereits seit Ende der 70er Jahre bei der Geburtsvorbereitung ein.

- Nehmen Sie zunächst die Bereiche des Körpers wahr, die den Boden berühren, und anschließend die Körperteile, die ihn nicht berühren.

11. Streckübung in Rückenlage

- Behalten Sie die Rückenlage bei. Strecken Sie die Arme über Ihren Kopf und dehnen Sie sich aus der Hüfte heraus bis in die Fingerspitzen.
- Gleichzeitig drücken Sie die Fersen nach unten wie gegen eine Wand. Dabei atmen Sie tief ein. Beim Ausatmen lassen Sie die Anspannung los; die Arme bleiben oben.
- Jetzt dehnen Sie beim Einatmen die rechte Seite von den Fingerspitzen bis zu den Fersen; dann lassen Sie los und atmen aus.
- Nun folgt die linke Seite: einatmen und dehnen; loslassen und ausatmen.
- Abschließend wird diagonal gedehnt, also rechter Arm (Fingerspitzen) und linkes Bein (Ferse) beim Einatmen; wieder lassen Sie beim Ausatmen los. Wiederholen Sie die Dehnung mit dem linken Arm und dem rechten Bein.
- Anschließend legen Sie die Arme neben den Oberkörper, die Handflächen zeigen nach oben. Spüren Sie der gesamten Dehnung nach.

12. Zweiter Tibeter – »Kraft schöpfen stimmt positiv«

Die Kräftigung der Bauchmuskulatur wirkt Rückenbeschwerden entgegen. Denn die Wirbelsäule wird dank des Muskelaufbaus entlastet.

- Sie liegen immer noch auf dem Rücken. Die Handflächen berühren jetzt den Boden.
- Beim Einatmen heben Sie den Kopf bis zu den Schultern und gleichzeitig die Beine gestreckt nach oben.
- Beim Ausatmen senken Sie zugleich Kopf und Beine, letztere bleiben gestreckt und angespannt, bis sie den Boden berühren.
- Wiederholen Sie dies drei- bis fünfmal.

13. Die Kerze

Die Kerze belebt das gesamte Drüsensystem, gleicht hormonell aus und lindert Verschleimungen, Bronchitis usw.

»Die Kerze« und »Der Pflug«

👉 Sie liegen auf dem Rücken, heben die gestreckten Beine hoch in die Luft und stützen den Rücken mit den Händen ab; dabei tief ein- und ausatmen.

👉 Nach einer Weile grätschen Sie die Beine einige Atemzüge lang. Führen Sie die Beine wieder zusammen, und kreisen Sie mit den Füßen mehrmals nach außen und dann nach innen.

👉 Strecken Sie die Füße abschließend hoch in die Luft und fahren gleich anschließend mit Übung 14 fort.

14. Der Pflug

Das folgende Asana streckt die gesamte Rückenmuskulatur, verbessert die Blutzirkulation, verleiht der Wirbelsäule mehr Spannkraft und trainiert Arm- und Beinmuskeln.

👉 Legen Sie die Beine nach hinten gestreckt ab. Versuchen Sie, mit den Zehenspitzen den Boden zu berühren. Die Arme liegen mit den Handflächen nach unten auf dem Boden.

👉 Verweilen Sie in dieser Stellung einige tiefe Atemzüge lang und geben Sie dann die Arme nach hinten zu den Füßen, die Handflächen zeigen dabei oben.

👉 Dann führen Sie zunächst die Arme wieder nach vorne auf den Boden und lassen sich nun langsam, Wirbel für Wirbel, abrollen. Sobald der Po den Boden berührt, strecken Sie nochmals die Beine und führen Sie sie dann langsam gestreckt zum Boden.

Wer unter Versteifungen der Wirbelsäule, Ischias oder Bandscheibenschäden leidet, lässt den Pflug entfallen.

15. Beckenhebung

Diese Übung stärkt Gesäß, Becken, Bauch, Oberschenkel und Wirbelsäule.

👉 Gehen Sie in Rückenlage. Ziehen Sie die Beine an und stellen Sie die Füße auf, die Handflächen zeigen nach unten.

👉 Beim Einatmen heben Sie das Becken und lösen langsam Wirbel für Wirbel vom Boden, bis zu den Schultern.

👉 Beim Ausatmen legen Sie Ihren gesamten Rücken von oben nach unten, langsam und Wirbel für Wirbel, wieder auf den Boden, zum Schluss das Becken.

👉 Wiederholen Sie diese Übung einige Male.

👉 Zum Abschluss lassen Sie das Becken oben, schieben Sie die Füße zurück in Richtung Po, sodass Sie mit den Händen die Fersen oder Fesseln fassen können.

👉 Drücken Sie dabei das Becken noch etwas nach oben, und verharren Sie in dieser Stellung einige tiefe Atemzüge lang – das entspannt, trotz ungewohnter Haltung.

16. Drehbewegung in Rückenlage

Sie können die Übung 16 auch dynamischer gestalten, indem Sie Kopf und Beine beim Ausatmen wechselseitig zur Seite pendeln lassen und beim Einatmen wieder zur Mitte zurückführen.

Zur Lockerung von Wirbelsäule, Rumpf, Beinen, Becken und Hals dient dieses Asana; es tonisiert die Bauchorgane und fördert deren Durchblutung.

👉 Gehen Sie in Rückenlage und winkeln Sie die Beine an. Die Arme sind im rechten Winkel zum Körper ausgestreckt; die Handflächen zeigen nach oben.

👉 Während Sie den Kopf nach links wenden, legen Sie beide Knie nach rechts ab. Bleiben Sie einige tiefe Atemzüge lang in dieser Haltung, spüren Sie der Dehnung nach und wechseln Sie dann zur anderen Seite: Der Kopf wendet sich nach rechts, beide Knie gehen nach links.

17. Bauchmuskeltraining

👉 Kommen Sie mit dem Oberkörper hoch, und stützen Sie sich auf Ellbogen, Unterarmen und Handflächen ab.

👉 Heben Sie die gestreckten Beine an, atmen Sie langsam ein und aus, und wippen Sie dabei mehrmals mit den Beinen auf und ab.

👉 Nach längerem Üben können Sie die Armstützen weglassen.

👉 Nehmen Sie dann die Arme nach vorne, sodass die Beine frei wippen. Dabei liegen Sie fest auf ihrem Steiß.

👉 Damit die Spannung in den Bauchmuskeln nicht allzu groß wird, fahren Sie gleich mit Übung 18 fort.

18. Der Schaukelstuhl

Mit dem Schaukelstuhl massieren und beleben Sie Ihren Rücken. Der Druck auf die Schultermuskeln wirkt entkrampfend, der Nacken wird gedehnt.

💡 Richten Sie sich auf, ziehen Sie die Knie heran und umfassen Sie sie mit den Händen. Beim Einatmen rollen Sie langsam über den Rücken nach hinten bis in den Nacken ab. Beim Ausatmen kommen Sie wieder hoch.

💡 Je lockerer Sie bei dieser Übung werden, desto schwungvoller können Sie sie ausführen. Wiederholen Sie die Übung einige Male.

19. Fersensitz mit kleinem Sonnengruß

Diese Übung öffnet den Brustraum, trainiert Rücken und Po.

💡 Sie sitzen mit dem Po auf Ihren Fersen.

💡 Beim Einatmen richten Sie den Oberkörper auf. Sie strecken die Arme nach oben und hinten und neigen dabei den Kopf in den Nacken. Der Po ist angespannt.

💡 Holen Sie die Arme zurück und senken Sie sie über Kreuz vor der Brust herab (Selbstumarmung). Sinken Sie beim Ausatmen mit dem Po auf die Fersen. Berühren Sie mit der Stirn den Boden.

💡 Wiederholen Sie diese Übung mehrmals.

20. Dritter Tibeter – »Sich der Welt öffnen«

Der Dritte der Fünf Tibeter ist eine hervorragende Übung, um die Muskeln der Oberschenkel und Po zu trainieren. Die Fünf Tibeter sollten nebenbei bemerkt stets alle durchgeführt werden – bei Zeitmangel das Yoga-Programm also durch das Weglassen anderer Übungen verkürzen.

💡 Sie knien auf dem Boden. Die Oberschenkel sind hüftbreit auseinander, die Fußspitzen sind aufgestellt und beide Hände stützen am Po den Rücken.

💡 Atmen Sie nun ein, und legen Sie dabei den Kopf in den Nacken.

💡 Dann beugen Sie sich sacht mit dem Oberkörper nach hinten (Streckung vom Oberschenkel bis zum Kopf). Den Atem halten Sie dabei an.

💡 Richten Sie sich dann wieder auf, und atmen Sie aus, wobei Sie das Kinn nach vorne zum Brustbein neigen.

💡 Wiederholen Sie die Übung drei- bis fünfmal.

Die klassische Form des Yoga lehrt den Erwerb bestimmter moralischer Grundhaltungen (Yama), wie etwa Askese, und Disziplinen (Niyama), beispielsweise Versenkung.

Übungen, die die Rückenmuskulatur kräftigen sind auch während der Schwangerschaft zu empfehlen. Denn die Gewichtszunahme macht der Wirbelsäule ganz schön zu schaffen.

21. Das Kamel

Yoga wird im Hinduismus als gute Hilfe betrachtet, um sich von den weltlichen Dingen zu lösen.

Stärken und beleben Sie sämtliche Rückenmuskeln, vom Becken bis zum Nacken, mit dem Kamel; es wirkt zudem Hämorriden entgegen.

- Nehmen Sie die Ausgangsposition wie beim Dritten Tibeter ein; die Oberschenkel stehen jedoch etwas weiter auseinander und die Fußspitzen sind ausgestreckt.
- Fassen Sie mit jeder Hand eine Ferse, legen Sie den Kopf in den Nacken, öffnen Sie den Mund und atmen Sie tief ein und aus. Die Arme sind gestreckt und stützen das Körpergewicht.
- Bleiben Sie 10 bis 15 Sekunden in dieser Haltung.

22. Das gefaltete Blatt

Dies ist eine der wirkungsvollsten Übungen, um den Rücken zu entspannen.

- Sinken Sie mit dem Oberkörper auf die Oberschenkel, geben Sie die Knie zusammen und legen Sie die Stirn auf den Boden.
- Die Arme liegen zu Seiten des Körpers; der Handrücken zeigt zum Boden.
- Lassen Sie die Schultern locker, und atmen Sie tief in den Rücken hinein.

23. Knie-Kopf-Stellung

Nehmen Sie sich für die Übungen ausreichend Zeit. Besonders wichtig ist, dass Sie ruhig und gleichmäßig atmen.

Das folgende Asana fördert die Verdauung, tonisiert Magen, Leber und Milz. Es dehnt sämtliche Muskeln, Sehnen und die Wirbelsäule.

- Setzen Sie sich mit gestreckten Beinen auf den Boden.
- Nun strecken Sie das rechte Bein und legen die Fußsohle des linken Beines gegen den rechten Oberschenkel. Heben Sie beide Arme nach oben und atmen Sie ein.
- Beim Ausatmen beugen Sie den Oberkörper vor und fassen mit beiden Händen die Zehen des ausgestreckten Beins. Dabei keinen Buckel machen, sondern Rücken und Kopf gerade halten.
- Verweilen Sie einige Atemzüge lang in dieser Haltung, bevor Sie zum anderen Bein wechseln.

24. Vierter Tibeter – »Geben und Nehmen«

- Setzen Sie sich aufrecht hin, die Beine liegen parallel, zwischen den Füßen sind rund 15 Zentimeter Platz. Die Handflächen werden neben dem Po aufgestützt, Arme und Rücken sind durchgestreckt.
- Beim Ausatmen lassen Sie zunächst das Kinn auf Ihre Brust sinken.
- Legen Sie beim Einatmen den Kopf in den Nacken und heben Sie den Körper zu einer Brücke an.
- Dann atmen Sie aus und setzen sich mit dem Po wieder zwischen die Hände; der Kopf ist geneigt.
- Wiederholen Sie diese Übung drei- bis fünfmal.

25. Die Zange

Dieses Asana verbessert die Blutzirkulation in den Eingeweiden, hilft, Fett in der Bauchgegend abzubauen, beugt und dehnt die Wirbelsäule maximal.

- Setzen Sie sich mit durchgestreckten Beinen aufrecht auf den Boden. Beim Einatmen heben Sie die Arme.
- Dann strecken Sie sich aus der Hüfte lang nach oben und führen beim Ausatmen die Hände zu den Füßen.
- Versuchen Sie, sich mit den Fingerspitzen an den Zehen festzuhalten und mit der Stirn die Knie zu berühren.
- Atmen Sie in dieser Position mehrmals kräftig ein und aus.
- Nun legen Sie die Handflächen neben die Füße und schieben sich langsam mit den Händen hoch, bis diese neben dem Po angelangt sind; zum Schluss richten Sie den Kopf auf.

Die Zange ist eine gute Hilfe bei Durchfall, Verstopfung und anderen Verdauungsbeschwerden.

26. Der Fisch

Mit dieser Übung öffnen Sie den Brustkorb und regen auch den Lymphfluss an.

- Setzen Sie sich aufrecht auf den Boden. Schieben Sie die Hände unter den Po, sodass Sie auf den Handrücken sitzen.
- Stützen Sie sich nun zunächst auf den rechten und dann auf den linken Ellbogen.

Sanft in die Wiege gelegt

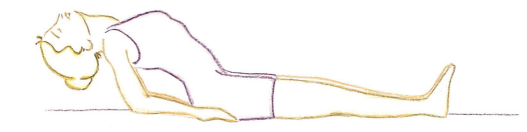

Der Wechsel von Anspannung und Entspannung bei den Übungen lockert Ihre gesamte Muskulatur.

👉 Nun berühren Sie mit dem Scheitel den Boden, wobei Sie den Mund öffnen und kräftig ein und ausatmen.
👉 Nehmen Sie die Hände dann unter dem Po hervor, atmen Sie kräftig ein, und drücken Sie das Kinn beim Ausatmen einmal hinunter zum Brustbein.
👉 Liegen Sie abschließend ganz entspannt auf dem Rücken. Halten Sie dabei den Kopf möglichst gerade, und spüren Sie der Dehnung nach.

27. Große und kleine Kobra im Wechsel

Die Kobra hilft Bauchfett, Verstopfungen und Blähungen zu beseitigen. Durch die Stimulation der Nerven im Rückenmark erhöht sich zugleich die Körpertemperatur und die Kundalini-Kraft, die sexuelle Energie, wird aktiviert.
👉 Legen Sie sich auf den Bauch, die Stirn berührt den Boden, beide Handflächen ruhen neben dem Brustkorb, die Füße sind flach ausgestreckt.
👉 Beim Einatmen heben Sie Kopf und Oberkörper bis zum Becken. Dann atmen Sie aus und kommen wieder mit der Stirn auf den Boden zurück.
👉 Atmen Sie wieder ein, heben Sie jetzt nur den Kopf und legen Sie ihn in den Nacken. Atmen Sie aus, und bringen Sie die Stirn wieder auf den Boden.
👉 Wiederholen Sie anschließend große und kleine Kobra sechsmal im Wechsel.

28. Fünfter Tibeter – »Vereinigung und Konzentration«

💡 Legen Sie sich auf den Bauch, die Stirn berührt den Boden, die Handflächen liegen neben dem Brustkorb, die Zehenspitzen sind aufgestellt.

💡 Beim Einatmen drücken Sie Ihr Gewicht bei durchgestreckten Beinen nach oben und heben den Po hoch zum so genannten »Berg«. Versuchen Sie dabei – wenn möglich –, mit den Fersen den Boden zu berühren.

💡 Atmen Sie aus, und kommen Sie bei gestreckten Beinen wieder mit dem Bauch zum Boden. Beine und Oberschenkel berühren dabei nicht den Boden.

💡 Am besten wiederholen Sie den fünften Tibeter drei- bis fünfmal.

Zum Abschluss des Yoga-Zyklus empfiehlt sich Pranayama, die ayurvedische Atemübung.

Reflexzonenmassage

Die Therapiearbeit am Fuß wurde nachweislich bereits um 3000 v. Chr. praktiziert. Damit gehört die Fußreflexzonenmassage zu den ältesten bekannten Naturheilverfahren. Sie basiert auf der Vorstellung, dass die Füße den gesamten Körper und alle seine Organe verkleinert widerspiegeln.

Den verschiedenen Körperteilen und -organen sind bestimmte Zonen zugeordnet. Sie befinden sich an den Fußsohlen, an den Fußinnen- und -außenseiten sowie auf den Fußrücken. So stellen die Füße gewissermaßen eine »Landkarte« des gesamten Organismus dar. Massiert man diese mit den Fingerkuppen, entsteht offensichtlich eine energetisch-reflektorische Verbindung zwischen den Füßen und den Korrespondenzorganen, die heilend wirkt. Die Reflexzonenmassage kann in ihrer Wirkungsweise als Regulationstherapie angesehen werden.

Es gibt für diesen Zusammenhang jedoch keine wissenschaftlich fundierten Belege. Auch die über lange Zeit diskutierte Erklärung, dass von den bearbeiteten Reflexzonen aus Nervenimpulse an das Gehirn gelangen und von dort an das jeweils korrespondierende Organ gesendet werden, wo sie einen Reiz auslösen, konnte bislang noch nicht bestätigt werden.

Die Reflexzonenmassage harmonisiert körpereigene Energien und aktiviert die Selbstheilungskräfte und kann so auch als Regulationstherapie angesehen werden.

Sanft in die Wiege gelegt

Mithilfe der Reflexzonenmassage können Partner lernen, sich ohne selbst auferlegten Zwang körperlich nahe zu kommen. Und ganz nebenbei werden auch noch die sexuellen Energien stimuliert.

Regulierend und öffnend

Die Therapiearbeit am Fuß erweist sich in vielen Bereichen als äußerst effektiv; besonders gut eignet sie sich jedoch für die Behandlung eingeschränkter Fruchtbarkeit. Denn nicht nur über die gezielte Massage der Geschlechtsorgan-Zonen, sondern auch durch jene der Hypothalamus- und Hypophysen-Zonen kann die Fortpflanzungsfähigkeit gefördert werden. Von den positiven Effekten, welche die Reflexzonenmassage auf die allgemeine Entspannung und nicht zu vergessen auf die Libido entfaltet, einmal ganz abgesehen.

Da die Massage der Reflexzonen emotionale und körperliche Blockaden aufzulösen vermag, hilft sie dabei, sich den Gefühlen und Bedürfnissen des anderen zu öffnen. Die gegenseitige Berührung und der wechselseitige Austausch von Energie während der Massage tun ein Übriges, um die sexuellen Kräfte (wieder) zu wecken und die Begegnung mit dem Partner mit allen Sinnen genießen zu können.

Die Massage

Die folgende Behandlung sollte nicht im Alleingang, sondern zusammen mit dem Partner durchgeführt werden. Der beste Ort dafür ist das Bett, das nach Möglichkeit nicht zu weich sein sollte. Sie können die Massage zu jedem beliebigen Zeitpunkt durchführen.

Reflexzonenmassage eignet sich hervorragend zur Selbstbehandlung, wenn man die einzelnen Reflexzonen und Grifftechniken kennt. Dafür finden Sie zahlreiche Bücher im Handel.

👉 Als Erstes behandeln Sie die Zonen von Hypophyse, Epiphyse und Hypothalamus mit einer ausgleichenden Massage.

👉 Die Zonen der weiblichen wie männlichen Geschlechtsorgane behandeln Sie mit einer aktivierenden Massage.

👉 Nun massieren Sie die Zonen der äußeren Genitalien, der Scheide bzw. des Penis. Sie befinden sich an der Fußsohle, und zwar im untersten Drittel der Fersenauftrittsfläche. Diese behandeln Sie – wie könnte es anders sein – mit einer aktivierenden Massage.

👉 Abschließend streichen Sie den behandelten Fuß aus und massieren in der gleichen Weise am anderen Fuß.

Heilsames Liebesspiel

Auch Sex ist eine Form der Reflexzonenmassage – zweifelsohne die angenehmste. Denn sowohl in der Scheide wie am Penis finden sich die den einzelnen Organen und Bereichen des Körpers zugeordneten Reflexzonen. Bei jedem Geschlechtsverkehr betreiben Sie auch noch gegenseitige Gesundheitspflege. Im Tao der Liebe, einer der acht Säulen des Taoismus, wird daher auch bei Beschwerden die »Massage« der jeweils zugehörigen Reflexzone empfohlen. Mittels bestimmter Stellungen lassen sich ganz gezielt die verschiedenen Reflexbereiche behandeln. Wie diese zur Förderung der Fruchtbarkeit eingesetzt werden (→ Seite 193).

Aromatherapie

Ätherischen Ölen kommt seit dem Altertum wegen ihrer medizinischen Wirkungen und ihres Wohlgeruchs große Wertschätzung zu. Besonders hinsichtlich Fruchtbarkeit und Sexualität erzielen Pflanzenessenzen erstaunliche Effekte. Denn ätherische Öle nehmen Einfluss auf das so genannte limbische System, das für Emotionen zuständige Zentrum des Gehirns. Diese Hirnregionen steuern Gefühle, sexuelle Reaktionen, Schmerz- und Wohlbefinden; damit sind auch hormonelle Funktionen zu einem Großteil an das limbische System geknüpft.

Das limbische System ist eng mit lebenswichtigen Instinkten und tiefsten Bewusstseinsschichten verknüpft: Gefühle, Sympathie und Antipathie, Intuition, Kreativität, Gedächtnis, Hunger, Durst, Motivation, Schlafmuster oder sexuelle Aktivitäten werden alle von hier aus gesteuert. Die Aromatherapie setzt Düfte ganz gezielt ein, um die genannten Reaktionen und Körperfunktionen zu regulieren. Sehr gute Erfolge zeigen Pflanzenessenzen unter anderem bei nervlich bedingten Beschwerden, Frauenleiden und sexuellen Störungen.

Aber auch in gesunden Tagen können Sie von ätherischen Öle profitieren, denn sie eröffnen neue Genusswelten, lösen seelische Blockaden und hellen die Stimmung auf – folgen Sie deshalb einfach Ihrer Nase!

Die US-amerikanischen Sexualforscher Masters und Johnson stellten fest, dass Riechstörungen das sexuelle Interesse erheblich mindern und die Libido beeinträchtigen können.

Sanft in die Wiege gelegt

Die Segel des Schiffes, auf dem Kleopatra Marcus Antonius entgegenkam, sollen mit Rosenöl getränkt gewesen sein – eine eindeutige Botschaft, die der Herrscherin schon meilenweit vorauseilte.

Die wirksamsten ätherischen Öle für die Fruchtbarkeit

Die Königin der Blumen, die Rose, gilt als Verkörperung der Weiblichkeit. Daher wird ihre Essenz bei allen Frauenbeschwerden zur Unterstützung der Behandlung empfohlen. Auch bei Fruchtbarkeitsstörungen bedient man sich ihrer von jeher.

Rosenöl fördert die Fruchtbarkeit, desinfiziert die Gebärmutter und reguliert den Menstruationszyklus. Es wirkt entspannend und emotional harmonisierend wie kaum eine andere Essenz. Es empfehlen sich deshalb regelmäßige Sitzbäder, denen Sie drei bis sieben Tropfen Rosenöl zugeben. Das ätherische Öl der Blumenkönigin trägt aber auch dazu bei, die Spermienzahl zu erhöhen. Hierfür sollte der Mann warme Vollbäder nehmen, denen vier bis zehn Tropfen hochwertiges Rosenöl zugesetzt werden.

Neben jener der Rose gibt es noch eine ganze Reihe weiterer Essenzen, die sich zur Anwendung bei Fruchtbarkeitsstörungen empfehlen. Abgesehen von ihrer fruchtbarkeitsfördernden und aphrodisierenden Wirkung erzielen sie noch andere Effekte, die jeweils bei dem betreffenden Öl angegeben sind.

Anwendungen mit ätherischen Ölen

Für die meisten Anwendungen mit Pflanzenessenzen benötigen Sie Trägeröle, um unverdünnte ätherische Öle darin aufzulösen und zu verdünnen. Am besten eignen sich Pflanzenöle, die Sie in Apotheken und Naturkostläden erhalten, wie z. B. Avocadoöl, Calendulaöl, Johanniskrautöl, Jojobaöl, Mandelöl, Olivenöl und Weizenkeimöl.

Eine sehr angenehme Form der Rosenöl-Anwendung sind Massagen. Dazu geben Sie vier bis sieben Tropfen Rosenöl auf 25 Milliliter Trägeröl, am besten Mandelöl.

Die ideale Dosierung

Massage- und Gesichtsöle: 20 bis 25 Tropfen Ölmischung auf 100 ml Trägeröl	Badeöle: 20 Tropfen Ölmischung auf 60 ml Trägeröl
Teilmassage eines Körperteils: 35 Tropfen auf 100 ml Trägeröl	Haaröle: 50 Tropfen Ölmischung auf 70 ml Trägeröl (am besten Jojobaöl)

»Fruchtbare« Essenzen

Essenz	Wirkungen
Anis	Appetitanregend, entblähend
Bergamotte	Stimmungsaufhellend, stärkend, schmerzlindernd
Cistrose	Ausgleichend, beruhigend, krampflösend
Eisenkraut	Inspirierend, motivierend, geburtsfördernd
Ingwer	Verdauungsfördernd, antiseptisch, krampflösend, entblähend
Iris	Harmonisierend, intuitionsstärkend, blutreinigend
Jasmin	Emotional öffnend, aufmunternd, geburtsfördernd
Koriander	Konzentrations- und verdauungsfördernd, entblähend
Kreuzkümmel	Verdauungsfördernd, entblähend
Melisse	Ausgleichend, schmerzlindernd, nerven-, herz- und verdauungsstärkend, krampflösend, antibakteriell
Moschus	Entspannend
Muskatellersalbei	Vitalisierend, krampflösend, menstruationsfördernd, antibakteriell
Neroli	Stimmungsaufhellend, verdauungsfördernd, entblähend
Patchouli	Stimulierend, entzündungshemmend, antibakteriell
Rose	Harmonisierend, emotional öffnend, krampflösend, menstruationsfördernd, schmerzlindernd, antiseptisch
Rosmarin	Belebend, kreislauf- und menstruationsfördernd
Sandelholz	Harmonisierend, entzündungshemmend, krampflösend, harntreibend, durchblutungs- und verdauungsfördernd
Tonka	Stimulierend
Vanille	Harmonisierend, beruhigend, menstruationsfördernd
Vetiver	Stärkend, erdend
Ylang-Ylang	Entkrampfend, stimulierend, blutdrucksenkend, antiseptisch

Besonders Essenzen wie Neroli, Rose und Jasmin haben beruhigende Wirkungen auf das Nervensystem, anregende dagegen auf die weibliche Libido.

Die Wirkung eines ätherischen Öls hängt unter anderem von seiner Reinheit und Qulität ab. Achten Sie beim Kauf auf die Etikettangaben. Es sollte sich um 100 Prozent reines Öl handeln. Zudem ist das Herkunftsland ein wichtiger Aspekt.

Ölmassagen sind ideal für den partnerschaftlichen Bereich geeignet. Denn nichts drückt Gefühle besser aus als sanfte und liebevolle Berührung.

Massagen

Führen Sie Massagen in einem gut gelüfteten, jedoch angenehm warm temperierten Raum durch. Zum Liegen eignet sich ein Tisch (bestenfalls ein Massagetisch) oder auch eine Decke auf dem Fußboden. Betten sind für eine Massage meist zu weich. Geben Sie einen Esslöffel Öl auf Ihre Handflächen, verreiben Sie es kurz und beginnen Sie dann, mit kleinen kreisenden Bewegungen zu massieren.

Nach einer Weile, wenn Sie merken, dass sich die ersten Verspannungen gelöst haben, können Sie den Druck Ihrer Hände verstärken und sich auch tiefer vorarbeiten. Nach 10 bis 15 Minuten beenden Sie die Massage und streichen zum Abschluss noch einmal sanft über die Haut.

MASSAGEÖL ZUR AKTIVIERUNG DER EIERSTÖCKE

Zutaten: *3 Tropfen Muskatellersalbeiöl · 2 Tropfen Salbeiöl 8 Tropfen Zypressenöl · 8 Tropfen Lavendelöl · 15 ml Mandel- oder Haselnussöl*

Anwendung: Die Öle mit dem Trägeröl mischen, in eine dunkle Glasflasche abfüllen und täglich morgens und abends etwas davon mit kreisenden Bewegungen im Bereich der Eierstöcke so lange einmassieren, bis die Öle vollständig eingezogen sind.

MASSAGEÖL I

Zutaten: *4 Tropfen Jasminöl · 2 Tropfen Bergamotteöl · 2 Tropfen Lavendelöl · 2 Tropfen Petitgrainöl · 25 ml Mandelöl*

Anwendung: Die ätherischen Öle mit dem Trägeröl vermischen und in einer dunklen Flasche gut verschlossen aufbewahren. Zur Anwendung nehmen Sie etwas von der Mischung zwischen die Handflächen und beginnen Sie mit der Massage Ihrer Partnerin oder Ihres Partners, der völlig entspannt ruhen und tief atmen sollte. Massieren Sie anfangs Po, Rücken und die Hinterseite der Beine, dann die Füße und Zehen, Hände und Arme und zum Schluss Gesicht, Kopf, Nacken und Schultern sowie Brust und Bauch.

Ein Bad in Rosenöl

Der Naturheilgarten hält eine Vielzahl von Pflanzen bereit, deren Öle für stimulierende Massagen oder Bäder geeignet sind.

MASSAGEÖL II

Zutaten: *3 Tropfen Rosenöl · 4 Tropfen Geranienöl · 2 Tropfen Ylang-Ylang · 2 Tropfen Bergamotteöl · 25 ml Mandelöl*
Anwendung: Vermischen Sie die ätherischen Öle mit dem Trägeröl und bewahren Sie sie in einer dunklen Flasche gut verschlossen auf. Zur Anwendung nehmen Sie etwas von der Mischung zwischen die Handflächen und massieren wie oben beschrieben.

ANREGENDES MASSAGEÖL

Zutaten: *6 Tropfen Sandelholzöl · 3 Tropfen Korianderöl · 1 Tropfen Ingweröl · 25 ml Mandelöl*
Anwendung: Vermischen Sie die ätherischen Öle mit dem Trägeröl und bewahren Sie sie in einer dunklen Flasche gut verschlossen auf. Zur Anwendung nehmen Sie etwas von der Mischung zwischen die Handflächen und massieren wie oben beschrieben.

Die Zutaten, beziehungsweise die Pflanzen, von denen die Öle stammen, sind bewährte Aphrodisiaka.

Badezusatz

Da sich ätherische Öle nicht mit Wasser mischen, müssen sie in natürlichen Lösungsmitteln verrührt werden, bevor man sie dem Badewasser zugibt. In der Regel handelt es sich dabei um drei bis

Sanft in die Wiege gelegt

Mit sinnlichen, anregenden Düften schaffen Sie eine passende Atmosphäre, die für Entspannung sorgt.

vier Esslöffel Honig oder flüssige Sahne. Die Wassertemperatur sollte zwischen 30 und 34 °C liegen; zu heißes Wasser lässt die Öle schnell verdunsten. Baden Sie 10 bis 15 Minuten lang, trocknen Sie sich gut ab, und ruhen Sie danach noch ein wenig aus.

ENTSPANNENDES BAD

Zutaten: *3 Tropfen Rosenöl 2 Tropfen Mandarinenöl 1 Tropfen Kamillenöl · 4 EL flüssige Sahne oder Honig*
Anwendung: Mischen Sie die Öle mit der Sahne oder dem Honig; die Mixtur reicht für ein Vollbad.

Duftlampen

Verwenden Sie möglichst eine Duftlampe mit einem großen Wassergefäß, denn so verdampft das Wasser langsamer; die Wirkung ist feiner und hält länger an. Um Qualität und Wirkung des Öls zu erhalten, darf das Wasser nicht köcheln. Achten Sie deshalb auf einen Mindestabstand von zehn Zentimetern zwischen Wassergefäß und Teelicht. Geben Sie vier Teelöffel Wasser in das Gefäß und fügen Sie erst dann das ätherische Öl hinzu. Damit sich die gewünschte Wirkung entfaltet, lassen Sie die Duftlampe ein bis zwei Stunden brennen.

Darüber hinaus sollten Sie destilliertes Wasser verwenden, damit das Wassergefäß der Lampe nicht verkalkt – das sieht nicht nur wenig hübsch aus, sondern beeinträchtigt auch den Duft der ätherischen Öle nebst deren Wirkung. Achten Sie darauf, die Duftlampe nicht unbeaufsichtigt brennen zu lassen; vor allem dann, wenn sich Kinder oder Haustiere in der Nähe aufhalten.

RAUMDUFT

Zutaten: *2 Tropfen Neroli- oder Geranienöl · 2 Tropfen Rosen- oder Orangenöl · 2 Tropfen Ylang-Ylang*

Anwendung: Geben Sie die Öle in eine Duftlampe oder einen mit Wasser gefüllten Luftbefeuchter, den Sie im Schlafzimmer aufstellen. Der Duft wirkt erregend und weckt die Sinnlichkeit, entspannt und hilft, abzuschalten.

Verwenden Sie in Ihren Duftlampen stets destilliertes Wasser, denn so vermeiden Sie das Verkalken des Gefäßes.

Fruchtbarkeit kann man riechen

Alle Lebewesen besitzen einen charakteristischen Geruch, der eindeutige Botschaften übermittelt: Schmetterlinge beispielsweise finden so selbst auf größte Distanzen hinweg ihren Partner. Auch wir Menschen setzen damit – unbewusst, aber unüberriechbar – unsere eindeutigen Signale.

Anregender Duft

Pheromone heißen die Stoffe, die einen enormen Einfluss auf die Fruchtbarkeit ausüben. Diese aromatischen Substanzen sind Produkt der Schweißdrüsen in den Achselhöhlen, im Gesicht, an den Brustwarzen sowie im Genitalbereich. Die Bildung der Pheromone setzt erst mit der Pubertät ein, vorher verzichtet die Natur aus verständlichen Gründen auf diesen unwiderstehlichen Lockruf an das andere Geschlecht. Die Duftstoffe dienen weniger der sexuellen Attraktion als vielmehr der Beeinflussung des sexuellen Verhaltens und zur Fortpflanzung. Bei einer Studie wurden Frauen, deren Menstruationszyklen sehr unregelmäßig waren, über mehrere Monate hinweg dreimal wöchentlich männlichen Pheromonen ausgesetzt, die aus Achselschweißdrüsen gewonnen worden waren. Bei allen getesteten Frauen regulierten sich daraufhin der Eisprung und die Periode. Bei anderen Untersuchungen wurde beobachtet, dass junge Frauen, die über einen längeren Zeitraum männliche Pheromone zu riechen bekamen, kürzere Menstruationszyklen sowie häufigere Eisprünge hatten und leichter schwanger wurden.

Ein gemeinsames Duftbad entspannt und wirkt aphrodisierend auf unsere Sinne. Eine anschließende Aromamassage unterstützt die Wirkung zusätzlich.

NOTABENE

Aus Aphrodites Kochbuch

Liebe geht in der Tat durch den Magen – zahlreiche Speisen heizen die Liebeslust an und bringen nicht nur die Verdauungssäfte zum Fließen … Anbei eine Menüfolge aus Aphrodites Kochbuch. Die Zutaten sind, wie könnte es anders sein, für zwei Personen ausgelegt. Die Zubereitung selbst ist einfach, sodass der Gast nicht lange warten muss.

Der Gaumenkitzler, oder: das Vorspiel
Garnelen in Prosecco
Zutaten: 10 kleine frische, geschälte Garnelen · ½ Tasse trockener Prosecco · ½ ungespritzte Zitrone · Salz und Pfeffer · ½ vollreife Avocado

Zubereitung

1 Geben Sie die Garnelen mit dem Prosecco, der Schale der halben Zitrone und etwas Salz in einen Topf. Auf kleiner Flamme lassen Sie das Ganze etwa 10 Minuten köcheln.

2 Währenddessen das Fruchtfleisch der Avocado mit einer Gabel zu Mus zerdrücken, mit dem Saft der Zitrone verrühren und mit Salz und Pfeffer abschmecken.

3 Sobald die Garnelen fertig sind, aus dem Wasser nehmen und in einem Sieb abtropfen und abkühlen lassen. Anschließend spießen Sie jede Garnele auf einen Zahnstocher.

4 Die Garnelen mit der Guacamole und Weißbrot servieren, dazu gibt's den Rest Prosecco.

Mit spritzigem Prosecco wird die Vorspeise für das Liebesmenü zubereitet.

Zur langsamen Steigerung
Tagliatelle mit Trüffel

Zutaten: *250 g frische Tagliatelle schwarzer oder weißer Trüffel, je nach Angebot und Geldbeutel · alternativ, jedoch nicht so wirkungsvoll: fertige Trüffelsauce · 2 EL gutes Olivenöl etwas Salz*

Zubereitung

1 In einem großen Topf Wasser mit 1 EL Olivenöl erhitzen und, sobald es kocht, die Tagliatelle und etwas Salz hineingeben. Höchstens 3 Minuten im Wasser lassen, die Nudeln müssen al dente sein – sicherheitshalber probieren.
2 Die Tagliatelle dann in ein Sieb abgießen, abtropfen lassen und wieder in den Topf füllen.
3 Den Rest Olivenöl vorsichtig unter die Nudeln mischen und diese dann auf zwei vorgewärmten Tellern verteilen.
4 Am Tisch den Trüffel darüberhobeln oder die Trüffelsauce unterrühren. Dazu einen Roten aus dem Piemont, etwa Barolo oder Dolcetto d'Alba, reichen.

Auftakt zum Finale
Mousse au Chocolat

Zutaten: *200 g gute Zartbitterschokolade · 3 EL Espresso · 2 geschlagene Eigelb · 2 geschlagene Eiweiß · ½ l geschlagene Sahne*

Zubereitung

1 *Im Wasserbad die Schokolade im Espresso schmelzen lassen, Eigelb zugeben und kurz mit dem Mixer quirlen.*
2 *Schokomasse abkühlen lassen, Eiweiß und Sahne vorsichtig unterheben, Masse in Gläser füllen und kühl stellen.*

Danach oder statt dessen

Eine Auswahl an gutem Rohmilchkäse, serviert mit frischen Feigen und Weintrauben. Dazu reicht man Weißbrot. Nicht zu vergessen den Espresso, im Dienste der Libido mit Pralinen oder Konfekt serviert (Schokolade ist ein exzellentes Aphrodisiakum), zur Verdauungsförderung und zur Anregung der Sinne auf das Bevorstehende.

NOTABENE

Wege zur Elternschaft

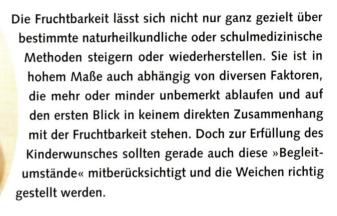

Die Fruchtbarkeit lässt sich nicht nur ganz gezielt über bestimmte naturheilkundliche oder schulmedizinische Methoden steigern oder wiederherstellen. Sie ist in hohem Maße auch abhängig von diversen Faktoren, die mehr oder minder unbemerkt ablaufen und auf den ersten Blick in keinem direkten Zusammenhang mit der Fruchtbarkeit stehen. Doch zur Erfüllung des Kinderwunsches sollten gerade auch diese »Begleitumstände« mitberücksichtigt und die Weichen richtig gestellt werden.

Der richtige Zeitpunkt

Wichtig ist, seinen Körper zu kennen und zu verstehen.

Das Hauptaugenmerk aller Paare, die sich ein Kind wünschen, richtet sich auf die empfängnisbereiten Tage der Frau. Den günstigsten Moment für »fruchtbaren« Sex, nämlich kurz vor, während und nach dem Eisprung herauszufinden, gestaltet sich allerdings nicht so einfach. Die Natur bietet jedoch einige Hilfestellungen, denn der Körper sendet eine Reihe von Signalen, die – richtig gedeutet – die »Eisprungsuche« erleichtern. Bereits nach einigen Monaten, in denen Sie die Veränderungen im Zuge des monatlichen Zyklus genau beobachten, lässt sich ein erstaunlich genauer Rückschluss auf den Zeitpunkt des Eisprungs ziehen.

Die Wahrnehmung des eigenen Körpers und seiner Signale ist die Grundlage für natürliche Familienplanung.

Die Sprache des Körpers

Lust auf Sex An den Tagen vor dem Eisprung steigt proportional zur Östrogen- auch die Testosteronkonzentration und damit die Lust auf Sex. Viele Frauen haben deshalb an den Tagen vor und während der Ovulation deutlich mehr Lust als in anderen Phasen des Zyklus. Auch die Orgasmusfähigkeit sowie das allgemeine Befinden ist in dieser Phase am besten.

Auf der Suche nach dem Eisprung

Zervixschleim Ein sehr sicheres Indiz für fruchtbare Zeiten ist der Zervixschleim, der normalerweise den Gebärmutterhals, die Zervix, so fest verschließt, dass keine Krankheitserreger oder Spermien von der Scheide in die Gebärmutter gelangen können. Dieser wird zum Zeitpunkt der höchsten Empfängnisbereitschaft hin nach und nach flüssiger. Das Sekret ist glasklar, geruchlos und lässt sich zum Zeitpunkt des Eisprungs zwischen den Fingern zu dünnen Fäden ziehen. Nach dem Eisprung wird die feuchte Absonderung wieder milchiger und zieht keine Fäden mehr. Ist es zu keiner Befruchtung gekommen, verflüssigt sie sich erst zur Menstruation hin wieder, damit das Blut ungehindert abfließen kann.

Feuchtigkeitsempfinden Entsprechend der Konsistenz des Zervixschleims verändert sich auch das Empfinden am Scheideneingang. Nach der Blutung fühlt sich die Scheide trocken an, sie wird aber bis zum Zeitpunkt des Eisprungs feucht, nass und glitschig.

Muttermund Außer am verflüssigten Schleim können Sie auch anhand der Öffnung des Muttermunds Rückschlüsse auf den Eisprung ziehen. Denn mit seinem Herannahen öffnet sich der Muttermund ein wenig, wird weicher und ist auch schwerer zu ertasten, da er sich leicht zurückzieht. Nach dem Eisprung schließt er sich wieder, wird härter und wandert nach vorne in den ertastbaren Bereich.

Basaltemperatur Die bekannteste Methode, um festzustellen, ob Sie einen Eisprung hatten, ist die Messung der Körpertemperatur. Nach dem Platzen des Eibläschens lässt das Progesteron die Körpertemperatur leicht ansteigen. Darauf beruht auch die Temperaturmethode: Durch regelmäßiges Messen lassen sich die fruchtbaren und unfruchtbaren Tage ausrechnen.

Mittelschmerz Am Tag des Eisprungs spüren Frauen häufig auf der Seite, wo das Ei »springt«, ein leicht schmerzendes Ziehen im Bauch, den so genannten Mittelschmerz.

Zwischenblutung Gelegentlich kommt es aufgrund der Hormonveränderungen während des Eisprungs auch zu kleinen Zwischenblutungen. Diese so genannten Ovulationsblutungen sind ebenso klare Anzeichen einer fruchtbaren Phase.

Etwa am siebten Tag des Zyklus nimmt der Zervixschleim zu, wird dickflüssig, weiß oder gelblich. Feuchter und cremiger Schleim deutet auf fruchtbare, nasser, klarer und Fäden ziehender auf sehr fruchtbare Phasen hin.

Wege zur Elternschaft

Bereits eine durchfeierte Nacht oder vermehrte Belastung im Beruf oder Privatleben kann den Eisprung verschieben.

Die Zeit des Eisprungs liegt keinesfalls immer in der Zyklusmitte, sondern variiert zwischen dem zwölften und 16. Tag; zudem ist sie auch nicht bei jedem Zyklus gleich. Denn die Zeit zwischen Einsetzen der Menstruation und dem Eisprung, die Eireifungsphase, kann durch Einflüsse wie Stress, Klimawechsel und Reisen sowie durch Erkrankungen sehr schwanken. Ebenfalls bei der Indiziensuche beachten sollten Sie, dass es durchaus auch Zyklen ohne Eisprung geben kann. In Zeiten hoher körperlicher und seelischer Belastung ist dies durchaus mal der Fall.

Messung der Basaltemperatur

Die Basaltemperatur wird morgens im Bett vor dem Aufstehen gemessen. Beginnend mit dem ersten Tag der Menstruation schwankt die Temperatur bis zum Eisprung in der Regel zwischen 36,2 und 36,4 °C. Gleich nach dem Eisprung steigt die Basaltemperatur um etwa 0,2 bis 0,5 °C an. Die Temperatur ist also in der ersten Zyklushälfte niedriger als in der zweiten. Werden die gemessenen Werte täglich in einer Skala eingetragen, kann der Zeitpunkt des Eisprungs abgelesen werden. Allerdings lassen sich Rückschlüsse zur Nutzung der fruchtbaren Tage erst nach einigen Monaten und bei regelmäßigem Zyklus ziehen. Und: Die Messung der Basaltemperatur allein bringt noch wenig für die Erfüllung des Kinderwunschs, denn wenn die Temperatur steigt, hat der Eisprung bereits stattgefunden. Die Chancen zur Befruchtung sinken dann schon wieder. Deshalb sollte das Temperaturmessen stets in Kombination mit der Beobachtung des Zervixschleims sowie des Muttermunds erfolgen, um die fruchtbarste Zeit herauszufinden.

Die Steigerung der Basaltemperatur zeigt Ihnen, ob tatsächlich ein Eisprung stattgefunden hat.

Da die Temperatur wirklich sehr genau gemessen werden muss, empfiehlt sich die Verwendung eines Digitalthermometers, das den Wert bis auf zwei Stellen nach dem Komma angibt.

- Legen Sie Thermometer, Temperaturskala und Stift abends in Griffweite neben Ihr Bett.
- Nachdem Sie aufgewacht sind, messen Sie die Temperatur je nach persönlicher Vorliebe im Mund, in der Scheide oder im After.
- Mit einem Quecksilberthermometer messen Sie fünf Minuten; bei Verwendung eines digitalen Thermometers messen Sie nach dem Signalton noch drei Minuten weiter.
- Entscheidend ist, dass Sie vor dem Messen nicht aufstehen, trinken, essen und rauchen und keinen Sex haben.
- Nach Ablauf der Messzeit entfernen Sie das Thermometer. Sie lesen sofort den Wert ab und tragen ihn in die Skala ein. Runden Sie für Ihre Eintragungen auf ein halbes Zehntel Grad auf.
- Sollte die Temperatur stark von der am Vortag gemessenen abweichen, insbesondere niedriger sein, messen Sie ein zweites Mal. Diese Temperatur tragen Sie dann endgültig ein.
- Vermerken Sie in der Skala auch besondere Ereignisse, wenn Sie beispielsweise schlecht oder nur sehr kurz geschlafen oder am Vorabend viel getrunken und geraucht haben.
- Notieren Sie, wenn Sie Medikamente eingenommen haben.
- Markieren Sie auch die Tage der Menstruation und die Stärke der Blutung.

Sobald die Temperatur im Verhältnis zu den sechs vorangegangenen Tagen um mindestens 0,2 °C steigt und kein Fieber vorliegt, hat mit großer Wahrscheinlichkeit der Eisprung stattgefunden. Häufig kommt es vor, dass die Temperatur vor dem Eisprung sogar minimal um 0,2 bis 0,4 °C absinkt. Sex binnen der nächsten 24 Stunden nach diesem leichten Temperaturfall sowie innerhalb der nächsten 24 Stunden nach dem Anstieg besitzt die größten Chancen auf Zeugung.

Rückschlüsse auf den individuellen Temperaturverlauf lassen sich allerdings erst nach drei bis vier Zyklen treffen. Dann können Sie, falls Sie einen regelmäßigen Menstruationszyklus haben, den Zeitpunkt Ihres Eisprungs mit ziemlicher Genauigkeit vorher-

Einen Temperaturwert, der z. B. durch eine durchfeierte Nacht oder eine fiebrige Erkrankung verfälscht ist, setzen Sie in Klammern.

sagen und damit gezielt Ihre Chancen auf Befruchtung steigern. Wollen Sie diesen Zeitpunkt optimal nutzen, sollten sie zwei Tage zuvor sexuelle Abstinenz pflegen. Denn dadurch sammelt sich mehr Sperma an, und die Spermien haben maximale Zeugungskraft.

Eisprungberechnung per Computer

Mit dem Einsatz von Zykluscomputern wächst für beide Partner – bei allen Vorteilen – die Gefahr, die eigene Sexualität auf den Aspekt der möglichen Befruchtung zu reduzieren.

Das digitale Zeitalter hat auch in die natürliche Familienplanung Einzug gehalten – in Form von verschiedenartigen Computersystemen, welche die fruchtbaren Tage der Frau anzeigen. Die computergestützte Eisprungberechnung zeigt fruchtbare Phasen bereits im Vorfeld an, wohingegen die beschriebene Messung der Basaltemperatur nur anzeigt, dass ein Eisprung stattgefunden hat, der beste Moment zur Empfängnis also unter Umständen bereits wieder vorbei ist.

Die Zykluscomputer, die sich auch zur Empfängnisverhütung zunehmender Beliebtheit erfreuen, gibt es in Apotheken zum Hausgebrauch und ohne Rezept zu kaufen. Mittlerweile sind mehr oder weniger ausgeklügelte Produkte verschiedener Hersteller auf dem Markt, die alle auf den Erkenntnissen der natürlichen Familienplanung basieren, sich aber in der Methodik sowie im Preis unterscheiden. Nachfolgend finden Sie eine kleine Auswahl an »elektronischen« Familienplanern:

Lady Comp® und Baby Comp®

Der ausgereifteste Computer zur Familienplanung misst und speichert den täglichen Temperaturwert und errechnet selbstständig, in welcher Zyklusphase sich die Frau gerade befindet. Bereits nach einem Monat »Gewöhnungszeit« kann das Gerät zuverlässige Aussagen zum Zeitpunkt der fruchtbarsten Tage machen. Der Computer, in dem auch ein Wecker integriert ist, führt sozusagen die Temperaturkurve und gleicht zeitliche Differenzen der Messung selbstständig aus. Der Lady Comp® passt in jede Hand- und Reisetasche sowie natürlich unters Kopfkissen. Er ist gegen Stromunterbrechungen und -schwankungen abge-

sichert. Hohe Präzision und technische Raffinessen haben allerdings ihren Preis: Zwischen 800 bis 965 Mark kostet Sie dieser Helfer bei Ihrer Familienplanung.
Der Baby Comp® ist das Folgemodell, das zusätzlich einen eigenen Programmteil zur Schwangerschaftsplanung besitzt. Dieser gibt sogar an, zu welcher Phase des Zyklus eher mit einem Jungen als mit einem Mädchen zu rechnen ist. Außerdem hat dieser Computer eine Eingabetaste für Geschlechtsverkehr und kann so Aussagen treffen, ob eine Befruchtung möglich und eine Schwangerschaft wahrscheinlich ist oder nicht. Entsprechend dieser zusätzlichen Serviceleistungen ist der Baby Comp® noch teurer: 1200 bis 1400 Mark sind für diese Form der Familienplanung zu investieren.

Zykluscomputer kosten zur Zeit zwischen 250 und 1400 Mark. Sie unterscheiden sich erheblich in Methodik und Aussagekraft.

Cyclotest 2 Plus®

Mit rund 280 Mark ist der Cyclotest 2 Plus®, der nicht die absoluten Temperaturen, sondern die Abweichungen vom individuellen Mittelwert der Basaltemperatur misst, wesentlich günstiger. Zusätzlich bestimmt dieses Gerät mittels eines Stäbchentests das luteinisierende Hormon im Urin; die gemessenen Werte können per Tastendruck eingegeben werden.
Der Clou dabei ist, dass der Computer vor dem erwarteten Eisprung selbstständig per Anzeige auf dem Display und durch ein akustisches Signal dazu auffordert, das luteinisierende Hormon im Urin zu bestimmen.
Dadurch lässt sich die Zeit, in der eine Empfängnis am wahrscheinlichsten ist, sehr genau eingrenzen. Sobald der Test positiv ausfällt, blinkt grünes Licht für Sex. Alternativ zur Bestimmung des luteinisierenden Hormons kann auch der Stand des Zervikalschleims (→ Seite 167) eingegeben und vom Computer verarbeitet werden.
Dem Gerät liegen fünf Teststäbchen bei, weitere können in der Apotheke nachgekauft werden; die Daten werden zwölf Monate lang gespeichert und sind jederzeit abrufbar; die Batterielaufzeit beträgt fünf Jahre.

Moderne Geräte fertigen eigenständig Temperaturkurven an und errechnen so Ihre fruchtbaren Tage. Manche Modelle versprechen sogar, den optimalen Zeitpunkt für die Zeugung eines Mädchens oder eines Jungen anzeigen zu können.

Weitere Geräte zur Eisprungberechnung sind Persona® und Bioself®. Ersteres bietet den Vorteil, dass die Messungen nicht täglich, sondern nur alle acht Tage durchzuführen sind. Allerdings besteht dabei die Gefahr, dass früher stattfindende Eisprünge zu spät festgestellt werden; Preis rund 260 Mark. Der Bioself®-Fruchtbarkeitsanzeiger ist ein digitales Präzisionsthermometer, das aus der täglich gemessenen Basaltemperatur die unfruchtbaren und fruchtbaren Tage errechnet und mittels roten und grünen Signalen kundtut; er kostet rund 240 Mark.

Familiengründung auf dem Teller

Eine ausgewogene und gesunde Ernährung wirkt Krankheiten bereits dort entgegen, wo sie entstehen – in den kleinsten Einheiten des Körpers, den Zellen.

Die Ernährung, das bestätigen die Ergebnisse der Wissenschaft, beeinflusst Hormonhaushalt und Sexualität und damit unweigerlich auch die Fähigkeit der Fortpflanzung. Nahrungsmittel, das weiß man heute, machen nicht nur satt und versorgen den Organismus mit lebenswichtigen Stoffen, sondern können auch in viele körperliche und psychische Vorgänge regulierend eingreifen. Unter anderem erhöhen sie die Aktivitäten des Zellstoffwechsels, sondern Stoffe ab, die Krebs auslösende Substanzen zerstören oder blockieren, stärken das Immunsystem, schützen Herz und Blutgefäße und regen die Ausschüttung von Endorphinen an – wie sich das auf die Fruchtbarkeit auswirkt, wurde bereits erläutert (→ Seite 83).

Löffel für Löffel zum Baby

Zur Verbesserung der Fruchtbarkeit interessiert vor allem, dass bestimmte Speisen direkten Einfluss auf die Hormone nehmen: indem sie als Hormone wirken, den Hormonhaushalt regulieren, Stoffe enthalten, die zur Hormonproduktion benötigt werden oder die Wirkung einzelner Botenstoffe verstärken. Andererseits jedoch können Nahrungsmittel mit Substanzen versetzt sein, die den Hormonhaushalt aus dem Gleichgewicht bringen bzw. die Produktion eines bestimmten Hormons beeinträchtigen

Ernährung und Fruchtbarkeit

Um den Gehalt an Schadstoffen möglichst niedrig zu halten, kaufen Sie am besten immer Produkte aus biologischem Anbau und Freilandhaltung.

(→ Seite 59). So hat sich inzwischen herausgestellt, dass Fleisch von Tieren, die mit östrogenhaltiger Nahrung gefüttert wurden, das menschliche Hormonsystem aus dem Gleichgewicht bringen kann und infolgedessen auch die Fruchtbarkeit stört. Dasselbe gilt für Nahrungsmittel, die durch Umweltschadstoffe belastet sind. Diese Substanzen können sich beispielsweise an Östrogenrezeptoren binden und so die Produktion dieses Hormons hemmen oder fördern (→ Seite 60).

Darüber hinaus weisen viele Lebensmittel erhöhte Schadstoffkonzentrationen auf, die auf Überdüngung oder den Einsatz von Pestiziden in der Landwirtschaft zurückzuführen sind. Da sich auch diese negativ auf die Fruchtbarkeit auswirken, sollte man bevorzugt Produkte aus biologischem Anbau kaufen.

Frauen, die extrem viel Sport treiben oder einen zu niedrigen Anteil an Körperfett aufweisen, haben oft Zyklusstörungen und Probleme mit der Fruchtbarkeit.

Die Stoffe des Lebens

Dass Vitamine, Mineralstoffe und Spurenelemente wertvolle Bausteine der Gesundheit sind, ohne die der Körper seine zahlreichen Funktionen nicht erfüllen könnte, ist seit langem bekannt. Das immense Potential allerdings, welches in diesen wichtigen Lebensstoffen hinsichtlich Fortpflanzung und Sexualität schlummert, brachten erst die Forschungen der letzten Jahre ans Licht.

Während einige Experten empfehlen, Vitamin- und Mineralstoffpräparate einzunehmen, argumentieren andere, dass der Körper von diesen Stoffen nur in ihrer »natürlichen Umgebung« profitieren kann.

Einiges aus dem Fundus dieser Erkenntnisse über die fruchtbarkeitsfördernden wie auch heilkräftigen Wirkungen von Vitaminen und Mineralstoffen ist im Anschluss zusammengetragen. Alle, die sich Nachwuchs wünschen, sollten ganz besonders auf die ausreichende Zufuhr der genannten Stoffe achten.

Fakten rund um Ernährung und Fruchtbarkeit

- Zur Bildung von Testosteron benötigt der Organismus unter anderem Beta-Karotin, Vitamin A, C und E, Folsäure sowie Zink; wichtig für die Östrogenproduktion sind die Vitamine B2, B3, B6 und E sowie Folsäure und Zink.
- Auch essentielle Fettsäuren wie Linol- oder Linolensäure sind unverzichtbar für die Bildung der Geschlechtshormone; weitere unerlässliche Zutaten für den Hormoncocktail sind eine ganze Reihe von Enyzmen und Koenzymen, die ebenso abhängig von der ausreichenden Versorgung mit Vitaminen, etwa der B-Gruppe, sowie mit Spurenelementen sind.
- Zur Produktion der beiden Botenstoffe Noradrenalin und Adrenalin, die maßgeblich für Libido und Potenz verantwortlich zeichnen, sind Eisen, Kupfer und Mangan notwendig, ferner Vitamin B6 und C sowie die Aminosäuren Phenylalanin und L-Tyrosin.
- Ein anderer Neurotransmitter, Acetylcholin, stimmt die Geschlechtsorgane auf Sex ein. Damit er ausreichend gebildet werden kann, benötigt der Körper vor allem die Vitamine der B-Gruppe sowie Vitamin C und Zink.
- Zur Spermienbildung brauchen Männer ausreichende Mengen an Vitamin C, E und B 12, Zink und Selen.
- Die Hypophyse, Kontrollzentrum des hormonellen Zusammenspiels, funktioniert nur dann reibungslos, wenn sie über genügend Vitamin B 3, B 5, E und Zink verfügt.
- Immense Bedeutung für die Fortpflanzungsfähigkeit haben auch Folsäure, Jod und Histamin, das mittels Folsäure und Vitamin B3 im Körper gebildet wird und für das Hochgefühl beim Orgasmus sorgt.

Vitamine

Der Körper ist für die Vitaminversorgung auf Nahrungsmittel angewiesen. Er kann nur ein Vitamin selbst herstellen: Das Vitamin D wird mit Hilfe von Sonnenlicht gebildet.

Vitamin A

Das seit langem als Elixier für die Sehkraft bekannte Vitamin A wirkt sich auch in anderen Bereichen positiv aus. So sorgt es für die Gesunderhaltung und die Widerstandskraft der Schleimhäute in Mund, Nase, Lungen und Verdauungskanal wie auch in den Geschlechtsorganen. Darüber hinaus ist Vitamin A an der Bildung des Sehpurpurs beteiligt, dient dem Aufbau der Haut und von Knorpelgewebe, stärkt die Abwehrkräfte, sorgt für gesundes Haar und kräftige Nägel. Auch im Dienst der Fruchtbarkeit wird Vitamin A tätig. Es schützt die Spermien und unterstützt sie auf ihrem Weg von der Scheide zum Ei.

Zu viel Vitamin A wirkt sich jedoch schädlich aus. Es kann Zyklusstörungen bis hin zu Amenorrhö verursachen. Zahlreiche, voneinander unabhängige Studien belegen einen direkten Zusammenhang mit Menstruationsstörungen.

Bei Schwangeren kann eine Überdosierung von Vitamin A sogar Missbildungen des Babys hervorrufen; werdenden Müttern wird daher dringlich geraten, sich nicht mehr als drei Milligramm des Vitamins am Tag zuzuführen. Die empfohlene Richtmenge für Frauen sind täglich 0,8 Milligramm Vitamin A, für Männer ein Milligramm.

Gute Vitamin-A-Lieferanten sind Möhren, Tomaten, Paprika, Süßkartoffeln, Kresse, grüner Salat, Spinat, Grünkohl, Mangold, Feldsalat, Kürbis, Brokkoli, Orangen, Aprikosen, Hagebutten, Papaya, Sanddorn, Kaki, Leber, Lebertran, Eier und Aal.

Karotin

In zahllosen Pflanzen ist Vitamin A in seinen Vorstufen, den Karotinoiden, enthalten. Einer dieser Pflanzenfarbstoffe, das Beta-Karotin, wirkt nachweislich als biologisches Antikrebsmittel. Es

Wasserlösliche Vitamine wie B1, B6, B12 und C wirken nur in Verbindung mit Wasser, fettlösliche wie die Vitamine A, D und E nur in Verbindung mit Fett.

Vitamin A kann vom Körper nur in Verbindung mit Fett verarbeitet werden. Bereiten Sie Obst und Gemüse daher immer mit etwas Sahne, Öl oder Butter zu.

Freie Radikale

Freie Radikale schädigen auch die Samenzellen. Werden sie von den Radikalfängern nicht unschädlich gemacht, können sie somit den Nachwuchs genetisch schädigen.

Freie Radikale sind biochemische Substanzen, die entstehen, wenn Sauerstoff im Körper nur unvollständig verbraucht wird. Ursache dafür können beispielsweise sein: erhöhter Stress oder Einwirkung von Nikotin, Nitriten und Nitraten, Röntgenstrahlen und Umweltgiften. Die Oxidation, welche Freie Radikale bewirken, ist in etwa vergleichbar mit dem Rosten von Metallen.

Schädlicher Einfluss

Im menschlichen Körper zeitigen die aggressiven Sauerstoffbruchstücke eine Reihe negativer Wirkungen. Sie schädigen die Körperzellen, greifen das genetische Material und das Sperma an, zerstören Nervenzellen und fördern entzündliche Prozesse, um nur einige davon zu nennen.
Aufgrund dieser vielen durchaus gefährlichen Auswirkungen bringt man Freie Radikale in Verbindung mit frühzeitigen Alterungserscheinungen, rheumatischen Beschwerden, Arteriosklerose, Lichtschäden der Haut, Herz-Kreislauf-Krankheiten und vor allem mit der Entstehung von Krebserkrankungen. Aber auch Fruchtbarkeitsstörungen werden ihnen inzwischen zugeschrieben, denn Sexualität und Fortpflanzungsfähigkeit können durch Freie Radikale massiv beeinträchtigt werden.

Wirksame Gegenspieler

Bestimmte Stoffe, die so genannten Radikalfänger oder Antioxidanzien, haben die Fähigkeit, Freie Radikale abzufangen und für den Körper unschädlich zu machen. Zu den wirksamsten Radikalfängern zählen Vitamin C und E, Beta-Karotin, die Vorstufe von Vitamin A, Kupfer, Mangan, Selen und Zink sowie das Koenzym Q10. Auch eine Reihe von Aminosäuren agiert in derselben Weise, etwa Cystin und Methionin.
Internationale Studien haben gezeigt, dass diese antioxidativen Substanzen den durch Freie Radikale geförderten Beschwerden wirksam vorbeugen. In diesem Zusammenhang können diese Substanzen eine verminderte Fruchtbarkeit verbessern.

schützt vor Tumorerkrankungen, indem es Freie Radikale abfängt und unschädlich macht. Ähnlich nützlich erweisen sich andere Karotinoide, wie beispielsweise das Retinol.

Eine Spitzenstellung hinsichtlich der Krebs vorbeugenden Wirkung nimmt das Karotin Lykopin ein, das reichlich in Tomaten enthalten ist. Die Schutzwirkung von Karotinoiden ist unabhängig davon, ob sie sich in Vitamin A umwandeln oder nicht – sie vermögen sowohl das Fortschreiten der Krebserkrankung zu verzögern als auch den Krebsmechanismus zu blockieren.

Außerdem stärken Karotinoide das Immunsystem des Körpers und bringen die Produktion von Spermien voran. Damit diese Stoffe jedoch wirksam werden können, benötigen sie ebenso wie Vitamin A Fett. Ideal ist es, wenn Karotinoide dem Körper zusammen mit Vitamin C und Selen angeboten werden, denn dann kann er sie am besten aufnehmen.

Da der Körper nur so viele Karotinoide in Vitamin A umwandelt, wie er momentan benötigt, ist die Gefahr der Überdosierung auch nur sehr gering. Deshalb sollte die Versorgung mit Vitamin A am besten über seine Vorstufen sichergestellt werden.

Karotine findet man in allen grünen, roten und gelben Gemüsen, denen sie ihre Farbe verleihen; allen voran Kürbis, Tomaten, Brokkoli und Paprika. Frauen sollten pro Tag 30 und Männer 38 Milligramm Karotin zu sich nehmen.

Karotinoide wirken sich harmonisierend auf unser Immunsystem aus. Sie sind auch für Männer wichtig, denn sie stimulieren die Spermienproduktion.

Vitamin B1

Vitamin B1, auch Thiamin genannt, spielt eine große Rolle bei der Energiegewinnung aus der Nahrung. Besonders bei der Verwertung von Eiweiß und Kohlehydraten ist es als Koenzym beteiligt. Es ist daher wichtig für Muskeln und Nerven; bei großen Belastungen und schwerer körperlicher Arbeit steigt der Bedarf.

Eine besondere Rolle spielt Vitamin B1 für das Nervensystem: Es kann die seelische Verfassung eines Menschen positiv beeinflussen und seine geistigen Fähigkeiten stärken. Das B-Vitamin ist eine wirksame Hilfe zur Bewältigung belastender Situationen, traumatischer Erlebnisse, nach überstandenen Krankheiten und

Da der Körper Vitamin B1 nur sehr begrenzt speichern kann, muss es ständig mit der Nahrung zugeführt werden.

Die Vitamine der B-Gruppe haben große Bedeutung für den Hormonstoffwechsel. Ein Mangel an einem dieser Vitamine kann indirekt die Fruchtbarkeit beeinträchtigen.

psychischem Stress. Da ungewollte Kinderlosigkeit zweifelsohne als eine stressbehaftete Lebenssituation einzustufen ist, sollte bei Fruchtbarkeitsstörungen auf genügende Vitamin-B1-Versorgung geachtet werden.

Raffinierte Kohlehydrate, also etwa Zucker, Weißmehl und Alkohol, stören ebenso wie Nikotin und Koffein die Aufnahme von Thiamin. Wer große Mengen der genannten Dinge zu sich nimmt, sollte dies durch eine erhöhte Zufuhr an Vitamin B1 ausgleichen. Vitamin-B1-Quellen sind Vollkornprodukte, Milch- und Milchprodukte, Brokkoli, Spinat, Grünkohl, Erbsen, Weizenkeime (und -öl), Nüsse, Bierhefe, Fisch und Geflügel. Generell gilt für Frauen eine Empfehlung von 1,1 und für Männer 1,3 Milligramm pro Tag. Überdosierungen sind so gut wie unmöglich, denn ein Überschuss des wasserlöslichen Vitamins wird ausgeschieden.

Vitamin B5

Was Magnesium bei den Mineralstoffen, ist Vitamin B5 bei den Vitaminen: Ein Stoff, der hilft, besser mit Stress umzugehen. Die Nebennieren können nämlich nur dann genügend stressmindernde Hormone bilden, wenn ihnen ausreichend Vitamin B5 zur Verfügung steht. Dieses Vitamin unterstützt die Produktion von Nebennieren- und Geschlechtshormonen, hier vor allem des follikelstimulierenden und des luteinisierenden Hormons, sowie Östrogen, Progesteron und Testosteron. Vitamin B5 dient also auch der Erhaltung des hormonellen Gleichgewichts und kann seine Störungen beheben helfen. Unter diesem Aspekt betrachtet, ist es also ebenso ein wichtiges Fruchtbarkeitsvitamin.

Kaffee und Alkohol mindern die Fruchtbarkeit. Außerdem sorgen sie dafür, dass der Körper die ihm zugeführten Vitamine nicht optimal nutzen kann.

Darüber hinaus ist Pantothensäure, wie Vitamin B5 heute genannt wird, unerlässlich für einen gesunden Zellaufbau, für die Funktion des zentralen Nervensystems, aber auch für den Stoffwechsel von Fett und Kohlenhydraten.

Vitamin B5 findet man vermehrt in Vollkornprodukten, Bierhefe, Milch, Geflügel, Eiern, Käse und Brokkoli. Die empfohlene Tagesdosis für Pantothensäure liegt für Männer wie Frauen bei 20 Milligramm.

Vitamin B5 gegen Stress

Vitamin B6

Das Frauen-Vitamin schlechthin: Pyridoxin, so wird Vitamin B6 auch bezeichnet, ist ein häufig eingesetztes Therapeutikum bei Frauenbeschwerden, allen voran Zyklusstörungen und Menstruationsbeschwerdenn sowie Problemen in der Schwangerschaft. Vitamin B6 ist in seiner bioaktiven Form an der Bildung körpereigener Eiweiße beteiligt. Da zu diesen auch das follikelstimulierende und das luteinisierende Hormon gehören, kann ein Vitamin-B6-Mangel zu deren verminderter Produktion führen. Welche Auswirkungen dies auf die Fortpflanzungsfähigkeit hat, ist hinlänglich bekannt. Pyridoxin ist außerdem für die Produktion von Testosteron und Östrogen mit verantwortlich; bei dieser Aufgabe unterstützen es Folsäure, Magnesium und Zink, also Stoffe, die für die Fruchtbarkeit ebenso wichtig sind (→ Seite 174).
Unpolierter Reis, Roggenvollkornbrot, Weizenkeimöl, alle Kohlarten, Erbsen, Linsen, Spinat, Kartoffeln, Süßkartoffeln, Paprika, Sellerie, Bananen, Avocados, Fisch, Fleisch und Bierhefe sind hervorragende Vitamin-B6-Quellen. Die empfohlene Tagesdosis sind für Männer 1,8 und für Frauen 1,6 Milligramm.

Zu einer vitaminreichen Ernährung gehört unbedingt viel frisches Obst und Gemüse.

Vitamin B12

Auch das Cobalamin genannte Vitamin B12 ist ein wichtiger Baustein für das Blut. Es fördert die Entstehung und Reifung der roten Blutkörperchen und ist an der Zellteilung sowie an der Bildung der Nukleinsäuren beteiligt. Ebenso wie Folsäure spielt es eine wichtige Rolle für die Zellbildung und -teilung des heranwachsenden Embyros; ein Mangel an diesem Vitamin kann nicht nur zu Geburtsschäden, sondern auch zu verminderter Follikelreifung und damit zu Fruchtbarkeitsstörungen bis hin zur Unfruchtbarkeit führen.

Folsäure ist auch an der Herstellung von Purinen und Nukleinsäuren beteiligt, die unter anderem für den Aufbau roter Blutkörperchen benötigt werden.

In Milch und Milchprodukten, Weizenkeimöl, Bierhefe, Fisch, Geflügel, Rind- und Kalbfleisch ist viel Vitamin B12 enthalten. Empfohlen werden für Männer wie Frauen 3, für Schwangere 3,5 Mikrogramm täglich.

Folsäure

Auch die Folsäure gehört mit zu den Vitaminen der B-Gruppe und macht durch jüngste Forschungsergebnisse von sich reden; vor allem, was ihre Bedeutung für die Fruchtbarkeit anbelangt. Auf den immensen gesundheitlichen Wert wurde die Wissenschaft zunächst durch die Tatsache aufmerksam, dass Folsäure hoch wirksam vor Geburtsschäden schützt, insbesondere vor Störungen in der Entwicklung des Neuralrohrs sowie vor Spaltbildungen der Wirbelsäule (Spina bifida). Deshalb wird heute allen Schwangeren eine erhöhte Zufuhr dieses B-Vitamins empfohlen. Zudem stellte sich heraus, dass Folsäure auch für die Fortpflanzungsfähigkeit mitverantwortlich zeichnet. Ein Mangel führt zu Funktionsstörungen der Eierstöcke und infolgedessen zu Problemen mit der Fruchtbarkeit. Richtig interessant wurde es, als man entdeckte, dass ein hoher Spiegel an Östrogenen die Aufnahme von Folsäure via Dünndarmschleimhaut hemmt: Nahezu die Hälfte aller Frauen, welche die Pille nehmen, hat zu wenig Folsäure im Blut. Unter Umständen, so die Experten, könnte dies die Ursache sein, warum viele Frauen, die nach Jahren die Pille absetzen, ein Problem haben, schwanger zu werden.

Viel Folsäure befindet sich in Spinat, Endivien, Brokkoli, Bierhefe, Tomaten, Grün- und Rosenkohl, Sojabohnen und Vollkornprodukten. Die Tagesdosis Folsäure sollte für Männer und Frauen 300, für Schwangere 600 Mikrogramm betragen.

Wenn Sie schwanger werden wollen, versorgen Sie Ihren Körper vorbeugend ausreichend mit Folsäure. So können Sie das Embryo bereits in den ersten Schwangerschaftswochen schützen.

Vitamin C

Der absolute Kick für das Immunsystem, denn Vitamin C stimuliert die Abwehrkräfte und wirkt als Antioxidans. Zudem ist es ein Aktivator des Zellstoffwechsels, erforderlich zur Energiegewinnung, zur Bildung von Knochen, Knorpeln, Zähnen und Bindegewebe, zur Wundheilung sowie ein »Schutzengel« gegen Krebserkrankungen. Es wirkt antioxidativ und kann somit Karzinogene (Krebs auslösende Stoffe), vor allem Nitrosamine, blockieren. Es ist auch nachgewiesen, dass Vitamin C der Vermehrung von Viren entgegenwirkt und den Cholesterinspiegel senkt.

Studien deuten darauf hin, dass dieses Vitamin als »Universalwirkstoff« einzusetzen ist: Vitamin C mindert nämlich auch das Risiko für Fehlgeburten sowie für Schäden des Erbmaterials. Dies führt man überwiegend auf die antioxidativen Eigenschaften dieses Vitamins zurück, welche die Schadwirkung Freier Radikale deutlich einschränken.

Zudem verbessert Vitamin C die Qualität der Spermien, erhöht deren Konzentration um das Doppelte und sorgt zudem für deren gesteigerte Bewegungsfähigkeit. Vitamin C vermag also angeschlagenen Samenzellen in jeder Hinsicht auf die Beine zu helfen und sollte deswegen in keiner Fruchtbarkeitsbehandlung unberücksichtigt bleiben.

Als gute Vitamin-C-Quellen gelten Zitrusfrüchte aller Art, Kiwi, Erdbeeren, Papaya, Hagebutten, Sanddorn, Johannisbeeren, Paprika, Grünkohl, Rosenkohl, Brokkoli, Mangold, Blumenkohl, Wirsing, Rotkohl, Spinat, Kohlrabi, Tomaten, Erbsen, Spargel, Lauch, Sauerkraut, Kartoffeln und Petersilie.

Die tägliche Zufuhr an Vitamin C sollte bei Frauen 300, bei Männern 400 Milligramm betragen.

Entgiften

Bestimmte Vitamine und Mineralstoffe binden sich an die gleichen Proteine wie Schwermetalle, verdrängen diese und unterstützen so ihre Ausleitung aus dem Körper. So empfehlen sich Zink und Selen bei hoher Belastung durch Kadmium und Quecksilber, zur Ausleitung von Blei eignen sich dagegen Kalzium und Vitamin C. Davon abgesehen sorgen diese Stoffe für die Regeneration der schadstoffgeschädigten Zellen und Gewebe und aktivieren das durch die lange Belastung geschwächte Immunsystem.

Wissenschaftliche Weihe für Kürbiskerne

Das volksheilkundliche Wissen um die fruchtbarkeits- und libidostärkende Wirkung der Samen von Curcubita pepo, zu gut Deutsch Kürbiskernen, hat nun auch seine wissenschaftliche Bestätigung gefunden. Die knackigen Samen enthalten zwei Stoffe, die sich positiv auf die männliche Fruchtbarkeit wie auch Potenz auswirken: das pflanzliche Steroid Beta-Sitosterol und Vitamin E. Wie sehr Letzteres die Chancen auf Nachwuchs zu erhöhen vermag, ist bereits dargelegt worden; Beta-Sitosterol trägt seinen Teil dazu bei, indem es sich an den Testosteronrezeptor bindet und so die Produktion dieses Hormons erhöht, was sich durch gesteigerte Manneskraft sowie eine deutlich höhere Spermienproduktion bemerkbar macht.

Vitamin E und C sorgen für eine ausgesprochen gute Beweglichkeit der Samenzellen.

Vitamin E

Hormonell aktivierend, starkes Antioxidans und exzellenter Radikalfänger in einem – Vitamin E ist der Kick für die Fruchtbarkeit. Darauf lässt bereits sein chemischer Name Tokopherol schließen, der sich aus den beiden griechischen Begriffen »tokos«, Sprössling, Nachwuchs, und »phero« zusammensetzt, was für hervorbringen steht.

In seiner Eigenschaft als Antioxidans schützt Vitamin E die essenziellen Fettsäuren sowie die Hormone im Körper vor Oxidation, dem schädlichen Einfluss freier Sauerstoffradikale. Darüber hinaus fördert dieses Vitamin zahllose biochemische Prozesse in den Zellen, bewahrt sie vor Schäden und unterstützt ihre Regeneration. Was Vitamin E zum »Fruchtbarkeits- und Libidovitamin« macht, ist seine stimulierende Wirkung auf die Hirnanhangsdrüse: Es regt diese zur vermehrten Produktion des follikelstimulierenden und des luteinisierenden Hormons an, worauf Eierstöcke und Hoden mit einer gesteigerten Bildung von Sexualhormonen reagieren. Über diesen aktivierenden Einfluss auf die Keimdrüsen werden Fruchtbarkeit, Potenz und Libido gezielt verbessert.

Leinsamen, pflanzliche Öle, Mandeln und Haselnüsse, Sonnenblumenkerne, Vollkorn- und Sojaprodukte, Spinat, Lauch, Spargel, Sellerie, Fenchel, Grünkohl, Schwarzwurzeln, Avocados, Eier und Meeresfrüchte liefern Vitamin E. Die empfohlene Tagesdosis liegt für Frauen wie Männer bei 72 Miligramm; bei fettarmer Ernährung und durch die Einnahme der Pille erhöht sich der Bedarf.

Die Potenz der Mineralien

Nicht nur Vitamine, auch Mineralstoffe nehmen entscheidenden Einfluss auf die Fortpflanzungsfähigkeit, sind sie doch für unzählige Auf- und Umbauprozesse im Körper unerlässlich. Doch während sich die ausreichende Zufuhr von Vitaminen in der breiten Öffentlichkeit mehr und mehr als Garant für Gesundheit und Wohlbefinden durchsetzt, führen Mineralstoffe wie auch Spurenelemente noch immer ein Schattendasein.

Das ist ein wichtiger Grund dafür, dass trotz unseres überreichen Angebots an hochwertigen Nahrungsmitteln viele Menschen einen Mangel an bestimmten Mineralstoffen und Spurenelementen aufweisen, der sich zum Teil auch auf ihre Fruchtbarkeit negativ auswirkt.

Nicht wenige Frauen leiden an einer Mineralstoff-Unterversorgung. Wer seine Fruchtbarkeit steigern will, sollte deshalb möglichst viel hochwertiges Mineralwasser trinken.

Kalzium

Der Baustoff unserer Zähne und Knochen gehört neben Magnesium zum bedeutsamsten Mineralstoff für die Fruchtbarkeit, aber auch für die Aufrechterhaltung einer Schwangerschaft. Daneben ist Kalzium wichtig für die Blutgerinnung, die Erregbarkeit von Nerven und Muskeln, für die Durchlässigkeit der Zellmembranen sowie zur Aufrechterhaltung des Blutdruckes.

Statt Fertigpräparaten empfehlen Ernährungswissenschaftler, den Kalziumbedarf durch kalziumreiche Nahrungsmittel zu decken; ein Zuviel ist jedoch zu vermeiden, da dies dem Körper die Aufnahme von Eisen erschwert, was vor allem für die Fruchtbarkeit alles andere als wünschenswert wäre.

Kalzium ist in Milch, Milchprodukten, Vollkornbrot, Mandeln,

Der Kalziumstoffwechsel wird von den Hormonen – insbesondere von Östrogenen – beeinflusst. Deshalb ist während Schwangerschaft und Stillzeit der Kalziumbedarf erhöht.

Die besten Fruchtbarkeitsstoffe für Männer sind Zink, Vitamin E, die beiden Aminosäuren Arginin und Taurin sowie Fruchtzucker (Fruktose).

Sojaprodukten, Sellerie, Lauch, Spinat, Brokkoli, Grünkohl, Bananen, getrockneten Aprikosen und Feigen sowie in Bierhefe enthalten. Die empfohlene Tagesdosis liegt für Frauen wie Männer bei 1200 Milligramm.

Magnesium

Magnesium ist das »Anti-Stress-Mineral«, denn dank seiner Hilfe kann der Körper Überbeanspruchungen der Leistungskraft, Lärm und Hektik besser bewältigen. Wer also unter starker Anspannung und Stress steht, sollte sich durch die vermehrte Zufuhr von Magnesium schützen.

Abgesehen von seiner stresslindernden Wirkung ist Magnesium, neben Phosphor und Kalium, an den Stoffwechselvorgängen entscheidend beteiligt. Als Bestandteil wichtiger Enzyme des Stoffwechsels sorgt es für eine gute Durchblutung und Sauerstoffversorgung aller Zellen und Gewebe, unterstützt den Aufbau von Knochen und Sehnen sowie die Bildung von Antikörpern, es schützt vor Herz-Kreislauf-Erkrankungen, vor allem vor Arteriosklerose, und erhält das hormonelle Gleichgewicht. Auch Magnesium sollte im Zuge einer fruchtbarkeitsfördernden Ernährung ausreichend berücksichtigt werden: Frauen benötigen täglich 300 und Männer 350 Milligramm.

Magnesium ist besonders reichlich enthalten in Spinat, Bohnen, Kartoffeln, Bananen, Rosinen, Datteln, Feigen, Nüssen, Sesamsamen, Sonnenblumenkernen, Weizenkeimöl, Weizenkleie und Leinsamen, Sojabohnen, Bierhefe, Hülsenfrüchten und Vollkornprodukten.

In Spuren wirksam

Spurenelemente zählen zwar »offiziell« mit zu den Mineralstoffen, werden jedoch, wie ihr Name schon sagt, nur in sehr geringen Mengen – in Spuren eben – vom Körper benötigt und demnach unter einem eigenen Sammelbegriff zusammengefasst. Nachfolgend sehen Sie eine Aufstellung der wichtigsten Spurenelemente für die Fruchtbarkeit sowohl von Frauen wie Männern:

Eisen

Eisen ist unverzichtbar für den Sauerstofftransport im Blut und für die Verwertung des Sauerstoffs im Zellstoffwechsel. Eine mangelhafte Versorgung mit diesem lebenswichtigen Spurenelement ist jedoch überaus häufig. Bedingt durch die monatliche Periodenblutung sind vor allem Frauen davon betroffen. Schätzungen zufolge leidet jede zweite Frau an den dafür typischen Symptomen wie Müdigkeit, Antriebslosigkeit, Blutarmut, Blässe, Appetitlosigkeit. Und auch auf die Fruchtbarkeit kann sich Eisenmangel sehr nachteilig auswirken. Im Gegenzug kann eine erhöhte Dosis dieses wichtigen Mineralstoffs die Chancen auf Nachwuchs steigern. Allerdings sei auch hier vor einem Übermaß gewarnt, denn Eisenüberschuss hemmt die Aufnahme von Zink und schwächt die Abwehrkraft. Aus diesen Gründen sollten Eisenpräparate auch nicht ohne ärztliche Begleitung und Kontrolle eingenommen werden – schon gar nicht über einen längeren Zeitraum.

Fisch, rotes Fleisch und Innereien, Hülsenfrüchte, Eier, alle Nussarten, alle grünen Blattgemüse, Weizenkeime und Vollkornprodukte sind wertvolle Eisenlieferanten. Vitamin C kann die Eisenaufnahme zudem um das Zehnfache steigern.

Die empfohlene Tagesdosis beläuft sich für Männer auf zwölf, für Frauen bis zu den Wechseljahren auf 18 Milligramm.

Der weiblichen Fruchtbarkeit förderlich sind vor allem die Vitamine A und E, Eisen sowie Linol- und Folsäure.

Setzen Sie öfter Seefisch auf Ihren Speiseplan. Er gehört mit zu den wertvollsten Eisenlieferanten.

Jod

Dieses Spurenelement ist ein wichtiger Baustein für Thyroxin, das in der Schilddrüse gebildet wird; Jodmangel kann zur Unterfunktion der Schilddrüse führen. Weniger geläufig ist jedoch, dass die Schilddrüsenhormone auch eine wichtige Rolle für das allgemeine hormonelle Gleichgewicht sowie für die Bildung der Sexualhormone spielen: Bei einer Schilddrüsenunterfunktion kann es zu Östrogen-, Progesteron- und Testosteronmangel und infolgedessen zu Störungen der Fruchtbarkeit kommen.

Exzellente Jodquellen sind Milch, pflanzliche Fette und Öle, Lebertran, Schellfisch, Seelachs und Rotbarsch, Feldsalat, Grünkohl, Spinat, Brokkoli und Ananas. Pro Tag wird in der Regel eine Dosis von 200 Mikrogramm Jod für beide Geschlechter empfohlen.

Wer ausreichend Milch trinkt, kann dadurch seinen Bedarf an Jod decken.

Mangan

Mangan ist Bestandteil zahlreicher Enyzme im Körper, unter anderem der zur Bekämpfung Freier Radikaler (→ Seite 176) wichtigen Superoxid-Dismutase. Mangan ist wissenschaftlich verbürgt ein ausgezeichneter Radikalfänger.

Daneben kommt diesem Spurenelement eine große Bedeutung für den Aufbau des Binde- und Stützgewebes der Haut, Knochen, Knorpel und Sehnen sowie für die Regulation des Gehirnstoffwechsels und der Funktionen der Bauchspeicheldrüse zu. Und auch bei Fruchtbarkeit und Libido spielt Mangan eine zentrale Rolle: Zahlreiche Studien lassen vermuten, dass ein Mangel an diesem Spurenelement die Fruchtbarkeit und sexuelle Lust herabsetzen kann.

Beerenobst, Hülsenfrüchte, Vollkornprodukte, Sauerampfer, Spinat und Mangold sowie Tee sind besonders reich an Mangan. Die empfohlene Tagesdosis liegt bei 10 Milligramm für Frauen und Männer; wenn Mangan zugeführt wird, sollte allerdings zugleich auch auf genügend Zink geachtet werden, denn sonst entsteht ein Zinkmangel.

Freie Radikale mindern die Libido und verringern die Fruchtbarkeit. Wenn Sie schwanger werden wollen, stärken Sie Ihren Körper deshalb mit Mangan.

Selen

Nach neuesten Untersuchungen ist Selen eines der wichtigsten Spurenelemente. Es ist an der körpereigenen Energiegewinnung beteiligt, macht Freie Radikale und Oxidanzien unschädlich und schützt damit vor Krebs. Abgesehen davon hilft Selen bei der Ausleitung von Schwermetallen, stimuliert die Abwehrkräfte, schützt die Leber, erhöht die Resistenz gegen bestimmte Viren und fördert außerdem den Blutkreislauf. Selen ist neben seiner Eigenschaft als hoch wirksamer Radikalfänger auch zur Förderung der Fruchtbarkeit unerlässlich.

Süßwasser- und Seefische, Fleisch und Eier, Bierhefe, Knoblauch, Hülsenfrüchte, Vollgetreide und besonders ungeschälter Reis enthalten viel Selen. Pro Tag sollten von Frauen wie Männern rund 150 Mikrogramm des Spurenelements aufgenommen werden.

Zink

Dieses Spurenelement stärkt das Immunsystem, begünstigt die Wundheilung, unterstützt die Hautfunktionen, sorgt für schöne Haut und Haare und ist überaus wichtig für die hormonelle Steuerung: Zink wird allen dringlichst empfohlen, die sich ein Kind wünschen. Denn es verbessert vor allem die Spermienqualität, macht sie beweglicher und erhöht ihre Anzahl.

Zinkmangel kann bei Frauen zu einer Unterfunktion der Keimdrüsen, damit zur verringerten Bildung von Sexualhormonen und infolgedessen zu Fruchtbarkeitsstörungen und nachlassender Libido führen.

Zink findet sich in Vollkornbrot, Hülsenfrüchten, Weizenkeimen, Getreide, Käse, Eiern, Geflügel und Innereien, Fisch, Krustentieren und Bierhefe. Die empfohlene Tagesdosis liegt für Frauen bei zwölf und für Männer bei 15 Milligramm.

Männer, die sich zur Verbesserung ihrer Zeugungsfähigkeit die genannten Nährstoffe vermehrt zuführen, sollten im Abstand von drei bis sechs Monaten ihre Spermienzahl checken lassen.

Aminosäuren

Kürzlich durchgeführte Studien kamen zum Ergebnis, dass zwischen Fruchtbarkeit und bestimmten Aminosäuren ein direkter Zusammenhang besteht. So stellte sich heraus, dass bei ungewollt

Mit ungesättigten Fettsäuren aus Distel- und Sojaöl können wir dem Körper wichtige Linolsäure zuführen, die für die Fruchtbarkeit wichtig sind.

kinderlosen Frauen ein Mangel an PABA, abgekürzt für Paraaminobenzoesäure, vorliegt. Durch gezielte Zufuhr dieser Aminosäure wurde auch die Fruchtbarkeit erhöht.

Bei Männern bringen vor allem die beiden Aminosäuren Arginin und Taurin die Zeugungskraft auf Vordermann. Arginin erhöht die Anzahl wie auch die Bewegungsfähigkeit der Spermien; die empfohlene Tagesdosis sind zwei bis vier Gramm. Taurin verbessert ebenfalls die Bildung und Bewegungslust der Spermien; die tägliche Dosis entspricht der von Arginin.

Essenzielle Fettsäuren

Eine zu geringe Aufnahme von Linolsäure, einer essenziellen Fettsäure, die in pflanzlichen Ölen enthalten ist, kann Fruchtbarkeitsstörungen Vorschub leisten. Denn die genannte Fettsäure reguliert die Bildung der Sexualhormone, indem sie die Produktion der Prostaglandine beeinflusst.

Linolsäure ist vor allem in Soja- und Distelöl reichlich vorhanden. Daneben sind auch Nachtkerzenöl und die so genannten Omega-3-Fettsäuren wirksame Hilfen bei Fruchtbarkeitsstörungen. Omega-3-Fettsäuren sind vor allem in fetten Fischarten wie Lachs, Fischöl sowie Lebertran zu finden.

Ein Mangel an essenziellen Fettsäuren ist in unseren Breiten eher selten; nur Menschen, die sich extrem fettarm ernähren, sollten auf eine gezielte Ergänzung achten.

Ayurvedische Fruchtbarkeitsrezepte

In der ayurvedischen Küche werden die Speisen entsprechend den Bedürfnissen der einzelnen Dosha (→ Seite 122) zusammengestellt. Die individuelle Verträglichkeit steht im Vordergrund.

In vielen Kulturen dient Nahrung traditionell als Heilmittel. So kennen beispielsweise die Heilsysteme des asiatischen Kulturkreises, wie die alte Chinesische Medizin, keinen Unterschied zwischen Arznei und Nahrung.

Das gilt auch für Ayurveda. Denn hier zählt seit über 40 Jahrhunderten eine individuell auf die unterschiedlichen Bedürfnisse abgestimmte Ernährungsweise zu den wichtigsten Maßnahmen der Gesundheitspflege. Nach der ayurvedischen Lehre wirkt die Nahrung stark auf das Gleichgewicht der Doshas und damit auf

Rezepte für die Fruchtbarkeit

die Gesundheit eines Menschen ein, weshalb Ayurveda ihr auch einen immensen Stellenwert zur Erhaltung und Wiederherstellung der Fruchtbarkeit beimisst.

Nahrung für Shukradhatu

Ayurveda kennt ganz bestimmte Nahrungsmittel, welche die Fruchtbarkeit fördern. So sind alle nicht fermentierten Milchprodukte wie Milch, Butter und Sahne sowie alle Arten von Nüssen, Rosinen und Datteln bestens dazu angetan und sollten deshalb fest im Speiseplan integriert werden. Aber auch Ghee und Honig nähren Shukradhatu und erhöhen die Fortpflanzungskraft. Hier einige Empfehlungen aus dem ayurvedischen Rezeptreigen zur Steigerung der Fruchtbarkeit, die Sie sich nicht entgehen lassen sollten:

COCKTAIL FÜR POTENZ UND LIBIDO

Zutaten: *⅛ l heiße Milch · 1 TL Ghee · drei Fäden Safran · Kokosflocken · Vanille und Zimt*
Zubereitung: Die Zutaten mischen und das Getränk vor dem Sex trinken.

MILCHMIX FÜR SPERMIENPRODUKTION UND POTENZ

Zutaten: *⅛ l Milch · 3 Fäden Safran · 1 TL Ghee · 1 TL Rohrzucker · 3 Nelken*
Zubereitung: Alle Zutaten in die Milch geben, aufkochen und täglich vor dem Schlafengehen über einen Zeitraum von vier bis sechs Wochen trinken.

NUSSMIX FÜR DIE LUST

Zutaten: *10 EL getrocknete, gehackte Datteln · 10 EL gehackte Cashew-Nüsse · 10 EL Pistazien · 4 EL Honig · Ghee*
Zubereitung: Die Nüsse mit dem Honig mischen und für etwa eine Woche in Ghee (Rezept → Seite 190) einweichen. Essen Sie täglich einen Teelöffel von dieser Mischung.

Zur allgemeinen Stärkung der Geschlechtsorgane und zur Unterstützung der Keimdrüsenfunktionen sollten Sie regelmäßig Knoblauch, Zwiebeln, Süßholz, Ingwer sowie Spargel essen.

> **Ghee selbst herstellen**
>
> Ghee können Sie ganz einfach selbst herstellen: Mischen Sie Vollmilchjoghurt zu gleichen Teilen mit Wasser. Dann verquirlen Sie das Ganze gut und schöpfen die Butter, die sich alsbald auf der Oberfläche absetzt, ab. Geben Sie die Butter in einen Kochtopf, den Sie bei milder Hitze auf den Herd stellen. So verdampfen alle Wasseranteile; verbliebene Unreinheiten steigen als Schaum nach oben und können leicht abgeschöpft werden. Was nun im Topf übrig bleibt, ist reiner und hochwertiger Ghee.

Die Voraussetzungen schaffen

Als eine der vorbereitenden Maßnahmen für die Schwangerschaft empfiehlt die ayurvedische Lehre auch die Entgiftung des Körpers.

Wie eingangs bereits angeklungen, ist die Fähigkeit zur Fortpflanzung in vieler Hinsicht ein Spiegel unserer Lebensweise. Entsprechend lassen sich nicht nur die Chancen auf Nachwuchs optimieren, sondern auch schon weit vor dem eigentlichen Zeitpunkt der Zeugung gute Voraussetzungen für Empfängnis und damit für ein gesundes Baby schaffen. Denn neues Leben beginnt bereits vor der Befruchtung – je besser die Bedingungen für die männlichen Samen- und die weiblichen Eizellen, desto besser sind die Aussichten auf Erfüllung des Kinderwunsches.

Wer schwanger werden bzw. ein Kind zeugen möchte, sollte die Weichen dafür in jedem Fall frühzeitig und richtig stellen, sich also regelrecht darauf vorbereiten. Eine Empfehlung übrigens, die in vielen traditionellen Medizinsystemen von jeher ganz selbstverständlich ist.

Im Ayurveda beispielsweise überlässt man die Empfängnis nicht allein dem Zufall, sondern stärkt die Fortpflanzungsorgane schon Monate vorher. Unter anderem mittels aphrodisierender Rezepturen und einer, wie vorher kurz erwähnt (→ Seite 188), speziellen Ernährung – alles im Sinne einer Optimierung der Fruchtbarkeit und einer gesunden Nachkommenschaft.

Allmählich besinnt man sich auch im Westen wieder auf das alt-

Fruchtbarkeit als Spiegel unserer Lebensweise

bewährte »Zeugungs-Know-how« vergangener Tage. Viele Reproduktionsmediziner raten Paaren mit Kinderwunsch zu einer rund halbjährigen Vorbereitungsphase, in der sie ihre Fortpflanzungskräfte rundum stärken sollten.

Was diesem Ziel dienlich ist, den Weg zur Elternschaft erleichtert oder blockiert, erläutern die nächsten Seiten.

Der Count-down läuft

Hier eine kurze Zusammenfassung der wichtigsten Dinge, die Paare mit Kinderwunsch berücksichtigen sollten.

Genussgifte meiden Versuchen Sie beide mit dem Rauchen aufzuhören und schränken Sie, ebenso beide, Ihren Alkoholkonsum ein; besonders von harten Sachen sollten Sie die Finger lassen. Das Gleiche gilt für Kaffee. Trinken Sie möglichst nicht mehr als zwei Tassen am Tag.

Bausteine des Körpers sichern Lassen Sie mittels Blutbild Ihre Versorgung mit Vitaminen, Spurenelementen und Mineralstoffen prüfen. So können Sie Mangelzustände, vor allem der genannten Stoffe (→ Seite 173 bis 188), erkennen und ihnen entgegenwirken. Ganz allgemein empfiehlt es sich für beide Partner, folgende Stoffe in Form von Zusatzpräparaten einzunehmen: Beta-Karotin, Zink, Selen, Vitamin C und E sowie die Vitamine der B-Gruppe, allen voran Folsäure.

Ausgewogen ernähren Achten Sie auf eine gesund und ausgewogene Ernährung. Auf Ihrem Speiseplan sollten wenig Fleisch, Wurst, raffiniertes Mehl und weißer Zucker stehen, dafür aber viele Vollkornprodukte und reichlich Gemüse und Obst aus biologischem Anbau.

Idealgewicht erstreben Falls Sie beide oder einer von Ihnen zu viel oder zu wenig Gewicht auf die Waage bringt, sollten Sie dieses ausgleichen – entweder durch eine ausgewogene und keinesfalls übertriebene Diät oder aber durch mehr eiweiß- und kohlehydratreiches Essen. Die besten Voraussetzungen für eine Schwangerschaft sind ein Körperfettanteil von 27 bis 29 Prozent; das entspricht etwa dem Idealgewicht.

Eine gesunde Ernährung, der Verzicht auf Alkohol, Tee und Kaffee und ein ausreichendes Maß an Bewegung helfen, den Körper optimal auf Befruchtung und Schwangerschaft vorzubereiten.

Zur Ermittlung des Body-Mass-Index multipliziert man die Körpergröße in Metern mit sich selbst und teilt das Körpergewicht durch das Ergebnis. Er sollte bei 25- bis 40-jährigen zwischen 20 und 26 liegen.

Wege zur Elternschaft

Amalgamfüllungen sollten Sie frühzeitig entfernen lassen. Lassen Sie sich von Ihrem Zahnarzt über Alternativen beraten.

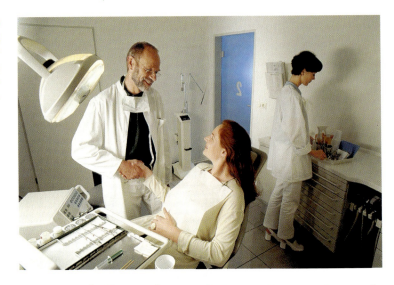

Körpersignale kennen lernen Als Frau sollten Sie die Signale Ihres Körpers deuten und Ihren monatlichen Zyklus bestimmen lernen – dies birgt auf jeden Fall die zuverlässigsten Aussagen über Ihre Fruchtbarkeit, nämlich über den Zeitpunkt Ihrer Eisprünge (→ Seite 30 bis 31).

Entgiften Haben Sie Amalgamfüllungen, lassen Sie diese besser entfernen und leiten Sie Schadstoffe gezielt aus (→ Seite 99). Zur Entgiftung eignen sich Fastenkuren oder alternativ die ayurvedischen Reinigungstherapien des Pancakarma (→ Seite 126 bis 130). Auch anderen Umweltgiften, Zusatzstoffen in Nahrung, Kleidung und Möbelstücken, sollten Sie aus dem Weg gehen.

Erkrankungen vorbeugen Frauen sollten sich immer auch gegen Röteln impfen lassen und ganz besonders achtsam gegenüber Scheideninfektionen, Pilzen und anderen Erkrankungen der Genitalien sein; beziehen Sie Ihren Gynäkologen eng in die Nachwuchsvorbereitungen ein.

Um der ungewollten Kinderlosigkeit entgegenzuwirken, gibt es eine Menge, vermeintlich nebensächliche, Maßnahmen.

Psychischen Belastungen entgegenwirken Versuchen Sie beide, so gut es geht, Stress und seelische Belastungen zu vermeiden; gute Mitstreiter bei diesem wahrlich nicht einfachen Vorhaben sind verschiedene Entspannungsmethoden, von denen einige bereits vorgestellt wurden (→ Seite 137).

Medikamente kontrollieren Verzichten Sie auf sämtliche Arzneimittel, die nicht unbedingt nötig sind. Falls Sie dauerhaft bestimmte Medikamente einnehmen müssen, erkundigen Sie sich bei Ihrem Arzt, ob diese für Schwangere und das Ungeborene unbedenklich sind oder nicht.

Sport in Maßen Bewegung ist gut, zuviel Fitnessbewusstsein jedoch einer Empfängnis eher hinderlich. Vor allem Frauen sollten ihre Besuche im Fitnessstudio einschränken und einen entspannten Spaziergang in der freien Natur vorziehen.

Fruchtbarkeitsstörungen sind in aller Regel kein unabänderliches Schicksal. Vielmehr haben Sie viele Möglichkeiten, aktiv etwas für die Erfüllung Ihres Kinderwunsches zu tun.

Zeugungskräftige Stellungen

Dass sexuelles Erleben einen nicht geringen Einfluss auf die Fruchtbarkeit hat, ist bereits erläutert worden. Abgesehen vom Feuerwerk der Endorphine und Hormone, das während dem Sex und vor allem beim Orgasmus losbricht, haben auch bestimmte Spielarten der Lust einen nicht zu unterschätzenden Einfluss auf die Nachwuchschancen.

Am förderlichsten für die Fruchtbarkeit gilt die Stellung, bei der die Frau den Mann von hinten in sich eindringen lässt. Denn auf diese Weise ist die Gebärmutter im idealen Winkel geneigt, sodass das Sperma nach dem Samenerguss direkt in sie hineinfließen und seinen Weg Richtung Eileiter antreten kann. Der Empfängnis ebenfalls förderlich ist es, wenn der Mann in der Hocke sitzt und die Frau eng an sich heranzieht, während diese ihn mit ihren Beinen umschließt. Dabei kippt sich das Becken leicht nach hinten und das Sperma strömt nahe dem Muttermund in die Scheide.

Die Missionarsstellung leistet der Zeugung allerdings wenig gute Dienste, denn dabei fließt der größte Teil des Spermas wieder aus der Scheide heraus. Zieht die Frau dagegen die Knie etwas an und knickt dadurch das Becken leicht ab, lässt sich der Ausfluss der kostbaren Mannessäfte etwas mindern.

Generell empfiehlt es sich im Dienste der Empfängnis, nach dem Sex noch eine Weile liegen zu bleiben und sich ein Kissen unter das Becken zu schieben, damit das Sperma nicht so leicht aus der Scheide fließen kann.

Frauen mit Kinderwunsch sollten auch von der Dusche oder dem Bad nach dem Liebesspiel absehen. Dabei werden »wertvolle« Samenzellen aus dem Körper gewaschen, die ansonsten zur Zeugung bereitgestanden wären. Das Auswaschen der Scheide war früher mit eines der gebräuchlichsten Verhütungsmittel – und genau das wollen Sie ja nicht.

Taoistisches Liebesspiel für die Fruchtbarkeit

Die Anhänger des Taoismus versuchten, beispielsweise durch Meditation, Alchemie und sexuelle Praktiken die Unsterblichkeit des Körpers zu erreichen.

Das Tao der Liebe, eine der acht Säulen der chinesischen Wissenschaft vom Leben, empfiehlt ganz bestimmte Positionen beim Liebesspiel. Mit ihrer Hilfe sollen Sexualität und sexuelle Energie gezielt zur Verbesserung von Gesundheit, Harmonisierung und Erhöhung der geistigen Energie eingesetzt werden. Diese »heilenden Stellungen« nutzen die Reflexzonen des Penis und der Scheide – in jeder Position wird eine andere Zone stimuliert, dass heißt die Auswahl ist demnach abhängig von der jeweils zu behandelnden Störung.

Die folgende Stellung, bei der die Frau als Heilerin agiert, dient der Besserung sexueller Probleme des Mannes, wie beispielsweise Impotenz und vorzeitigem Samenerguss sowie Orgasmusschwierigkeiten:

- Die Frau legt sich auf die Seite und dreht ihre Hüften so, dass das Becken so weit wie möglich nach oben ragt.
- Der Mann befindet sich über ihr und dringt von hinten in sie ein.

Auch die richtige Stellung beim Sex kann zur erfolgreichen Befruchtung beitragen. Die sogenannte Missionarsstellung ist nicht empfehlenswert, da der Samen schnell wieder aus der Scheide herausfließt.

- In dieser Stellung, so rät das Tao der Liebe, sollten 15 Tage lang zweimal täglich neun mal zehn Sequenzen durchgeführt werden. Das heißt, neunmal hintereinander zehn Stöße – allerdings langsam und vorsichtig, denn der Mann sollte dabei nicht zur Ejakulation kommen.

Hier eine Position, in welcher der Mann der Heiler ist und die bei hormonellen Ungleichgewichten und unregelmäßigen Zyklen der Frau empfohlen wird:

- Der Mann liegt auf dem Rücken, die Frau kniet über ihm und wendet ihm das Gesicht zu.

Während sie sich auf und ab bewegt, dringt der Penis abwechselnd flach und tief in sie ein; zusätzlich führt sie kreisende Bewegungen durch – auf diese Weise wird die gesamte Scheide vollständig massiert und mit ihr sämtliche Reflexzonen des Körpers. Außer zur Besserung hormoneller Störungen trägt dies zur allgemeinen Harmonisierung des Nervensystems bei.

Schwanger oder nicht?

Obwohl die Periode wie erwähnt auch aus »internen« Gründen (→ Seite 48) und keinesfalls nur aufgrund einer Schwangerschaft ausbleiben kann, sollten Sie sich zu einem möglichst frühen Zeitpunkt Klarheit verschaffen.

Ein problemloser Test

Einfach und unkompliziert geht das mit den in jeder Apotheke erhältlichen Schwangerschaftstests, die Sie selbst zu Hause durchführen können. Diese Tests reagieren schon auf winzigste Mengen an HCG (→ Seite 35). Da dieses Hormon vor allem in den ersten drei Schwangerschaftsmonaten in größeren Mengen gebildet wird, lässt es sich bereits zum Zeitpunkt der ausbleibenden Blutung im Urin nachweisen: Dazu halten Sie den Teststreifen – am besten morgens, denn dann ist die Konzentration besonders hoch – in Ihren Urin. Bereits nach drei Minuten wissen Sie anhand der Verfärbung des Teststreifens, ob Sie schwanger sind.

Typische Signale

Außer dem Ausbleiben der Blutung gibt es natürlich noch eine Reihe anderer typischer Anzeichen für eine Schwangerschaft. Als da wären die »berühmte« morgendliche Übelkeit und schmerzhaftes Spannen der Brüste sowie Heißhungerattacken, vorzugsweise auf schier unglaubliche Speisenzusammenstellungen – Marke Essiggurken mit Schokoladenpudding ... Weitere Hinweise auf eine mögliche Schwangerschaft können außerdem Appetitlosigkeit, plötzliche unerklärliche Stimmungsschwankungen sowie eine erhöhte Empfindlichkeit gegenüber Gerüchen sein.

Das Schwangerschaftshormon Human-Chorion-Gonadotropin, HCG, wird bereits in den ersten Tagen nach der Befruchtung, sobald sich die Eizelle eingenistet hat, gebildet.

Der moderne Klapperstorch

Haben alle Bemühungen nicht gefruchtet, bleiben oft nur noch die Maßnahmen des modernen Klapperstorchs zur Erfüllung des Kinderwunsches. Allerdings sollte zuvor sichergestellt sein, dass alle anderen Verfahren ausgeschöpft sind, denn die schulmedizinischen Therapien greifen stark in die Privatsphäre ein und bedürfen intensiver ärztlicher Bemühungen.

Eine künstliche Befruchtung ist für beide Partner eine langwierige Strapaze.

Den Weg bereiten

Neben der Hormontherapie stellen vor allem die Verfahren zur künstlichen Befruchtung für das Paar eine erhebliche Belastung dar. Das sollte nicht zuletzt auch angesichts der nicht so rosigen Erfolgsraten reiflich überlegt werden.

Denn die potentielle Zeugung findet hier nicht mehr in lustvoller Intimität, sondern im Nebenzimmer des Behandlungsraums und anschließend auf dem Gynäkologenstuhl statt. Die Folgen, die diese Sterilitätstherapien nach sich ziehen, liegen auf der Hand: Die Fokussierung auf den immer noch nicht erfüllten Kinderwunsch steigert sich ins Unermessliche, proportional dazu wächst der Leidensdruck. Nicht nur jener der betroffenen Frauen, sondern auch ihrer Partner.

Reproduktionsmedizin und schulmedizinische Therapien sollten erst dann in Betracht gezogen werden, wenn alle anderen Behandlungen fehlgeschlagen sind.

Stand bislang »Sex nach Plan« auf dem Programm, reduziert sich nun der sexuelle Akt, wenn man noch von einem solchen sprechen kann, endgültig auf die – im wahrsten Sinne – »Produktion« von Nachwuchs. Sexualität wird damit zur Pflichterfüllung und lässt jegliche Lust vollkommen schwinden: Beobachtungen an Paaren mit unerfülltem Kinderwunsch ergaben, dass während einer drei Jahre dauernden Sterilitätstherapie rund 30 Prozent der Männer und Frauen massive sexuelle Störungen entwickelt hatten. Was sich ebenso gezeigt hat, ist, dass die Chancen auf Erfolg umso geringer werden, je länger die Behandlung dauert und je belastender die gewählte Methode ist. Doch die wenigsten Paare verabschieden sich nach einigen Fehlschlägen von ihrem Kinderwunsch: Wiederholungsversuche werden von vornherein eingeplant und der Moment zum endgültigen Therapieabbruch von Mal zu Mal hinausgeschoben. Der Stress wird dabei für beide Partner immer größer.

Sterilitätstherapien, sowohl die Behandlungen zur künstlichen Befruchtung wie auch Hormontherapien und chirurgische Maßnahmen, können zur wahren Tortur für Seele und Körper werden. Deshalb ist es umso wichtiger, dass sich beide Partner vor Behandlungsbeginn über die Strapazen und alle ihre Konsequenzen im Klaren sind und sich einen Zeitpunkt setzen, an dem sie mangels Erfolgs die Therapie abbrechen – so schwer das auch sein wird. Doch im Dienste der eigenen seelischen wie körperlichen Gesundheit sollte ab einem gewissen Punkt akzeptiert werden, dass ein glückliches Leben auch ohne Kinder möglich ist.

Mit jeder gescheiterten künstlichen Befruchtung nehmen vor allem bei den Frauen Schuldgefühle, Selbstzweifel und die Neigung zu Depressionen zu.

Die Erfolgsquoten

Mehrere Studien der letzten Jahre haben gezeigt, dass die Erfolgsrate aller schulmedizinischen Verfahren – Hormonbehandlungen, chirurgische und reproduktionsmedizinische Therapien zusammengenommen – nicht höher liegt als die Wahrscheinlichkeit unfruchtbarer Paare, ohne Behandlung ein Kind zu bekommen. Dies gilt wohlgemerkt für Paare, bei denen keine schweren organischen Störungen bestehen. Viele Paare mit unerfülltem Kinderwunsch unterziehen sich Sterilitätsbehandlungen, obwohl eine organische Ursache nicht eindeutig nachgewiesen ist. Der Grund dafür liegt meist darin, dass die Bereitschaft des Paares, weiter auf den Nachwuchs zu warten, nicht mehr vorhanden ist.

Die Beratung

Den Beginn der Behandlung bildet eine ausführliche Beratung seitens des Arztes. Er legt die Diagnose in laienverständlicher Form dar und erläutert mögliche Therapiewege, deren Erfolgsaussichten und Dauer. Allesamt bedeutende Kriterien, die Paaren die Entscheidung erleichtern sollen.

Eine Therapie sollte keinesfalls ohne vorangegangene Diagnose begonnen werden, da die Aussichten auf Erfolg sonst noch niedriger zu bewerten sind.

Wichtig ist, dass beide Partner eine möglichst genaue Vorstellung über Zeitaufwand, Aus- und Nebenwirkungen auf ihren Körper und psychische Belastungen haben. Anhand dessen können dann beide Partner gemeinsam eine Entscheidung für oder gegen die eine oder andere Methode treffen und auch gemeinsam tragen. Denn Unfruchtbarkeit kann nicht isoliert nur bei dem Partner behandelt werden, bei dem die Ursachen gefunden wurden. Die Therapie muss von und mit beiden Partnern durchgeführt werden. Entsprechend sollten beide Partner Vertrauen zum behandelnden Arzt aufbauen, Fragen stellen und ihre Entscheidungen treffen.

Wichtige Entscheidungskriterien

Nach der ersten Besprechung und der Eingangsuntersuchung beider Partner müssen einige Fragen noch einmal diskutiert werden; und zwar gemeinsam. So sollten Sie sich überlegen, wie viel Zeit Sie investieren möchten und können, um Ihren unerfüllten Kinderwunsch zu verwirklichen. Je nach Behandlung können tägliche Arztbesuche und mehrtägige Klinikaufenthalte notwendig werden. Können Sie, falls Sie angestellt sind, ausreichend Urlaub bekommen oder auch unbezahlten Urlaub nehmen? Auch Ihr Partner muss sich für die Behandlung Zeit nehmen. Wählen Sie also einen günstigen Zeitpunkt und bedenken Sie, dass sich eine Fruchtbarkeitsbehandlung über Monate erstrecken kann.

Wenn Sie berufstätig sind, sollten Sie sich auch Gedanken machen, was Sie Ihren Kollegen und Ihrem Vorgesetzten als Grund für die häufigen Arztbesuche und Arbeitsausfälle angeben. Überlegen Sie sich Strategien, wie Sie bei einem Misserfolg mit Ihrer Enttäuschung am Arbeitsplatz umgehen können.

Abgesehen davon kostet eine Fruchtbarkeitsbehandlung nicht nur Zeit und psychische Kraft, sondern auch Geld. Zwar wird die Behandlung an sich, sofern bestimmte Bedingungen erfüllt sind, durch die Krankenkasse übernommen. Außer Acht gelassen werden sollten jedoch nicht die Auslagen für Reisen zu Fachärzten und in Kliniken sowie die eventuell entstehenden Kosten für unbezahlten Urlaub.

Die Weichen richtig stellen

Nachfolgend einige Punkte, die für den Verlauf der Fruchtbarkeitsbehandlung bedeutend sind und nicht nur die Erfolgsaussichten erhöhen, sondern zugleich auch die körperlichen wie psychischen Belastungen verringern helfen. Gerade bei einer bei beiden Partnern derart stark in alle Bereiche des täglichen Lebens eingreifenden Therapie sind Arztwahl und andere praktische Erwägungen enorm wichtig.

Arztwahl Informieren Sie sich bei Ihrem Arzt, welche Behandlungen er selbst durchführen kann und wann er Sie zu einem Spezialisten überweisen muss. Fragen Sie nach der Erfahrung des Arztes mit verschiedenen Methoden und nicht zuletzt nach den Erfolgsraten. Löchern Sie Ihren Arzt mit Fragen, denn nur wenn Sie sich gut informieren, können Sie selbst Chancen und Risiken einschätzen. Scheuen Sie sich nicht, einen zweiten Arzt zu Rate zu ziehen, falls Sie verunsichert sind.

Es ist wichtig, dass beide Partner ein gutes Verhältnis zum betreuenden Arzt aufbauen. Aber auch dies sollte Sie nicht davon abhalten, in Zweifelsfragen einen zweiten Fachmann ins Vertrauen zu ziehen.

Stationäre oder ambulante Behandlung Achten Sie bereits beim ersten Arztbesuch darauf, welche Möglichkeiten Ihnen in Aussicht gestellt werden. Es ist nicht immer erforderlich, eine bestimmte Behandlung stationär, verbunden mit einem mehrtägigen Aufenthalt im Krankenhaus, durchzuführen. Ultraschalluntersuchungen können beispielsweise ambulant und Hormontherapien zu Hause durchgeführt werden. Lediglich zu den Kontrolluntersuchungen muss dann regelmäßig der Arzt konsultiert werden. Wenn Sie sich nicht sicher sind, dass der von Ihrem Arzt vorgeschlagene stationäre Aufenthalt auch wirklich notwendig ist, befragen Sie einen weiteren Arzt.

Durch gute Planung können Sie den Anteil an stationärer Behandlung und damit die Zahl der benötigten Urlaubstage reduzieren.

Therapiedauer Überlegen Sie sich bereits vor Beginn, wie lange Sie eine Therapie versuchen möchten. Denn nur selten klappt es gleich beim ersten Mal. Wichtig ist sowohl für den Körper als auch für die Psyche, zwischendurch eine Pause einzulegen und sich auch einen Termin zum Abbruch der Behandlung zu setzen.

Therapiebegleitende Maßnahmen Ziehen Sie darüber hinaus auch eine gezielte psychologische Beratung begleitend zur Therapie in Erwägung. Sie kann helfen, Strategien zu entwickeln, die allzu große Traurigkeit und Frust bei Misserfolgen vermeiden oder vermindern. Das baut Stress ab und beeinflusst damit zugleich die Fruchtbarkeit positiv. Eine andere gute Möglichkeit bietet hierzu der Austausch mit betroffenen Paaren im Rahmen einer Selbsthilfegruppe. Die Erkenntnis, dass andere Paare dieselben Probleme haben, macht die eigenen Schwierigkeiten leichter. Haben andere Paare zudem Wege gefunden, mit ihren Ängsten und unerfüllten Wünschen umzugehen, können Sie davon vielleicht profitieren.

Machen Sie sich immer wieder klar, dass eine Partnerschaft auch ohne Kinder ein glückliches Leben bedeuten kann.

Alternativen Überlegen Sie, was geschehen soll, wenn die medizinischen Möglichkeiten ausgeschöpft sind und Ihr Kinderwunsch nicht in Erfüllung gegangen ist: Welche Alternativen, beispielsweise eine Adoption, kommen für Sie dann in Frage?

Unter welchen Bedingungen zahlen die Kassen?

Wie bereits angeklungen, bedeutet eine Fruchtbarkeitsbehandlung auch einen je nach Verfahren unterschiedlich hohen Kostenaufwand. Dieser wird von den Krankenkassen nur erstattet, wenn folgende Bedingungen erfüllt sind:

- Die Maßnahmen sind nach ärztlicher Auffassung erforderlich, und es besteht hinreichend Aussicht, dass durch die Maßnahmen eine Schwangerschaft herbeigeführt wird.
- Eine hinreichende Aussicht gilt als nicht mehr gegeben, wenn die Therapiemaßnahme zwischen viermal (In-vitro-Fertilisation) und achtmal (Insemination) erfolglos durchgeführt worden ist.
- Paare, die eine In-vitro-Fertilisation (→ Seite 213) in Anspruch nehmen wollen, müssen miteinander verheiratet sein.

Die Kostensituation bei Sterilitätstherapien

- Vor Durchführung der In-vitro-Fertilisation muss ein Arzt, der die Behandlung später nicht selbst durchführen darf, den Eheleuten die medizinischen und psychologischen Aspekte der Therapie erläutern.
- Die In-vitro-Fertilisation wird an einer Einrichtung vorgenommen, die eine Genehmigung zur Durchführung künstlicher Befruchtungen besitzt.
- Zur Befruchtung werden ausschließlich Ei- und Samenzellen der Ehegatten verwendet.
- Nach einer Sterilisation besteht grundsätzlich kein Anspruch auf Zahlung. Ausnahmen bedürfen der Genehmigung durch die Krankenkasse.

Die Übernahme der Kosten für Maßnahmen zur künstlichen Befruchtung durch die Krankenkassen unterliegt zahlreichen Beschränkungen.

Richtlinien der Kassenärztlichen Vereinigung

- Ärztliche Maßnahmen zur künstlichen Befruchtung sind nur durchzuführen, wenn andere Möglichkeiten, wie Operationen oder alleinige hormonelle Stimulationen, keine hinreichende Aussicht auf einen Erfolg bieten, nicht durchführbar oder aber keinesfalls zumutbar sind.
- Die homologe Insemination in einem nicht hormonell stimulierten Zyklus wird bis zu achtmal und in einem stimulierten Zyklus bis zu sechsmal erstattet. Die In-vitro-Fertilisation wird bis zu viermal, der intratubare Gametentransfer bis zu zweimal erstattet. Alle darüber hinausgehenden Behandlungsversuche bedürfen grundsätzlich der Genehmigung durch die Krankenkasse.
- Da der Behandlungserfolg stark vom Alter der Frau beeinflusst wird, sollten Maßnahmen zur künstlichen Befruchtung bei Frauen, die das 40. Lebensjahr vollendet haben, nicht mehr durchgeführt werden. Ausnahmen sind nur bei Frauen zulässig, die das 45. Lebensjahr noch nicht vollendet haben, sofern die Krankenkasse nach der Beurteilung der Erfolgsaussichten durch einen Gutachter eine Ausnahmegenehmigung erteilt hat.

Unverheiratete Paare sind benachteiligt, denn die Krankenkassen übernehmen die Kosten für eine In-vitro-Fertilisation nicht.

Selbstkosten

Die Kosten für Mikroinjektionen (ICSI → Seite 215) gehören noch nicht zu den Kassenleistungen und müssen daher aus eigener Tasche bestritten werden. Sie liegen zwischen 3000 und 5000 Mark pro Behandlungszyklus. Einige wenige Krankenkassen beteiligen sich inzwischen an den Kosten für eine Mikroinjektion oder übernehmen sie ganz. Es empfiehlt sich deshalb, vor Behandlungsbeginn bei der Krankenkasse nachzufragen.

Auch die heterologe Insemination (→ Seite 212) wird nicht von den Kassen bezahlt. Da es hierfür bislang keine gesetzlichen Regelungen gibt, kann jedes Behandlungszentrum seine eigenen Preise fordern. Hier einige Richtwerte: Die Behandlung über ein Jahr mit maximal zwölf Inseminationen kostet etwa 5000 Mark, über ein halbes Jahr mit maximal sechs Inseminationen die Hälfte; die Behandlung innerhalb von drei Monaten, mit insgesamt drei Inseminationen zum Zeitpunkt des Eisprungs, beträgt hingegen rund 1000 Mark.

Damit die Botschaft ankommt

Informationen zur Rolle der Hirnanhangsdrüse für den Hormonhaushalt finden Sie ab Seite 29.

Bereits in den 20er Jahren war der Wissenschaft bekannt, dass viele Frauen aufgrund einer unzureichenden Ausschüttung der Geschlechtshormone durch die Hirnanhangsdrüse nicht schwanger werden. Diese Erkenntnis regte die Suche nach geeigneten menschlichen Quellen zur Gewinnung der Hormone an. Anfang der 50er Jahre stellte man fest, dass Frauen nach den Wechseljahren das follikelstimulierende wie das luteinisierende Hormon in großen Mengen mit dem Urin ausscheiden. Die Entwicklung neuartiger Reinigungsverfahren ermöglichte Anfang der 60er Jahre die Herstellung natürlicher Hormonpräparate für den Einsatz in der Kinderwunschtherapie. Die ersten dieser Mittel enthielten noch einen großen Anteil an Fremdeiweißen, die zwar keinen wesentlichen Einfluss auf die Schwangerschaftschancen haben, den Körper jedoch unnötig belasten.

Anfang der 90er Jahre kam schließlich das erste hoch gereinigte follikelstimulierende Hormon auf den Markt, das zu mehr als 95 Prozent aus wirksamen Hormonen bestand. Inzwischen kann das follikelstimulierende Hormon auch biotechnologisch hergestellt werden, was erhebliche Vorteile gegenüber den aus Urin gewonnenen Hormonen hat. Es ist besonders rein, von gleichbleibender Qualität und scheint auch eine höhere Wirksamkeit zu besitzen.

Einen Durchbruch für die Hormontherapie stellte die biotechnologische Herstellung des follikelstimulierenden Hormons dar.

Hormontherapie bei der Frau

Die Gabe von Hormonpräparaten ist die am häufigsten angewandte Fruchtbarkeitsbehandlung. In fast allen Fällen wird sie bei Frauen durchgeführt.

Hormonbehandlung ist jedoch nicht gleich Hormonbehandlung: Soll beispielsweise ein Eisprung ausgelöst werden, wird grundsätzlich anders behandelt als bei einer Vorbereitung zur medizinisch unterstützten Befruchtung. Im zweiten Fall wird mit einer höheren Dosierung bewusst die Heranreifung mehrerer Follikel stimuliert, um bei der Eizellentnahme sicher ausreichend Eizellen gewinnen zu können.

Bei der Mehrzahl der Patientinnen behandelt der Arzt jedoch eine hormonell bedingte Störung. Ziel der Therapie ist es, den natürlichen Zustand wieder herzustellen, bei dem eben nur eine befruchtungsfähige Eizelle heranreift und die Frau einen Eisprung bekommt.

Ablauf der Behandlung

Eine hormonelle Behandlung beginnt innerhalb der ersten Woche nach der Periode. Dabei erhält die Frau täglich eine intramuskuläre (in den Muskel, i.m.) oder subkutane (unter die Haut, s.c.) Injektion des follikelstimulierenden und luteinisierenden Hormons. Diese wird vom Arzt verabreicht, kann aber durchaus auch – nötiges Zutrauen und Sachkenntnis vorausgesetzt – selbst zu Hause vorgenommen werden. Viele Ärzte »schulen« ihre Patienten diesbezüglich auf Anfrage.

Bevor mit der Hormonbehandlung begonnen werden kann, muss geklärt werden, ob lediglich der ausbleibende Eisprung ausgelöst werden muss oder ob der Hormonhaushalt auf eine künstliche Befruchtung vorbereitet werden soll.

Wichtig ist die regelmäßige Kontrolle, die ausschließlich durch den Facharzt erfolgen kann. Dabei wird zwei- bis dreimal wöchentlich eine Ultraschalluntersuchung durchgeführt und begleitend der Anstieg der Östrogene im Blut verfolgt. Nur so können die Gefahr einer lebensbedrohlichen Überstimulation und andere Nebenwirkungen vermieden werden. Andererseits lässt sich durch die regelmäßigen Kontrollen auch feststellen, ob die Dosis unter Umständen gesteigert werden muss, wenn der Körper nicht genügend anspricht.

Hormone können auch täglich per Nasenspray oder im Abstand von vier bis sechs Wochen durch Injektionen zugeführt werden. Letztere stellen allerdings eine noch größere Belastung für den Organismus dar.

Hat das führende Follikel schließlich eine Größe von 16 bis 18 Millimetern erreicht, wird der Eisprung durch eine weitere Hormonspritze gezielt ausgelöst.

Die Stimulationsdauer ist von Patientin zu Patientin unterschiedlich und liegt im Mittel bei 16 Tagen. Aber auch Behandlungsverläufe von 30 Tagen kommen vor.

Hormontherapie auf die sanfte Art

Die Einnahme von bestimmten Hormonen ist eine bereits seit vielen Jahren gängige Therapie bei Wechseljahrs- und Menstruationsbeschwerden wie auch bei Fruchtbarkeitsstörungen. In der Regel werden zur Hormontherapie synthetisch hergestellte Hormone, häufig Östrogene und Progesteron, verabreicht. Die »Hightech-Botenstoffe« bringen den Hormonhaushalt zunächst wieder ins Lot, aber auch viele unangenehme Nebenwirkungen mit sich: Sie greifen nicht nur in das Hormonsystem ein, sondern auch in viele andere Regelkreise des Organismus, wo sie unerwünschte und zum Teil auch schädliche Wirkungen entfalten. Bei natürlichen Hormonen bleiben diese negativen Begleiterscheinungen aus, der regulative Effekt auf den Hormonhaushalt ist jedoch der gleiche. Mittlerweile gibt es auch Cremes mit natürlich gewonnenen Hormonen: Östrogencreme sollte in der ersten Hälfte des Zyklus, Progesteroncreme nach dem Eisprung in der zweiten Zyklushälfte aufgetragen werden.

Spezielle Therapien

Liegt die Ursache der gestörten Hormonproduktion nicht bei der Hirnanhangsdrüse, sondern bereits im Bereich des Hypothalamus, ist es möglich, die Stimulation mit dem Gonadotropin-Releasing-Hormon (GnRH) durchzuführen. Dabei gibt eine kleine Pumpe, der Zyklomat, in regelmäßigen Abständen über eine in der Haut implantierte Kanüle kleine Mengen von GnRH ab. Der Vorteil dieser Methode liegt darin, dass es praktisch zu keiner Überstimulation kommen kann.

Produziert eine Frau andererseits zu viele männliche Hormone, kann durch geringe Dosen Kortison die Produktion und Wirkung der Androgene verringert werden.

Die Erfolgsaussichten auf eine Schwangerschaft durch eine Hormontherapie liegen pro Zyklus bei 15 bis 25 Prozent.

Hormontherapie beim Mann

Die gängigste Form der Hormonbehandlung beim Mann ist die tägliche Einnahme niedrig dosierter Androgenpräparate. Hierbei werden Testosteron und seine Abkömmlinge in Form von Tabletten über mindestens drei Monate eingenommen. Diese Behandlung erweist sich vor allem dann als erfolgreich, wenn der Testosteronspiegel zu niedrig ist. Die Androgene wirken in diesen niedrigen Dosen nicht direkt auf die Spermienbildung. Sie greifen vielmehr indirekt in das Nebenhoden-Samenleiter-System ein, indem sie dessen Reserven aktivieren. Damit wird zwar eine zeitweilige Verbesserung der Spermaqualität erreicht, jedoch kein Dauererfolg.

Andere Hormonbehandlungen setzen am Hoden an; die wichtigsten Präparate, die hier zur Anwendung kommen, sind Clomifen® und Tamoxifen®. Da sie die Hirnanhangsdrüse stimulieren, mehr follikelstimulierendes Hormon und luteinisierendes Hormon auszuschütten, erhöhen sie auf direktem Wege die Spermienproduktion. Über den Behandlungseffekt der genannten Substanzen liegen allerdings noch keine statistisch gesicherten Daten vor. Darüber hinaus besteht die Möglichkeit, die beiden Geschlechtshormone direkt zur Steigerung der Spermienbildung zu verabreichen, mit dem Nachteil, dass dazu eine Injektion nötig ist.

Ist der Testosteronspiegel des männlichen Partners zu niedrig, kann er durch schwach dosierte Hormonpräparate erhöht werden.

Ebenso wie bei Frauen können auch bei Männern über Hormonpumpen geringe Mengen des Gonadotropin-Releasing-Hormons in den Kreislauf abgegeben werden. Ihr Anwendungsbereich ist jedoch eingeschränkt. In der Praxis finden sie nur Einsatz, um die Spermienbildung derjenigen Männer in Gang zu bringen, deren geschlechtliche Entwicklung nicht einsetzt.

Die gängigen Präparate

Bei einer Clomifentherapie ist das Risiko einer Fehlgeburt sehr hoch, auch Mehrlingsgeburten treten relativ häufig auf.

Eines der gängigsten Mittel, das bei Frauen wie Männern gleichermaßen häufig eingesetzt wird, ist Clomifen®. Dabei handelt es sich um ein künstlich hergestelltes Medikament mit überwiegend anti-östrogenen Effekten. Sie täuschen dem Körper einen zu niedrigen Östrogenspiegel vor, der mit einer vermehrten Bildung von follikelstimulierendem und luteinisierendem Hormon beantwortet wird. Auf diese Weise regt Clomifen® bei der Frau die Follikelreifung an und löst den Eisprung aus, beim Mann bewirkt es eine Steigerung der Spermienbildung.

Ist bei Frauen nach drei Behandlungszyklen mit Clomifen® noch kein Eisprung erfolgt, oder hat nach maximal sechs Zyklen, bei denen ein Eisprung eintrat, noch keine Befruchtung stattgefunden, besteht erfahrungsgemäß kaum mehr Aussicht auf Erfolg. Clomifen® sollte in jedem Fall nur über einen begrenzten Zeitraum, keinesfalls länger als sechs Monate, eingenommen werden, seine Nebenwirkungen sind beachtlich. An der Tagesordnung sind Schwindel und Sehstörungen, Hitzewallungen und Schweißausbrüche, Unterleibsbeschwerden, Übelkeit und Kopfschmerzen. Bei Frauen können sich während der Behandlung Eierstockzysten bilden und die Eierstöcke sich krankhaft vergrößern. Studienergebnisse haben auch gezeigt, dass durch Clomifen® vermehrt Zellen mit Defekten im Erbmaterial, Chromosomenanomalien, zum Eisprung kommen. Dies gilt als Erklärung für die hohe Rate an Fehlgeburten nach einer Clomifentherapie. Ebenso kann dieses Präparat Mehrlingsgeburten zur Folge haben, wenn gleich mehrere Eizellen heranreifen – der Kinderwunsch wird nicht selten also gleich doppelt oder dreifach erfüllt …

Da die Begleiterscheinungen der Hormontherapie für den Körper extrem anstrengend und belastend sind, dürfen die Mittel höchstens sechs Monate verabreicht werden.

Manneskraft durch die Haut

Seit kurzem ist eine neue Therapie gegen männlichen Hormonmangel auf dem Markt: Testosteronpflaster, die – auf die Haut geklebt – Potenzproblemen und »erektiler Leistungsschwäche« sowie auch männlichen Fruchtbarkeitsstörungen entgegenwirken sollen. »Damit Mann Mann bleibt«, wie die Herstellerfirma verheißt …

Ein weiteres Präparat, das in der Hormonbehandlung häufige Anwendung findet, ist Tamoxifen®. Es wirkt wie Clomifen® und zeigt daher leider auch dieselben unerwünschten Begleiterscheinungen.

Zu Risiken und Nebenwirkungen lesen Sie …

Aufgrund der mehr als 30-jährigen Erfahrung mit Fruchtbarkeitshormonen können diese Präparate heute relativ niedrig und individuell dosiert werden, dennoch sind ihre Nebenwirkungen immer noch beachtlich. Lang ersehnte Erfüllung des Kinderwunsches hin oder her: Die Gabe von Hormonen stellt ein gesundheitliches Risiko dar. So steigt wissenschaftlichen Studien zufolge das Risiko für Gebärmutterkrebs nach fünfjähriger Therapie mit Östrogenen von fünf auf 15 Prozent an, verdreifacht sich also. Weniger einschneidend, dennoch enorm belastend für den Körper und nicht zu vergessen für die Seele sind Nebenwirkungen wie unter anderem Übelkeit, Gewichtszunahme (zum Teil ganz extrem), Spannungsgefühl in den Brüsten, Wassereinlagerung, Blutungen, Thrombosen, Venenentzündungen, Kopfschmerzen sowie erhöhte Reizbarkeit und Depressivität. Um diese Erscheinungen wenigstens etwas zu mildern, werden vielfach zusätzlich Progesterone verabreicht. Dass diese das Brustkrebsrisiko steigern, wird dabei jedoch außer Acht gelassen.

Durch eine zu hohe Hormondosis kann es zur Vergrößerung und Verdrehung der Eierstöcke kommen. Um diese Überstimulation besser in den Griff zu bekommen, wird häufig zusammen mit den

Aufgrund des gesundheitlichen Risikos von Hormontherapien und der großen Zahl an unerwünschten Nebenwirkungen sollte ihre Durchführung sorgfältig abgewogen werden.

Der moderne Klapperstorch

Geschlechtshormonen ein Gegenmittel gegeben, um diese »in Schach zu halten«. Der Einsatz solcher so genannter GnRH-Antagonisten ist jedoch, wie nicht anders zu erwarten, auch nicht ohne: Er hat Nebenwirkungen, die mit Wechseljahrsbeschwerden vergleichbar sind, wie Hitzewallungen, Müdigkeit, Kopfschmerzen bis hin zu Migräne, Unausgeglichenheit und so fort.

Auch Männer sind vor den durch Eingriffe in den Hormonhaushalt ausgelösten Unbilden nicht gefeit. Hier zeigen sich die unerwünschten Effekte in Gestalt von Schwindelgefühlen, Sehstörungen oder Herzrasen, um nur einige zu nennen.

Trotz ihrer vergleichsweisen Harmlosigkeit sollten demnach auch Hormontherapien reiflich überlegt und nicht zu lange durchgeführt werden. Stellt sich der Erfolg in Form einer Schwangerschaft binnen zwei Jahren nicht ein, empfiehlt sich der Abbruch der Behandlung und die Suche nach Alternativen. So können Follikelreifung und Eisprung auch mittels natürlicher Methoden stimuliert werden, etwa durch hormonell aktive Pflanzen (→ Seite 113) und Verfahren wie Akupunktur oder Homöopathie (→ Seite 108 und 93). Ein Versuch lohnt sich in jedem Fall. Ist die Allgemeinverfassung durch lange Hormonbehandlungen nämlich schon stark angeschlagen, verringern sich auch die Erfolgsaussichten anderer Fruchtbarkeitsbehandlungen.

Bevor Sie eine Hormonbehandlung ins Auge fassen, sollten Sie zunächst natürliche Methoden versuchen. Hier zeigen sich beachtliche Erfolge.

Hormonbehandlung bei künstlicher Befruchtung

Der künstlichen Befruchtung geht eine Hormonbehandlung voraus, für die man die oben genannten Präparate verwendet. Diese werden jedoch wesentlich höher dosiert, um so gleich mehrere Eizellen »auf einen Schlag« zur Reifung zu bringen. Deshalb muss diese Hormonbehandlung noch genauer kontrolliert werden als die einfache Stimulationsbehandlung. Nicht nur, um das Risiko von unerwünschten Wirkungen einzugrenzen, sondern vor allem auch, um den exakten Zeitpunkt der Eizellenentnahme festzulegen.

Operative Eingriffe

Chirurgen als Geburtshelfer

Als Alternative zur hormonellen Behandlung bieten sich chirurgische Maßnahmen an, um dem Klapperstorch doch noch auf die Sprünge zu helfen. Nachfolgend finden Sie eine Übersicht über die gängigen Methoden bei Mann und Frau sowie über deren Chancen und Risiken.

Verwachsungen und Verschlüsse der Eileiter

Verwachsungen der Eileiter treten häufig nach Entzündungen auf. Diese anatomischen Veränderungen können heute entweder durch eine Laparoskopie oder durch mikrochirurgische Operationen, bei denen auch Laser zum Einsatz kommen, aufgelöst werden. Krankhaft veränderte Teile der Eileiter entfernt der Chirurg. Drei Jahre nach dem Eingriff liegen die Erfolgsaussichten auf eine Schwangerschaft bei rund 70 Prozent. Sie sind jedoch stark abhängig vom Ausmaß der Verwachsungen, von der Schwere der krankhaften Veränderungen und von der Menge des entfernten Gewebes.

Bei sterilisierten Frauen, die sich wieder ein Kind wünschen, kann die vorgenommene Durchtrennung der Eileiter mit ganz ansehnlichen Ergebnissen wieder rückgängig gemacht werden. Die Schwangerschaftsrate liegt hier bei durchschnittlich 65 Prozent. Bei allen operativen Methoden rund um die Eileiter ist die Vermeidung von Entzündungen nach dem Eingriff von herausragender Bedeutung für die narbenfreie Heilung.

Selbst sterilisierte Frauen können sich dank der modernen Chirurgie einen erneuten Kinderwunsch erfüllen. Die Erfolgsrate liegt bei 65 Prozent.

Gebärmuttererkrankungen

Wurden krankhafte Veränderungen der Gebärmutter als Ursache der Kinderlosigkeit diagnostiziert, kann ein endoskopischer Eingriff über die Gebärmutter Erfolg versprechen. Dazu wird ein optisches Instrument, in das eine Lichtquelle eingeschlossen ist, durch die Scheide in die Gebärmutter eingeführt. Auf diese Weise kann Gewebe entnommen werden, ohne die Bauchdecke öffnen zu müssen.

Endometrioseherde und Zysten lassen sich operativ entfernen. Auch bei Myomen kann ein chirurgischer Eingriff helfen, die Fruchtbarkeit wiederherzustellen.

Der moderne Klapperstorch

Entfernung von Varikozelen

Mit zunehmender Entwicklung der Chirurgie werden die Operationsmethoden immer ausgefeilter und für den Patienten weniger unangenehm.

Krampfadern am Hoden, so genannte Varikozelen, können eine Ursache für männliche Unfruchtbarkeit sein. Auch hier schaffen operative Eingriffe Abhilfe. Während früher zur Entfernung von Varikozelen die Schnitte an Leistenbeuge und Flanken recht »großzügig« gesetzt wurden, wird heute die hinderliche Krampfader durch eine Laparoskopie entfernt. Ebenso vorteilhaft, weil ambulant durchführbar, ist außerdem das selektive Veröden der Varikozelen, eine Behandlung, die über den Röntgenbildschirm kontrolliert wird.

Verschlüsse der Samenleiter

Führt man sich vor Augen, dass der Samenleiter etwa die Dicke einer Stricknadel besitzt und der Samenkanal nicht umfangreicher als ein Frauenhaar ist, lässt sich ermessen, wie schwierig Operationen an diesem Organ durchzuführen sind. In der Regel wird der Verschluss unter Vollnarkose gesucht, die betreffende Stelle entfernt und die Durchgängigkeit durch Zusammmenfügen noch intakter Samenleiterteile wiederhergestellt. Eine andere Möglichkeit ist, den Samenleiter mit dem Nebenhoden zu verbinden.

Die genannten Eingriffe sind allerdings nur dann machbar, wenn der Verschluss so liegt, dass der Chirurg ihn erreichen kann. Befin-

Manche Eingriffe sind inzwischen relativ einfach ambulant durchführbar. Sie müssen deswegen nicht in ein Krankenhaus.

det sich der Verschluss nahe der Mündung des Samenleiters in die Vorsteherdrüse, ist er operativ nicht zu beheben.
Erfolg versprechender sind Operationen, die eine Sterilisation rückgängig machen sollen, also die künstliche Unterbindung des Samenleiters entfernen. Denn hier kann in jedem Fall an operativ zugängigen Bereichen eingegriffen werden. Doch aufgrund des komplizierten Verfahrens schwanken auch hier die Erfolgschancen stark. Nicht zuletzt entscheidet auch die Qualifikation des Mikrochirurgs sowie sein Equipment über das Ergebnis des Eingriffs. Allerdings überschreiten die Quoten der besten Ärzte und Fruchtbarkeitszentren ebenfalls nicht die 30-Prozent-Marke.

Erkundigen Sie sich bei den Kliniken nach deren durchschnittlichen Erfolgsraten. Diese Zahlen können als wichtiges Entscheidungskriterium dienen.

Elternglück aus der Retorte

Die fortschrittlichsten, aber auch umstrittensten Methoden, die der moderne Klapperstorch zu bieten hat, kommen aus dem Bereich der Reproduktionsmedizin. Viele Paare, die Hormontherapien und andere Fruchtbarkeitsbehandlungen bereits erfolglos absolviert haben, sehen in der künstlichen Befruchtung die letzte Möglichkeit, ein eigenes Kind zu bekommen.
Kein Zweifel, die Reproduktionsmedizin hat seit den 70er Jahren zahlreichen Paaren mit unerfülltem Kinderwunsch geholfen. Doch die intensive medizinische Betreuung und Überwachung, die ihre Methoden erfordern, führen immer wieder zu gewaltigen Problemen. So geraten Paare mit großen Erwartungen an den Erfolg einer In-vitro-Befruchtung oft in eine tiefen Strudel von Hoffnung und Resignation. Das oftmals jahrelange »Hinarbeiten« auf den Nachwuchs macht das Verkraften eines erneuten Fehlversuchs immer schwieriger – mit jedem Mal verstärkt sich das Gefühl von Ohnmacht und Trauer. Wohl den Paaren, die sich von vornherein mit einem möglichen Misserfolg auseinandergesetzt sowie mit großem Durchhaltevermögen gewappnet haben. Die wichtigsten Verfahren zur »artifiziellen Insemination«, der künstlichen Befruchtung, sind im Folgenden kurz dargestellt.

Rein medizinisch gesehen, stellen die Verfahren zur künstlichen Befruchtung nur einen minimalen Eingriff dar, der ambulant durchgeführt werden kann.

Insemination

Bei diesen Verfahren wird der Weg, den das Sperma zurücklegen muss, verkürzt. Zum Zeitpunkt des Eisprungs werden zuvor aufbereitete, »gewaschene« Samenzellen mittels Spritze und dünnem Katheter direkt in die Scheide, intravaginal, oder in die Gebärmutter, intrauterin, injiziert. Die Menge des benötigten Spermakonzentrats schwankt zwischen 0,3 und 0,5 Millilitern.

Um den Eisprung auszulösen, erhält die Frau eine Spritze mit dem Hormon Human Chorion Gonadotropin (HCG). 24 Stunden später erfolgt dann die Übertragung der Spermien. Soll auf die Hormongabe verzichtet werden, muss mit Hilfe von Analysen der zyklusabhängige Gehalt des luteinisierenden Hormons festgestellt werden. Zum Zeitpunkt seiner höchsten Konzentration wird die Insemination durchgeführt.

Homologe Insemination

Bei einer Insemination mit den Spermien des eigenen Partners beträgt die Schwangerschaftsrate je Zyklus 10 bis 30 Prozent.

Diese Methode ist angezeigt, wenn der Samen des Mannes nicht die notwendige Anzahl und/oder Beweglichkeit zur Befruchtung auf natürlichem Weg aufweist. Da die Spermien sich nicht durch die saure und ihnen feindliche Scheidenflüssigkeit schlängeln müssen, sondern gleich direkt in den ihnen freundlich gesinnten Schleim des Gebärmutterhalses kommen, haben sie weitaus bessere Überlebens- und damit Befruchtungschancen.

Das Kind, das aus einer homologen Insemination hervorgeht, ist das leibliche Kind der beiden Partner.

Heterologe Insemination

Die Erfolgsquote von heterologen Inseminationen liegt bei rund 20 Prozent.

Sollte die Zeugungskraft des Mannes nicht ausreichen, so kann der Samen eines anderen Mannes in die Gebärmutter der Frau eingebracht werden. Das Kind ist dann nicht mehr das leibliche Kind beider Partner, sondern nur der Mutter. Dies sollte vor dem Eingriff genau überdacht werden. Manchen Männer fällt es schwer, das Kind, das nicht von ihnen gezeugt wurde, als das ihre zu akzeptieren. Auch den Kindern muss ihre tatsächliche Abstammung aufgedeckt werden; darauf haben sie ein gesetzliches Anrecht.

Indikationen für die Insemination

■ **Homologe Insemination**
Beim Mann indizieren Störungen von Menge, Form und Beweglichkeit der Spermien, vorzeitiger Samenerguss, psychische und anatomisch bedingte Erektionsstörungen, immunologische Sterilität und ungeklärte Sterilität die homologe Insemination.
Bei der Frau indizieren Vaginismus, vaginale Missbildungen und immunologische Sterilität die homologe Insemination.
■ **Heterologe Insemination**
Nicht behebbare Sterilität des Mannes, Erbkrankheiten, Sterilisation des Mannes und immunologische Sterilität sind Faktoren, die eine heterologe Insemination anzeigen.

Befruchtung im Glas: In-vitro-Fertilisation (IvF)

Auch bei dieser Methode geht der eigentlichen Reproduktion die Stimulierung der Eierstöcke voraus. So sollen möglichst viele Eizellen heranwachsen, die dann durch die Scheide entnommen werden. Zu diesem Zeitpunkt wird der Samen durch Masturbation oder Operation gewonnen und vorbereitet. In der Petrischale – daher der Name »in vitro«, im Glas – kommen Samen und Eizelle auf einem Nährboden zusammen und werden mehrere Stunden im Brutschrank bebrütet. Hierbei handelt es sich um das so genannte Vorkernstadium.

Sobald die Spermien in die Eizellen eingedrungen, aber noch nicht mit dem Kern verschmolzen sind, werden nur noch drei Eizellen weiterbebrütet. Sobald der Embryo aus vier Zellen besteht, also rund 48 Stunden später, werden die Eizellen über die Scheide in die Gebärmutter eingepflanzt.

Die restlichen Eizellen können für einen neuen Versuch eingefroren werden. Dies ist in diesem Stadium, das noch nicht als »werdendes Leben« gewertet wird, technisch möglich und erspart dem Paar eine erneute Entnahme von Keimzellen, wenn ein weiterer Versuch erforderlich wird.

Die Schwangerschaftsraten der IvF liegen bei 20 bis 25 Prozent pro Versuch. Die Geburtenrate liegt allerdings viel niedriger: bei nur ungefähr 11 Prozent.

Der moderne Klapperstorch

> ### Indikationen für die In-vitro-Fertilisation
>
> **Bei der Frau** indizieren nicht behebbare Eileiterverschlüsse oder Funktionsstörungen der Eileiter, die Fertilisation.
>
> **Beim Mann** indizieren bestimmte Formen der männlichen Sterilität die Fertilisation. Auch bei ungeklärter (idiopathischer) Sterilität sowie dann, wenn alle anderen Methoden noch nicht zum Erfolg geführt haben.

Chancen und Risiken

Zu den Erfolgschancen der In-vitro-Fertilisation liegt heute bereits sehr differenziertes Zahlenmaterial vor.

1995 wurde von 54 der damals insgesamt 65 reproduktionsmedizinischen Zentren und Praxen – heute sind es bundesweit rund 90 – eine zusammenfassende Studie zu den Erfolgen der In-vitro-Fertilisation erstellt. Hier die Ergebnisse:

Bei rund einem Viertel der Frauen trat nach der Behandlung eine Schwangerschaft ein. Wiederum ein Drittel dieser Schwangerschaften endete mit einer Fehlgeburt oder einer Eileiterschwangerschaft, sodass insgesamt nur etwa ein Sechstel dieser Frauen schwanger blieb. Frühgeburten blieben dabei allerdings unberücksichtigt, ebenso wurden keine Aussagen über die Lebendgeburten gemacht.

Die Auswertung zeigte auch, dass die Erfolgsrate mit zunehmender Zahl an transferierten Embryonen zunimmt. Der Gesetzgeber erlaubt den Transfer von bis zu drei Embryonen. Die höchste Schwangerschaftsrate, fast ein Drittel, wurde bei Frauen unter dreißig erreicht, denen drei Embryonen übertragen wurden.

So weit zu den Erfolgschancen der In-vitro-Fertilisation. Bei den Risiken sieht es keineswegs besser aus. Die In-vitro-Fertilisation muss nach wie vor als eine im Versuchsstadium befindliche Methode gesehen werden, die für die Frau gesundheitliche Risiken mit sich bringt. Zunächst die Nebenwirkungen und Langzeiteffekte der Hormongaben, dann das Risiko von Verletzungen innerer Organe, Blutungen und Infektionen. Das Einsetzen von mehreren befruchteten Eizellen erhöht weiterhin signifikant die

Rate an Mehrlingsschwangerschaften. Für Drillingsgeburten beispielsweise liegen die Raten nach Sterilitätsbehandlung um das 500-fache höher als normal. Durchschnittlich brachten 21,9 Prozent der Frauen Zwillinge, 4,3 Prozent Drillinge und 0,4 Prozent Vierlinge zur Welt. Auch Eileiterschwangerschaften sind möglich. Bei 0,001 Prozent der behandelten Frauen mussten nach der In-vitro-Fertilisation die Eierstöcke entfernt werden.

Die Verfahren der Mikroinjektion bergen die Gefahr der Manipulation. Deshalb müssen die Spermien nach dem Zufallsprinzip ausgesucht werden.

Mikroinjektion: Intra-Cytoplasmatische Spermieninjektion (ICSI)

Sind die Spermien unbeweglich oder so missgebildet, dass sie selbst im Reagenzglas nicht in die Eizelle eindringen könnten, kann ein einzelnes Spermium mit einer hauchdünnen Nadel in eine Eizelle eingespritzt werden.
Dazu werden der Frau wie bei der In-vitro-Fertilisation unter Ultraschallkontrolle durch die Scheide Eizellen entnommen. Nach dem Öffnen der äußeren Eihülle wird Samenzelle für Samenzelle direkt in das Ooplasma, das Innere der Eizelle, injiziert. Die so befruchtete Zelle wird wie bei der In-vitro-Fertilisation nach zwei Tagen in die Gebärmutter der Frau eingepflanzt.

Die ICSI verzeichnet Erfolgsraten von mehr als 20 Prozent.

Intratubarer Gametentransfer (GIFT)

Die Abkürzung dieser Methode, GIFT, von Gamete Intrafallopian Transfer, bedeutet zu Deutsch Geschenk. Ob es tatsächlich auch eines ist, bleibt fraglich und ist abhängig vom Erfolg. Jedenfalls handelt es sich bei GIFT nicht um eine Reagenzglasbefruchtung im eigentlichen Sinn. Spermien und Eizellen werden zwar ebenfalls künstlich dem Körper entnommen, anschließend jedoch gemeinsam in den Eileiter eingebracht: Ziel ist die Befruchtung im natürlichen Umfeld des Eileiters.
Zunächst werden die Eierstöcke zur Produktion von mehreren Eizellen angeregt und anschließend unter Narkose die Eizellen aus den Eierstöcken entnommen. Dann werden maximal drei Eizellen ausgewählt und in der gleichen Narkose zusammen mit dem Samen des Partners über einen Katheter in einen der Eileiter

Die Schwangerschaftsrate von GIFT beträgt 30 Prozent pro Versuch.

gebracht. Der Rest, so steht es in einer Informationsbroschüre über GIFT zu lesen, »bleibt der Natur überlassen«.

Diese Methode wird vor allem bei Paaren angewandt, bei denen der Grund für die Unfruchtbarkeit tatsächlich nicht bekannt ist. Eine weitere Ursache ist, dass die Samen des Mannes von schlechter Qualität sind.

Hodenbiopsie

Bildet der Mann nicht ausreichend gesunde Samen, können die Spermien mit Hilfe der Mikrochirurgie gewonnen werden. Bei Männern, die noch Samen in den Hodenkanälchen produzieren und diese in den Nebenhoden ablagern, kann eine Entnahme von Spermien aus den Nebenhoden erfolgen. Dieses Verfahren wird mikrochirurgische epididymale Spermienaspiration oder kurz und knapp MESA genannt.

Befruchtung auf Krücken

Aus ethisch-moralischen Gründen ist eine Untersuchung der Erbanlagen des Embryos vor dem Einsetzen in den Uterus in Deutschland nicht erlaubt.

Die ICSI steht hart unter Beschuss – vor allem, weil Spermien, die niemals aus eigener Kraft eine Eizelle hätten befruchten können, mittels eines Vehikels in die Eizelle verholfen wird.

Die Diskussion liegt nahe, denn wenn die Natur eine Befruchtung so massiv verhindert, hat dies meist einen Grund. Und daher befürchten die Experten eine mögliche Zunahme von Missbildungen und nicht zuletzt die Vererbung einer Unfruchtbarkeit. Logische Folge dieser Sorgen ist die Forderung nach einer Untersuchung des Erbgutes, bevor der Embryo in die Gebärmutter eingebracht wird. In einigen Ländern geschieht dies bereits. Hierzulande schiebt der Gesetzgeber jedoch noch einen Riegel vor: Erbgutuntersuchungen dürfen erst während der ersten Schwangerschaftswochen im Zuge einer Fruchtwasseruntersuchung durchgeführt werden. Hauptgrund des Verbotes ist die Gefahr der Euthanasie, die Herbeiführung des Todes ungewollter, weil behinderter ungeborener Kinder.

Künstliche Befruchtung in der Kritik

Ist die Samenreifung in den Hoden jedoch stark eingeschränkt und finden sich in den Nebenhoden keine oder aber zu wenige Spermien, kann auch direkt aus dem Hoden Gewebe entnommen werden. Diese Methode heißt TESA oder auch TESE für testikuläre Spermienaspiration oder -extraktion. MESA wird empfohlen bei inoperablen Verschlüssen der Samenleiter, unbeweglichen Spermien, Ejakulationsstörungen infolge Querschnittslähmung oder radikalen Tumoroperationen.

Ist MESA nicht durchführbar, kommt das Projekt TESA zum Zug. Ob MESA, TESE oder TESA, die Spermienentnahme ist in jedem Fall schmerzhaft und wird deshalb unter örtlicher Betäubung durchgeführt. Häufig fischt man auf diese Weise statt reifer Samen auch unreife Vorstufen auf. Dennoch muss die Entnahme in der Regel nur einmal durchgeführt werden.

Die per Hodenbiopsie gewonnenen Spermien können entweder im Zuge der In-vitro-Fertilisation mit der Eizelle zusammengebracht oder aber durch Mikroinjektion direkt in die Eizelle gespritzt werden. Ausschlaggebend für die Wahl des Verfahrens ist die Qualität der Samen.

Nach der Begutachtung durch das Mikroskop können durch verschiedene Verfahren die voll befruchtungsfähigen Samenzellen von den weniger aussichtsreichen abgetrennt werden.

Das Für und Wider

Das dicke Ende: der ethische, rechtliche, gesellschaftliche und nicht zuletzt seelische Zündstoff der Reproduktionsmedizin.

Biologische Vaterschaft versus soziale

Wer, bitte, ist bei einem durch heterologe Insemination (→ Seite 212) gezeugten Kind der Vater – der biologische, von dem der Samen stammt, oder der soziale? Letzterer mag der felsenfesten Überzeugung gewesen sein, dieses Kind ein Leben lang als das eigene zu akzeptieren. Was aber, wenn sich massive Beziehungskrisen und Familienkonflikte einstellen, vor denen bekanntlich niemand gefeit ist?

Dann könnten mit einem Mal Unterhaltsforderungen an den Samenspender herangetragen werden. Um dem vorzubeugen, wird derzeit diskutiert, dass vor der Zeugung eine Adoption des

Der moderne Klapperstorch

> ### Kryokonservierung
>
> Wurden mehr Eizellen befruchtet, als in die Gebärmutter transferiert werden können, oder ist ein Embryotransfer im Moment nicht möglich, kann die so genannte Kryokonservierung erfolgen. Bei dieser Methode wird die befruchtete Eizelle vor der Verschmelzung der Zellkerne durch Zufuhr von Gefrierschutzmitteln in flüssigem Stickstoff tiefgefroren und später für die In-vitro-Befruchtung oder Mikroinjektion aufgetaut und verwendet.

Kindes durch den sozialen Vater stattfinden soll, um den Status des Kindes, Unterhalts- und Erbansprüche sowie Sorgerechtsfragen zu klären.

Momentan erfolgt eine Samenspende zwar noch anonym – verständlich, die Spender sollen nicht später irgendwann mit dem von ihrem Sperma erzeugten Nachwuchs konfrontiert werden können. Dem spricht jedoch das vom Bundesverfassungsgericht festgelegte Recht auf Kenntnis der eigenen Abstammung entgegen, oder führt es vielmehr ad absurdum. Denn wie soll ein Mensch von seinem Recht Gebrauch machen, sich über die Identität seines genetischen Vaters zu informieren, wenn diese nicht bekannt ist?

Insbesondere bei der heterologen Insemination sind die rechtlichen Probleme beträchtlich.

Ab wann ist Leben schutzbedürftig?

Am 1. Januar 1991 ist das Embryonenschutzgesetz in Kraft getreten, das folgende Kernaussagen beinhaltet:

- Die befruchtete, entwicklungsfähige menschliche Eizelle vom Zeitpunkt der Kernverschmelzung an ist als Embryo zu betrachten.
- Eine fremde unbefruchtete Eizelle darf nicht auf eine Frau übertragen werden.
- Eine Eizelle darf nur zu einem Zweck künstlich befruchtet werden, und zwar um damit eine Schwangerschaft der Frau herbeizuführen, von der die Eizelle stammt.

Der rechtliche Rahmen

- Es ist verboten, bei einer künstlichen Befruchtung mehr als drei befruchtete Eizellen in die Gebärmutter zu übertragen.
- Es ist darüber hinaus verboten, eine größere Zahl an Eizellen einer Frau zu befruchten, als ihr innerhalb eines Zyklus übertragen werden sollen.
- Die Ersatzmutterschaft von Frauen, die bereit sind, ihr Kind nach der Geburt auf Dauer Dritten zu überlassen, ist nicht zugelassen.
- Das gleiche gilt für eine missbräuchliche Verwendung menschlicher Embryonen, etwa den Verkauf eines durch künstliche Befruchtung erzeugten Embryos.

An der Rechtslage in Sachen Reproduktionsmedizin muss in Zukunft jedoch noch ausführlich gefeilt werden. In den nächsten Jahren soll ein Bundesgesetz, das die Durchführung der künstlichen Befruchtung regelt, erarbeitet werden. Aller Voraussicht nach werden darin Mikroinjektion, Kryokonservierung und heterologe Insemination gänzlich aus der Palette der künstlichen Befruchtungsmethoden gestrichen. Darüber hinaus soll eine psychosoziale Beratung als Voraussetzung für die Behandlung eingeführt werden.

Die Rechtsprechung in Fragen der künstlichen Befruchtung hinkt den medizinischen Möglichkeiten hinterher.

Selbst Tote können Vater werden

Kinder, die ihren Vater nie kennen lernen, weil er während der Schwangerschaft verstarb, gibt es viele. Vor kurzem wurde eines geboren, das gezeugt wurde, lange Zeit nachdem sein Vater aus dem Leben schied. Eine 32-jährige Engländerin brachte das Kind ihres vor mehr als vier Jahren verstorbenen Ehemannes zur Welt. Die frisch gebackene Mutter hatte sich nach jahrelangem Rechtsstreit mit dem tiefgefrorenen Samen ihres Mannes mittels In-vitro-Fertilisation künstlich befruchten lassen. Der Samen war ohne schriftliche Genehmigung entnommen worden – ihr Gatte lag bereits zu diesem Zeitpunkt im Koma.

Der Gesetzgeber plant, in Zukunft verschiedene Methoden der künstlichen Befruchtung zu verbieten und Paare im Vorfeld zu einer psychologischen Beratung zu verpflichten.

Mythos Fruchtbarkeit

Entsprechend der immensen Bedeutung, die der Fortpflanzungsfähigkeit zukommt, sind seit der Frühzeit des Menschen Rituale zu deren Stärkung durchgeführt worden. Doch hat man nicht nur auf magische Kräfte gebaut, welche die Fruchtbarkeit erhalten und fördern sollten, sondern auch praktische Maßnahmen zur Steigerung von Potenz und Libido ergriffen.

Die große Bedeutung der Fruchtbarkeit spiegeln zahlreiche Darstellungen von Fruchtbarkeitsgöttern wider, die sich auch aus vorchristlicher Zeit erhalten haben.

Götter und Symbole der Fruchtbarkeit

In allen Kulturen wurden bestimmte Symbole, Figuren und Gottheiten als Erhalter von Fruchtbarkeit und Jugendlichkeit, von sexueller Kraft und Attraktivität geehrt. Das konnte in stiller Anbetung geschehen, oder aber in bacchantischen, über Tage dauernden Festen, bei denen sich Ausschweifungen mit religiöser Ehrfurcht, sexuelle Ekstase mit göttlicher Anbetung vereinten. Überhaupt war zu früheren Zeiten Liebeslust und Sexualität eng mit Religiösität verbunden. Wer die Götter ehren und sich ihnen nähern wollte, hatte dazu die beste Gelegenheit im lustvollen Akt der sexuellen Vereinigung.

Frühe Garanten für Fruchtbarkeit

Das erste Sinnbild für Fruchtbarkeit, gewissermaßen die Urahnin von Aphrodite und Venus und anderen Garanten für Liebe und Fortpflanzungskraft, mag die steinzeitliche Venus von Willendorf gewesen sein. Eine zehn Zentimeter kleine, kalksteinerne Figur, deren üppige Rundungen und übervollen Brüste erahnen lassen, was man sich vor 28 000 Jahren unter Fruchtbarkeit und Sinnlichkeit vorgestellt haben könnte. Im weiteren Verlauf der Menschheitsgeschichte trat eine Vielzahl von Nachfolgerinnen der Willendorf'schen Venus auf den Plan. Im Land der Pharaonen, in dem man eine Menge für Erotik und Liebeslust übrig hatte, zeichnete Osiris, Bruder der Isis und Sohn von Himmel, Nut, und Erde, Geb, verantwortlich für die Fruchtbarkeit. Daneben war auch der Pharao, seines Zeichens ebenso göttlicher Abstammung, für das Wohlergehen des Landes und damit für Fruchtbarkeit von Mensch und Feldern zuständig. Der Göttin der Liebe am nächsten kommt die altägyptische Gottheit Hathor, der in ausschweifenden Tempelzeremonien gehuldigt wurde, um sich ihrer sexuellen Kraft zu versichern.

Liebesgötter der Antike

Im antiken Hellas erhob man Aphrodite zur Herrin der sinnlichen Liebe und der Schönheit. Die griechische Göttin, Homer zufolge Tochter des Göttervaters Zeus und der Titanin Dione, gemäß Hesiod dagegen aus dem Schaum (griechisch: aphrós) des Meeres geboren, hatte aus ihrer Ehe mit Hephaistos einen Sohn, Eros. Bei diesem handelt es sich zum einen um den Gott der Liebe, ebenso zuständig für flammende Leidenschaft und Liebesglut wie für Ehebruch und Liebesleid. Zum anderen meint Eros eine treibende Kraft, die Energie, die uns Menschen motiviert, sei es zu amourösen, sozialen oder kreativen Taten: »Am Anfang war das Chaos. Und aus dem Chaos entstanden die Erde und Eros, die Liebe. Denn die Liebe war die Kraft, die das Universum binden und bewegen konnte. Die treibende Energie«, so steht es in Hesiods Theogonie zu lesen.

Der griechische Dichter Hesiod (um 700 v. Chr.) besingt in der 1022 Verse umfassenden »Theogonie« die Entstehung der Welt und den Ursprung der Götter.

Der Phallus

Dieses Symbol ist bis heute traditionell eng verbunden mit Fruchtbarkeit und sexueller Ekstase. So gab es im antiken Griechenland zahlreiche Bräuche, in denen das Sinnbild für Männlichkeit kultischer Mittelpunkt war. Auf erhaltenen Reliefs umtanzen nackte nebst spärlich bekleideten Mädchen einen Phallus beachtlicher Größe. Sie vollziehen das Ritual für den Beginn des Frühlings und die Erneuerung der Fruchtbarkeit. Später setzte

Fruchtbarkeitssymbole formte der Mensch schon seit frühestem Anbeginn seiner Geschichte.

man – prüder geworden – einen Maibaum als Symbol des Phallus ein. Was also hierzulande, zumindest in südlichen Gauen, weiß-blau bemalt zu Beginn des Wonnemonats Mai in den Himmel ragt, hat einen recht erotischen Ursprung.

In Indien symbolisieren Yoni und Lingam Fruchtbarkeit und Sexualität: Yoni ist der weibliche Schoß, die Vulva, Schamlippen und der Scheideneingang, dargestellt als kreisförmiges Rund. Aus dessen Mitte steht der Lingam, der eingedrungene Penis, als phallusförmige Säule hervor.

Symbiotisch mit Fruchtbarkeit vereint sind Liebeslust und Sinnlichkeit. Zur Steigerung dieser, und damit letztlich auch wieder zur Förderung der Fortpflanzungsfähigkeit, wurden seit Anbeginn der Menschheitsgeschichte undenklich viele Mittel und Wege ersonnen. Seien es sexuell stimulierende Zubereitungen mit mineralischen, pflanzlichen oder auch tierischen Zutaten, erotisierende Rituale oder aber Speisen, welche die Liebeslust nähren.

Vulva – Tor des Lebens

»Wirksam ist der Zauber zusammen mit dem Heilmittel, wirksam ist das Heilmittel zusammen mit dem Zauber«, aus dem Papyrus Ebers, der bedeutendsten Heilschrift des alten Ägypten.

Rituale um die Vulva, die Schamlippen und den Scheidenvorhof der Frau, spielen seit Jahrtausenden eine zentrale Rolle in Religion und Kultur. Als Tor zum beginnenden Leben, als Symbol der Fruchtbarkeit und Quelle von Sinnlichkeit wie neuem Leben ist die Vulva ein zentrales archaisches Motiv; 1000fach wiederholt in Kunst, Musik und Literatur.

Aphrodites Liebeszauber

Aphrodite, so ist uns durch Hesiod überliefert, wurde in einer Muschel geboren, deren Form einer Vulva glich, und an den Strand von Zypern getragen. Überall dort, wo »die aus dem Schaum Geborene« ihre Füße auf die Erde setzte, »entsprossen«, wie bei Homer (8. Jh. v. Chr.) nachzulesen ist, »duftende Kräuter«. Vielleicht waren diese Pflanzen auch in dem Zaubergürtel verborgen, den die Liebesgöttin trug und der Mittel enthielt, die Lie-

Die Stärkung der Liebeskraft

Die Geburt der Venus von Sandro Botticelli aus dem fünfzehnten Jahrhundert ist eine der unzähligen Darstellungen der Liebesgöttin.

besverlangen und geschlechtliche Lust herbeizauberten. Aphrodite ist schließlich nicht die Göttin der geistigen, sondern der sexuellen, lustvollen Liebe. Stoffe und Rezepturen, die wie die Mittel der Aphrodite wirkten, wurden nach der Liebesgöttin benannt: Aphrodisiaka sollen Libido und sexuelle Kraft steigern, die geschlechtliche Begierde erregen und erotische Fantasien beflügeln. Zu diesem Zweck werden sie seit undenklichen Zeiten bei allen Völkern der Welt bis heute eingesetzt.

Stets gelobt war, was Lust macht

Anwendung wie auch Suche nach neuen, wirksameren aphrodisierenden Mitteln sind kulturübergreifend; wann das erste »entdeckt« wurde, lässt sich allerdings nicht rekonstruieren. Erste schriftliche Belege für sexuelle Stimulanzien liefern sumerische Keilschrifttafeln und altägyptische Papyri. Im Land der Pharaonen muss es ganze Bibliotheken mit aphrodisierenden Rezepturen gegeben haben. Besonders Weine, versetzt mit allerlei verschiedenen Rauschmitteln, galten als wirksame Liebesmittel; allen voran stand die Bestrebung, unlustige Damen in erotische Wallung zu bringen. Auch im alten Indien gab es eine Unmenge an Aphrodisiaka, denn Sex galt als heilig, weshalb der Stärkung der Liebeskraft stets große Bedeutung zukam. Im Ayurveda gehen

Die frühen Hochkulturen besaßen umfassende Kenntnisse über Pflanzen, Mineralien wie auch Tiere, welche die Lust beflügeln.

Erhaltung von Wohlbefinden und sexueller Energie Hand in Hand, sind Gesundheit, Libido und Zeugungskraft untrennbar vereint. Die Vajikarana, die ayurvedischen Liebesmittel (→ Seite 226), nehmen entsprechend einen festen Platz im Behandlungskanon ein und sollten nach Möglichkeit täglich, ebenso wie Nahrungsmittel, genossen werden.

Aber nicht nur im nahen und fernen Orient, auch im Abendland wurden zahllose Pflanzen der Göttin Aphrodite bzw. ihrem römischem Pendant Venus geweiht oder stehen zumindest in Zusammenhang mit deren Mythologie. In den Kräuteralmanachen großer Heilkundiger wie Theophrast (372–287 v. Chr.), Plinius (23–79 n. Chr.) und anderen finden sich vielerorts Verweise auf die aphrodisierenden Wirkungen dieser und jener Pflanzen. Doch dann gerieten im Zuge der fortschreitenden Christianisierung Europas neben vielen anderen Sinnesfreuden auch die Aphrodisiaka unter das kirchliche Banner und wurden als heidnisches Teufelswerk verdammt. Wer sich ihrer bediente, handelte wider die christliche Lehre. Bis heute wird der Gebrauch von aphrodisierenden Mitteln in einigen christlich geprägten Ländern als verwerflich oder zumindest unter Vorbehalten betrachtet. Anders in den fernöstlichen Kulturen, ganz zu schweigen von den Naturvölkern. Hier hat sich der unkomplizierte Umgang mit der Sexualität erhalten, hier galt und gilt Liebeslust in all ihren Spielarten nicht als »sündig«, sondern vielmehr der Verehrung des Göttlichen. Ganz allmählich wird man im Westen wieder der Potenz – im wahrsten Sinn – der traditionell gebräuchlichen Aphrodisiaka gewahr und greift, vorsichtig noch, in den großen Topf altbewährter Liebesmittel.

Im christlich geprägten Kulturkreis ist die Verwendung von Mitteln zur Steigerung der Libido relativ ungewohnt.

Die bunte Palette der Libidoelixiere

Aus der Jahrtausende währenden eifrigen Suche nach Möglichkeiten, Potenz und Libido zu steigern, resultierte eine nicht enden wollende Liste an Mitteln, die dazu nützlich sind oder sein sollen. Ambra und Zimt, Moschus und Strychnin, Spanische Fliege und Opium, Stierhoden und Taubenblut – Zahlloses ist versucht worden, um Liebesgelüste zu wecken und erotische Hochgenüsse zu erfahren. Im Laufe ihrer langen Geschichte mussten Aphrodisiaka wechselnden Ansprüchen genügen. Außer zur Unkeuschheit zu verführen und frigide Frauen zu erweichen, sollten sie auch erlahmte Manneskraft aktivieren, die Erektion verlängern oder gestörte Sexualfunktionen bessern. Je nach »Indikation« zeitigten die Liebesmittel größere oder kleinere Erfolge, denn ihr Zweck war und ist es lediglich, die sexuelle Energie eines gesunden Menschen zu steigern. Um sexuelle Störungen oder gar Erkrankungen der Geschlechtsorgane zu kurieren, bedarf es keiner Aphrodisiaka, sondern eines guten Arztes oder Therapeuten. Luststeigernde Zubereitungen und Stoffe sollten nie aus einem Defizit heraus, sondern zur Bereicherung eines gesunden Sexuallebens genommen werden. Das macht sie gerade heute wieder so interessant, und gegen mangelnde Lust sind sie sicherlich nutzbringender als Paar- und Psychotherapie.

Bei manchen Völkern haben sich Fruchtbarkeitsriten bis in die heutige Zeit erhalten.

Hilfe aus dem Naturheilgarten

Liebesmittel wurden sowohl aus Flora und Fauna wie aus dem Mineralienreich rekrutiert. Bei den pflanzlichen Aphrodisiaka handelt es sich meist um solche, die berauschende Wirkungen haben, angenehmen Duft verbreiten oder durch ihren Anblick sexuelle Assoziationen hervorrufen; man denke beispielsweise an Spargel oder Ginseng. Das bekannteste tierische Luststimulans, zumindest in Europa, ist zweifelsohne die Spanische Fliege, eine kleine Käferart, die das sehr libidofördernde, aber auch giftige Kantharidin enthält. Cantharis, wie der Käfer im Altertum hieß, fand erstmals im altägyptischen Papyrus Ebers Erwähnung. Bei den mineralischen Aphrodisiaka sind vor allem die Edelsteine von Bedeutung, beispielsweise Rubine, Diamanten oder Smaragde, aber auch Edelmetalle wie Gold, die pulverisiert zur Potenz- und Libidosteigerung geschluckt wurden. Derartiges Liebesglück war allerdings nur der herrschenden Oberschicht vorbehalten, der kleine Mann begnügte sich mit Profanerem wie etwa Honig oder Hirschhoden, um seine Frau zu erfreuen.

Pflanzliche Aphrodisiaka werden meist als Tee oder als Räucherwerk verabreicht, mineralische als Pulver. Salben oder Öle werden zum Einreiben der Geschlechtsorgane verwendet.

Das limbische System steuert den Einfluss unserer Emotionen auf die inneren Organe.

Stimulierende Wohlgerüche

Am meisten, so scheint es, waren und sind Aphrodite wie Venus dem Wohlgeruch geneigt. Ihre Diener schmückten sich mit duftenden Blüten, von ihren Altären ließ man mannigfache wohlriechende Düfte verströmen – stets waren die großen Liebesgöttinnen von einer aphrodisierenden Brise umweht.

Das Liebesverlangen beginnt tatsächlich in der Nase; Geruchssinn und sexuelle Empfindungen sind untrennbar miteinander verbunden. Diese seit Jahrtausenden gemachte Erfahrung hat kürzlich auch ihre wissenschaftliche Bestätigung gefunden. Gerüche wirken über das limbische System auf die Psyche und damit auf Libido und Sexualität. Nicht umsonst ist die Domäne von duftenden Pflanzenessenzen von jeher der Gebrauch als Aphrodisiakum. Das Tantra, die altindische Liebeslehre, befasst sich über Kapitel hinweg mit Duftstoffen und ätherischen Ölen, die im Zuge von Ritualen an besonders empfänglichen Körperstellen aufgetragen werden sollen, um sexuelle Energien freizusetzen und weibliche bzw. männliche Kraft zu wecken. Ein tantrisches Ritual sieht beispielsweise vor, eine Frau an den Händen mit Jasmin (Jasminum officinale), an Hals und Nacken mit Patchouli (Pogostemon patchouly), an den Brüsten mit Amber oder Moschus, und mit Sandelholz (Santalum album) an den Innenschenkeln und rund um die Schamlippen zu salben, um sie solcherart auf sexuelle Hochgenüsse einzustimmen. Andere altbekannte aphrodisierende Öle sind jene der Rose (Rosa spp.) sowie Ylang-Ylang (Cananga odorata).

Pflanzliche Liebesmittel

Wenn sich beide Partner bei einer erotischen Massage mit aphrodisierenden Ölen verwöhnen, können sich die belebenden Wirkstoffe aufs Beste entfalten.

Pflanzlichen Aphrodisiaka kommt im bunten Reigen der Liebesmittel die größte Bedeutung zu. Im Kasten finden Sie eine kleine Auswahl, die angesichts der hier gebotenen Kürze das Tor zum weitläufigen Garten der Lüste allerdings nur einen Spalt weit öffnen kann.

Die als Würz- und Nahrungsmittel gebräuchlichen Aphrodisiaka finden sich auf Seite 235.

Duftstoffe als Aphrodisiaka

Pflanze	Anwendung
Agave (Agave americana)	Pulque, vergorener Saft aus dem Blütenschaft
Bilsenkraut (Hyoscyamus niger)	Blüten rauchen; in Wein eingelegt
Damiana (Turnera diffusa)	Alkalischer Auszug
Eisenkraut (Verbena officinalis)	Tee aus dem Kraut
Fo-Ti-Tieng (Hydrocotyle asiatica minor)	Tee aus den Blättern
Gingko (Gingko biloba)	Samen essen
Ginseng (Panax ginseng)	Wurzelextrakte einnehmen
Guarana (Paullinia cupana)	Extrakte oder Tee aus den Samen; Fertigpräparate
Muira-Puama (Liriosma ovata)	Holzextrakt einnehmen
Muskatellersalbei (Salvia sclarea)	Ätherisches Öl einatmen oder einnehmen
Schafgarbe (Achillea millefolium)	Tee aus dem Kraut
Schizandra (Schizandra fructus)	Beeren essen; alkalischer Auszug der Beeren
Stechapfel (Datura stramonium)	Tee aus Blättern und Blüten; Kraut rauchen
Tollkirsche (Atropa belladonna)	Blätter rauchen
Ylang-Ylang (Cananga odorata)	Öl einatmen, einmassieren
Yohimbé (Corynanthe yohimbé)	Alkalischer Auszug der Rinde; Fertigpräparate

Der Volksmund kannte für das Bilsenkraut auch die Bezeichnung Tollkraut wegen seiner luststeigernden Wirkung bei Frauen wie Männern.

Nachfolgend finden Sie einige Erklärungen zur Wirkung derjenigen im Kasten aufgeführten Aphrodisiaka, die bei uns weniger geläufig sind.

Fo-Ti-Tieng

Die mehrjährige Pflanze gehört zu den bekanntesten und berühmtesten Kräutern Asiens. Dort gilt sie seit Jahrhunderten als das Tonikum für Langlebigkeit, Vitalität und Energie schlechthin. Die fleischigen Blätter von Fo-Ti-Tieng werden in der traditionellen Heilkunde zur Stärkung der sexuellen Kraft und vor allem Männern, die unter Impotenz leiden, empfohlen. Der tägliche

Genuss der getrockneten Blätter, von denen ein Teelöffel in einer Tasse heißem Wasser aufgeschwemmt wird, soll Feuer ins Liebesleben und zudem jugendliche Frische bringen. Fo-Ti-Tieng ist mittlerweile auch bei uns in gut sortierten Asienläden als Fertigextrakt erhältlich.

Guarana

Die Samen der Guarana-Liane werden in ihrer Heimat am Amazonas »Früchte der Jugend« genannt. Das verdanken sie ihrer erfrischenden, stark stimulierenden und deutlich spürbar aphrodisischen Wirkung. Dragees, Kaugummis, Brausetabletten und andere Zubereitungen mit Guarana-Extrakt sind in Apotheken und Reformhäusern erhältlich.

Muira-Puama

Holz und Rinde des im Amazonas- und Orinoko-Gebiet heimischen Muira-Puama-Baums sind die beliebtesten Heilmittel der südamerikanischen Ureinwohner. Wegen seiner potenz- und luststeigernden Wirkung gilt Muira-Puama-Holz weltweit als »Potenzholz«. Außer zur Stimulation des Lustempfindens und gegen sexuelle Traumata werden geraspeltes Holz und Innenrinde auch traditionell bei Unfruchtbarkeit angewendet; am wirksamsten sollen alkoholische Auszüge der Rinde und des Holzes von Muira-Puama sein.

MUIRA-PUAMA-COCKTAIL

Zutaten: *0,7 l Wodka oder Rum · 4–6 EL Muira-Puama-Pulver 2–3 Stück Sternanis · einige Körner Galgantwurzel · einige Zimtstücke*

Zubereitung: Wodka oder Rum zunächst leicht anwärmen und über die restlichen Zutaten gießen, abkühlen und fest verschlossen vier bis fünf Tage ziehen lassen. Dann die Flüssigkeit durch ein Sieb abgießen, nach Geschmack mit Honig oder braunem Zucker süßen und »bei Bedarf« einige Teelöffel des Cocktails einnehmen.

Zimt wird schon im Kamasutra gegen Lustlosigkeit empfohlen; er kann als Gewürz oder als Massageöl zur Anwendung kommen.

Pflanzen zur Steigerung der Lust

Schizandra

Die tonisierenden Beeren der Schizandra gehören zu den Kostbarkeiten der chinesischen Heilkräuter und erfahren auch im Abendland mehr und mehr an Wertschätzung. Schizandra gilt seit jeher als ideales Mittel zur Steigerung der sexuellen Lust wie auch von körperlicher wie geistiger Vitalität – bei Männern und Frauen gleichermaßen. Männer, so ein Rat altchinesischer Kräuterkundiger, sollten eine halbe Stunde vor dem Sex Schizandra zu gleichen Teilen gemischt mit Yohimbe und Gingko biloba einnehmen.

Auch verschiedene Präparate mit Schizandra gibt es inzwischen fertig zu kaufen.

Yohimbe

Bereits seit Urzeiten von zahlreichen Stämmen Westafrikas zur sexuellen Stimulation genutzt, gilt Yohimbe der hiesigen Schulmedizin als einzig »echtes« Aphrodisiakum. Das in der Rinde enthaltene Yohimbin hat seine Wirksamkeit gegen Frigidität und Impotenz in zahlreichen wissenschaftlichen Studien unter Beweis gestellt.

Bei unsachgemäßer Anwendung zeitigt der afrikanische Lustbringer allerdings beachtliche Nebenwirkungen. Denn Yohimbin hemmt das so genannte MAO-Enzym, das der Körper zum Abbau

Gegen die Unlust ist ein Kraut gewachsen: Es gibt verschiedene Pflanzen, die aphrodisierende Wirkung zeigen.

Die Mohnpflanze kam zu früheren Zeiten vielfach als Fruchtbarkeitssymbol zu Ehren. Frisch Vermählte wurden mit Mohnsamen, dem Symbol für nie verlöschende Vermehrungskraft, beworfen.

giftiger Substanzen benötigt. Aus diesem Grund dürfen nach der Einnahme von Yohimbe-Präparaten unter anderem reife Käsesorten (sie enthalten das giftige Thyrosin) und alkoholische Getränke nicht genossen werden.

Darüber hinaus sollte Yohimbin auf keinen Fall in großen Mengen und regelmäßig eingenommen werden, denn Überdosierungen können schmerzhafte Dauererektionen ohne sexuelle Erregung, Kreislaufschwäche und Durchfall verursachen; extrem hohe Dosen können sogar zu Herzmuskelversagen und Atemlähmung führen.

YOHIMBE-TRANK

Zutaten: *2 TL Yohimbe-Pulver · 200 ml Wasser · Vitamin-C-Pulver*

Zubereitung: Lassen Sie das Yohimbe-Pulver mehrere Minuten im Wasser köcheln. Rühren Sie in das abgekühlte Getränk eine Messerspitze Vitamin-C-Pulver, und trinken Sie es langsam und in kleinen Schlucken.

Ayurvedisches Liebesspiel

Aphrodisiaka spielten, wie bereits erwähnt, eine wichtige Rolle im alten Indien und demgemäß in der traditionellen Heilkunde des Subkontinents. Als erstes und wichtigstes Stimulans nennen die alten ayurvedischen Schriften die Attraktivität: ein schöner gepflegter Körper, geschmeidige Haut, angenehmer Duft und gute Kleidung.

Darüber hinaus gilt auch das Umfeld, die Atmosphäre, in der sich das Paar bewegt, als ausschlaggebend für das Gelingen der Liebesnacht. Empfohlen werden ein abendlicher Spaziergang zur Entspannung, angenehme Gespräche, Duftlampen mit Jasmin-, Sandelholz- oder Lavendelöl.

Zudem rät Ayurveda vor allem den männlichen Liebeslustigen, keinen Sex auf nüchternen Magen zu haben, sondern zuvor immer eine leichte Kleinigkeit zu essen, um sich zu kräftigen und die bevorstehenden Freuden voll genießen zu können.

Ebenfalls von Bedeutung ist das Gleichgewicht der drei Dosha (→ Seite 122): Kapha steht für sexuelle Potenz, Pitta für Liebesfeuer und sexuelle Triebkraft, und Vata für Empfindungsfähigkeit. So schafft bespielsweise ein ausgeglichenes Vata eine hohe Sensitivität, bei gestörtem Vata ist der Betreffende jedoch schnell erschöpft, zu stark erregbar und kommt entsprechend früh, unter Umständen sogar zu früh zum Orgasmus.

Die nachfolgende ayurvedische Rezeptur besteht aus drei verschiedenen Pflanzen; die erste ist ein altbewährtes Aphrodisiakum, die zweite entfaltet einen stimulierenden Effekt auf das Sexual-Chakra, und die dritte tonisiert das Herz-Chakra und rundet damit die Mixtur ab. Echter Safran war zu früheren Zeiten eine Kostbarkeit, weshalb dieser Liebeszauber nur der reichen Oberschicht vorbehalten war.

Durch Yoga können Sie das verlorene Gleichgewicht der Dosha wiederherstellen und gleichzeitig Ihre sexuellen Energien ankurbeln.

Verbotenes Liebesglück

Seit Jahrtausenden werden auch die Blätter des Koka-Strauches sowie die Mohnpflanze (Papaver somniferum), hier vor allem das aus dem eingedickten Milchsaft gewonnene Opium, traditionell als Aphrodisiaka eingesetzt. Koka spielt im südamerikanischen Raum eine herausragende Rolle, nicht nur als Liebesmittel, sondern auch zur Anregung, Leistungssteigerung und Schmerzlinderung. Die Anfänge der südamerikanischen Hochkulturen fallen mit der Kultivierung des Koka-Strauches zusammen, dessen Blätter der peruanischen Liebesgöttin geweiht sind. Opium ist eines der wichtigsten Rausch- und auch Heilmittel des Orients und hat sowohl zur Steigerung der Libido, zur Beruhigung und Schmerzlinderung wie auch zur Behandlung zahlloser Beschwerden einen festen Platz in den nah- und fernöstlichen Kulturen. Allerdings wird der Einsatz und private Gebrauch beider Pflanzen in Deutschland als Drogenmissbrauch geahndet, weshalb auf Näheres zur Anwendung von Opium und Koka-Blättern als Liebesmittel verzichtet werden muss.

Nicht zu Unrecht steht der Begriff Opiumhöhle noch heute für hemmungslose Berauschung und lustvolle Sexualität.

Mythos Fruchtbarkeit

Nahrung für Eros

- Austern
- Avocados
- Datteln
- Feigen
- Granatäpfel
- Honig
- Käse aller Art
- Kaffee
- Kakao
- Pilze
- Rotwein
- Sellerie
- Schalen-, Krusten- und anderes Meeresgetier
- Schokolade und Zubereitungen daraus
- Tee
- Trüffel, schwarze wie weiße
- Weintrauben
- Zwiebeln

AYURVEDISCHER LIEBESTRANK

Zutaten: *5 g echter Safran (Fäden) · 10 g Hibiskusblüten 10 g Rosenblüten*

Zubereitung: Die Zutaten mischen. Einen Teelöffel der Mischung mit einer Tasse heißem Wasser überbrühen. Den Tee in kleinen Schlucken trinken.

Speisen der Liebe

Für einen aphrodiesierenden Kaffee vermischt man einen Teelöffel Kaffee mit einem Teelöffel Kardamom, bereitet wie gewohnt Kaffee und gibt nach Belieben Milch und Honig dazu.

Appetit und Sex, daran lässt sich schwerlich rütteln, sind das, was die Weltgeschichte bewegt, die Gattung Mensch erhalten, Lust und Leid, Kunst und Krieg provoziert hat. Die Symbiose zwischen kulinarischen und sexuellen Genüssen ist unbestritten, ebenso weiß man, dass bestimmte Speisen nicht nur am Gaumen, sondern auch an anderen Körperteilen ein angenehmes Kitzeln bewirken können und umgekehrt ausgiebiges Liebesspiel den Appetit anregt.

In aphrodisierenden Speisen vereinen sich also gleich zwei fundamentale Sinnensfreuden. Es wundert daher nicht, dass die Menschheit im Laufe ihrer Entwicklung eine Unzahl dieser lustvollen Gerichte ersonnen hat. Davon auch nur einen kleinen Teil zu nennen, würde den Rahmen sprengen; hierzu sei auf Kochbücher und andere Literatur über kulinarische Liebesmittel ver-

Liebe geht durch den Magen

wiesen, von denen in den letzten Jahren erfreulicherweise immer mehr erschienen sind. In diesem Ratgeber sollen nur einige der wirksamsten erotisierenden Nahrungsmittel vorgestellt werden. Wählen Sie Rezepte aus, die vorwiegend diese Zutaten enthalten, und stellen Sie so Ihr persönliches Liebesmahl zusammen.

Gewürze für die Liebeslust

Würzmittel, vormals Aromata genannt, allen voran die scharfen, pikanten, gelten seit undenklicher Zeit als zündender Funke, der die sexuelle Glut zu entfachen vermag. Entsprechend wurde ihr Gebrauch im christlichen Europa als verwerflich angesehen. Denn man betrachtete die Aromata allesamt als »recht erregend für die Sinneslust und demgemäß schädlich«. All jenen, die im Zölibat lebten, war das Würzen untersagt, um die Selbstbeherrschung nicht zu schwächen. Auf der Liste der verbotenen Kräuter und Gewürzpflanzen stand auch der Senf, der besonders Mönchen strengstens verboten war. Noch in einem Kräuterbuch aus dem Jahre 1843 steht zu lesen, dass Gewürze »… häufig Anlass geben zur Onanie, zu Ausschweifungen im Geschlechtsgenuss …«.

In zunehmendem Maße steigt auch in der westlichen Welt das Interesse an aphrodisierenden Speisen und Getränken.

Heute zählt Senf zu den Gewürzen, die in jedem Haushalt selbstverständlich sind.

Mythos Fruchtbarkeit

Dass Gewürze nicht nur Speisen verfeinern, sondern auch das Liebesleben, wusste man bereits in der Antike.

Ganz anders wiederum im Orient und in der islamischen Welt. Hier waren aphrodisierende Zubereitungen aus allerlei verschiedenem Gewürz fester Bestandteil des Liebeslebens. Ob über die Nahrung gestreut oder äußerlich angewendet – die Palette reicht von zerstoßenen Anissamen bis Zimtöl. Allerdings sollte man sich bewusst machen, dass der Übergang zwischen Würzmittel, Arznei und Aphrodisiakum stets fließend war.

Hier noch zwei Zubereitungen mit Gewürzen, die mangelnde Libido der Vergangenheit angehören lassen:

MORGENTRUNK

Zutaten: *3 TL gemahlene Ingwerwurzel · 2 TL Süßholzpulver 1 TL gemahlene Koriandersamen · 2 TL pulverisiertes Kurkuma frisch gepresster Saft einer ungespritzten Zitrone · 1 rohes Ei (kann auch weggelassen werden)*

Zubereitung: Alle Zutaten in ein Glas warmes Wasser geben und gut verrühren. Wenn Sie wollen, können Sie den Trunk ganz nach Ihrem Geschmack mit Honig süßen. Täglich morgens vor dem Frühstück trinken.

Nehmen Sie sich Zeit für ein entspannendes Bad. Als Zusatz eignen sich frische Gewürze und Kräuter, ganz nach Ihrem Geschmack.

STIMULIERENDES GEWÜRZBAD

Zutaten: *1 Hand voll Rosmarinkraut 1 Hand voll Zimtstangen · 1 Hand voll Ingwerwurzel · 1 TL gemahlene Muskatnuss*

Zubereitung: Geben Sie alle Zutaten in etwa zwei Liter Wasser, und lassen Sie das Ganze etwa zehn Minuten zugedeckt kochen. Anschließend gießen Sie den Sud durch ein Sieb ab und geben Sie ihn dem Badewasser bei. Zur Verstärkung der aphrodisierenden Wirkung können Sie drei bis vier Esslöffel guten Bienenhonig in das Badewasser geben; verrühren Sie den Honig gut mit den Händen im Wasser, damit er sich auch vollständig auflöst.

Pflanze	Anwendung
Anis (Pimpinella anisum)	Als Gewürz; Einreibung der Genitalien mit den pulverisierten Samen
Basilikum (Ocimum basilicum)	Tee aus den Blättern; als Gewürz
Chili (Capsicum annuum)	Einreibungen mit öligen Auszügen; Früchte essen
Ingwer (Zingiber officinarum)	Pur kauen; Tee aus den Blüten
Kardamom (Elletaria cardamomum)	Im Kaffee; als Gewürz
Knoblauch (Allium sativum)	Roh oder gegart essen
Koriander (Coriandrum sativum)	Als Gewürz
Muskatnuss (Myristica fragrans)	Öl einnehmen; pulverisierte Nüsse essen
Petersilie (Petroselinum crispum)	Als Gewürz; Wurzelaufguss trinken
Pfeffer (Piper nigrum)	Als Gewürz
Rosmarin (Rosmarinus officinalis)	Massagen (auch der Genitalien) mit dem ätherischen Öl; als Badezusatz und Gewürz
Safran (Crocus sativus)	Die Fäden essen
Senf (Brassica nigra)	Einreibung der Genitalien; als Gewürz
Süßholz (Glycyrrhiza glabra)	Tee aus dem Wurzelstock; pulverisiert
Vanille (Vanilla planifolia)	Als Gewürz; als Tinktur; Massagen mit dem Öl
Zimt (Cinnamomum zeylanicum)	Massagen der Genitalien mit dem Öl; als Gewürz

Viele der nebenstehenden »Würzen für die Libido« wachsen auf der Fensterbank oder im eigenen Kräutergarten – ein Argument mehr, sie mal auszuprobieren.

Frische Kräuter sollten sofort verwendet werden. Haben Sie Ihren eigenen Kräutergarten, schneiden oder zupfen Sie die benötigte Menge erst kurz vor dem Verbrauch.

Müssen die Kräuter doch zwei bis drei Tage aufbewahrt werden, halten sie sich am besten in ein feuchtes Küchenpapier gewickelt im Kühlschrank.

Wenn möglich, kaufen Sie Gewürze wie beispielsweise Pfeffer nicht schon gemahlen. Bereits gemahlener Pfeffer ist vor allem scharf, lässt jedoch sein ansonsten wunderbares Aroma vermissen. Zerkleinern Sie die Körner in einer Mühle oder einem Mörser, wenn Sie den Pfeffer benötigen.

Fachbegriffe

Abort Fehlgeburt
Allergen Substanz, die eine Allergie auslöst
Amenorrhö Völliges Ausbleiben der Monatsblutung
Chlamydien Bakterienart, die häufig Geschlechtsorgane befällt
Chromosom Träger der Erbinformation (DNA), die in den Zellkernen sämtlicher Körperzellen enthalten ist
Dysmenorrhö Schmerzhafte Monatsblutung
Embryo Bezeichnung des Ungeborenen bis zur zwölften Schwangerschaftswoche
Embryotransfer Einbringen einer außerhalb des Körpers befruchteten Eizelle in die Gebärmutter
Endometrium Gebärmutterschleimhaut
Enzym Biokatalysator, der Stoffwechselreaktionen im Körper bewirkt oder/und beschleunigt
Erektile Dysfunktion Unvermögen, eine starke und lange anhaltende Erektion zu erlangen, die ausreichend für einen befriedigenden Geschlechtsverkehr ist
Erektion Versteifung des Penis
Fertilisation Befruchtung
Fötus Bezeichnung des Ungeborenen ab der zwölften Schwangerschaftswoche bis zur Geburt
Follikel Eibläschen, das die reifende Eizelle im Eierstock schützt
Frigidität Empfindungsarmut bei sexuellen Aktivitäten
Gonadotropine Luteinisierendes Hormon und follikelstimulierendes Hormon, welche Eierstöcke und Hoden zur Bildung von Ei- bzw. Samenzellen anregen
Gonorrhö Geschlechtskrankheit, gekennzeichnet durch starken Ausfluss, Harndrang, Schmerzen beim Harnlassen, Eiter und Blut im Harn
Hypophyse An der Schädelbasis gelegene kleine Drüse, die selbst Hormone an das Blut abgibt und darüber hinaus wesentlich am emotionalen Geschehen beteiligt ist
Hypothalamus Hauptsteuerungsorgan der Hormone

Chlamydien können zu Infektionen der ableitenden Samenwege sowie zu Eileiterentzündungen führen.

Der Hypothalamus liegt im Gehirn und ist der Sitz mehrerer vegetativer Regulationszentren.

Implantation Einnisten der befruchteten, bereits mehrfach geteilten Eizelle in die Gebärmutterschleimhaut
Impotenz Traditionell übliche Bezeichnung für verschiedene sexuelle Störungen des Mannes; wurde in den letzten Jahren durch den Begriff »erektile Dysfunktion« ersetzt
Libido Lust, Begierde, sexuelle Energie
Menarche Die erste Monatsblutung einer Frau
Myom Gutartige Geschwulst der Gebärmutter
Neurotransmitter Chemische Substanz, die als Informationsträger im Nervensystem agiert
Phallus Penis, meist erigiert dargestellt
Potenz Zum einen die Fähigkeit zum Beischlaf (Potentia coeundi), zum anderen die Zeugungsfähigkeit (Potentia generandi)
Progesteron Weibliches Geschlechtshormon, das besonders in der zweiten Zyklushälfte im Gelbkörper gebildet wird
Prolaktin Hormon, das die Milchproduktion nach der Geburt steuert; auch Milchflusshormon genannt
Prostata Vorsteherdrüse, sondert Samenergussbestandteile ab
Psychoaktiv Psychisch, das Bewusstsein anregend
Sonographie Ultraschalluntersuchung
Sperma Samenflüssigkeit, die neben den Samenzellen, Spermien, auch Sekrete aus Vorsteherdrüse, Bläschendrüsen und Cowper'schen Drüsen enthält
Synergismus Zusammenwirken mehrerer verschiedener Substanzen, die sich gegenseitig in ihrer Wirkung verstärken oder gemeinsam einen anderen Effekt entfalten als für sich allein
Tonikum Allgemein stärkendes Mittel, Elixier
TSH Thyreoidea-stimulierendes Hormon; Botenstoff, der die Schilddrüse zur Ausschüttung von Hormonen anregt
Tube Eileiter
Uterus Gebärmutter
Vagina Scheide
Varikozele Krampfader an den Hoden
Vulva Die sichtbaren, äußeren weiblichen Geschlechtsteile
Zervix Gebärmutterhals; ragt etwas in die Scheide hinein

Die Prostata sondert ein alkalisches Sekret ab, das den Hauptanteil des Samenergusses ausmacht und außerdem die Beweglichkeit der Samenzellen begünstigt.

Über dieses Buch

Über die Autorin

Birgit Frohn lebt und arbeitet in München. Die diplomierte Humanbiologin veröffentlichte als Wissenschaftsjournalistin und Buchautorin bereits zahlreiche Publikationen. Zu ihren Schwerpunkten zählen Medizin, alternative Heilmethoden, Naturheilkunde und Ethnomedizin sowie Ernährung.

Literatur

Colborn T., Dumanowski D., Myers, J. P.: Die bedrohte Zukunft – Gefährden wir unsere Fruchtbarkeit und Überlebensfähigkeit? Verlag Droemer Knaur. München 1996
Nissim, Rina: Naturheilkunde in der Gynäkologie. Orlanda Frauenverlag. Berlin 1998
Pusch, Hans H.: Wie kommt Mann zum Kind? Ariston Verlag. Genf, München 1996
Silber, Sherman J.: Endlich schwanger. Medizinische Ursachen und Therapien bei Unfruchtbarkeit. Rowohlt Taschenbuch Verlag GmbH. Reinbek bei Hamburg 1993
Winkler, Ute: Der unerfüllte Kinderwunsch. Ein Ratgeber für kinderlose Paare. Beck Verlag. München 1994

Kontaktadressen

Heidelberger Kinderwunsch-Sprechstunde, E-Mail: tewes.wischmann@ukl.uni-heidelberg.de, http://home.t-online.de/home/t.wischmann
Informationen Deutscher Psychologen, Heilsbachstr. 22–24, 53123 Bonn, Tel.: 02 28/98 73 10, Fax: 02 28/987 31 70
Institut für Reproduktionsmedizin und Endokrinologie, Ärztlicher Leiter: Univ. Doz. Dr. H. Zech, Römerstr. 2, A-6900 Bregenz, Tel.: 00 43/55 74/448 36, Fax: 00 43/55 74/448 3 69, E-Mail: zechh@zech.vol.at
Kinderwunsch-Informationsdienst (KWID), Bolongarostr. 82, 65929 Frankfurt/Main, ärztlich besetztes Beratungstelefon für Betroffene und Interessierte immer dienstags von 16.00 bis 19.00 Uhr unter der Nummer 069/340 53 44.
Kinderwunschinitiative »KiWi«, Maikammer 3, 40589 Düsseldorf, Tel.: 02 11/75 48 00, Fax: 02 11/75 22 25
NAKOS (Nationale Kontakt- und Informationsstelle zur Anregung und Unterstützung von Selbsthilfegruppen), Albrecht-Archilles-Str. 65, 10709 Berlin, Tel.: 030/8914019
Selbsthilfegruppe »Mamatoto«, Berlin, Tel.: 030/691 58 08, E-Mail: Lothar.Janz@T-online.de
Selbsthilfegruppe »Ungewollt kinderlos«, Leipzig, Herr Heilmann, Tel.: 03 41/301 69 60
Wunschkind e.V., c/o Sein e.V., Fehrbellinerstr. 92, 10119 Berlin, Tel.: 030/690 40 8 38, Fax: 030/690 40 8 39

Bildnachweis

AKG Archiv für Kunst und Geschichte GmbH, Berlin: 10 (Forman), 220 (Nou); Bildarchiv Preußischer Kulturbesitz, Berlin: 223 (Botticelli/Orti); Bavaria Bildagentur GmbH & Co. KG, Gauting/München: 70 (B.P.), 73 (VCL), 96 (VCP), 109 (Salomon), 140 (TCL), 162 (VCL), 192 (Dlouhy), 196 (VCL); Focus Photo- und Presse Agentur GmbH, Hamburg: 4/37 (Kulyk/ Science Photo Library), 18 (Kulyk/Science Photo Library), 34 (Motta/Science Photo Library), 45 (Burriel/Science Photo Library); Image Bank Bildagentur GmbH, München: 5/89 (Lockyer), 42 (de Lossy), 48 (Wilkinson), 51 (de Lossy), 58 (Russel), 64 (Edwards), 74 (de Lossy), 77 (Erlanson), 121 (de Lossy), 122 (Erlanson), 133 (Brown), 166 (Erlanson), 179 (Lacroix), 185 (Mascardi), 186 (Lacroix), 208 (de Lossy); Jump, Hamburg: 91 (Falck), 234 (Vey); Inge Melzer, Friedrichshafen: 17; Dominik Parzinger, München: 127; Reinhard Tierfotos, Heilig-Kreuzsteinach: 6/38 (H. Reinhard), 90 (N. Reinhard), 92 (H. Reinhard), 111 (H. Reinhard), 114 (H. Reinhard), 115 (H. Reinhard), 116 (H. Reinhard) 161 (H. Reinhard), 233 (H. Reinhard); Stock Food, München: 164 (Eising), 165 (oben: Eising), 165 (unten: Eising); Tony Stone Associates GmbH, München: 2 (Roth), 7/229 (Durfee), 13 (Pollok), 14 (Sponseller), 56 (Bosler), 80 (Thomas), 138 (Rusing), 173 (Davis); Studio für Illustration und Fotografie Sascha Wuillemet, München 19, 20, 22, 23, 24, 31, 105, 107, 143, 146, 154, 168; zefa visual media gmbh, Frankfurt: 210 (Baden).

Impressum

Genehmigte Lizenzausgabe für Bechtermünz Verlag im Weltbild Verlag GmbH, Augsburg
Copyright © 1999 by Weltbild Ratgeber Verlage GmbH & Co. KG, München
Umschlaggestaltung: Gestaltungsbüro Uhlig GmbH
Umschlagmotive: Mauritius Die Bildagentur (Paar/Bildnummer 15942) und Photodisc (Baby)
Gesamtherstellung: Offizin Andersen Nexö, Leipzig

Printed in Germany

ISBN 3-8289-1919-7

2004 2003 2002 2001
Die letzte Jahreszahl gibt die aktuelle Lizenzausgabe an.

Alle Rechte vorbehalten.

Stichwortverzeichnis

A
Abführen (Virecana) 128
Aderlass (Rakmatoksha) 129
Adoption 16f.
Adrenalin 42
Akupressur 103
Akupunktur 108f.
Alkohol 43
Aminosäuren 187f.
Androgen 69, 205
Aphrodisiakum 112
Aphrodites Kochbuch 164f.
Aromatherapie 157ff.
Atmen 134ff.
Ayurveda 120ff.

B
Badezusätze 161f.
Basaltemperatur 40, 167ff.
Bauchatmung 136
Bauchspiegelung (Laparoskopie) 71
Bausteine des Körpers 191
Befruchtung 18, 34ff.
Behandlung, ambulante 199
Behandlung, stationäre 199
Belastungen, psychische 192
Blockaden, anatomische 47
Blut-Hoden-Schranke 52
Brustatmung 136

C
Chemikalien, kinderlos durch 59ff.
Clomifentherapie 206

D
Darmeinlauf (Vasti) 129
Depressivität 82
Diäthylstilböstrol (DES) 62
Down-Syndrom (Trisomie 21) 41
Duftlampen 162f.

E
Eibläschen (Eitasche) 30
Eichel 23
Eierstöcke (Ovarien) 20f., 46f.
Eileiter 21f., 47
Eileiter, Verschlüsse der 209
Eileiter, Verwachsungen der 209
Eileiter-Check 70f.
Eingriffe, operative 209
Eisprung 31
Ejakulation 23
Empfängnis 18
Endometriose 49
Endorphin 108
Entgiftung 181, 192
Entspannungsübung (Shavasana) 139
Entzündungen, bakterielle 52
Erbrechen, therapeutisches (Vamana) 128
Erektionsprobleme 44, 50f.
Ernährung 173f.
Eros 221

F
Fango 120
Fertilität 12
Fettsäuren, essenzielle 188
Feuchtigkeitsempfinden 167
Follikelreifung 28
Fortpflanzungsgewebe 125f.
Frauenleiden, Behandlung von 113ff.
Fruchtbarkeit, verminderte 12
Fruchtbarkeitsrezepte, ayurvedische 188ff.
Fruchtbarkeitsgifte 65f.
Fruchtbarkeitspunkte 105ff.
Fruchtbarkeitsstörungen 66ff.
Fruchtbarkeitsstörungen, Homöopathie bei 96ff.

G
Ganzkörpermassage mit Öl (Abhyanga) 127
Gebärmutter 19f., 47
Gebärmuttererkrankungen 209
Geburtsschäden 181
Gelbkörper (Corpus luteum) 31
Genussgifte 191
Geschlechtsorgane, männliche 22ff.
Geschlechtsorgane, weibliche 19ff.
Glückshormone 81
Gonadotropine 28
Graaf, Regnier de 30
Graaf'sche Follikel 30

H
Hahnemann, Christian F. S. 93
Heilpflanzen, ayurvedische 130ff.
Hirnanhangsdrüse 27
Hoden 24
Hodenbiopsie 73, 216f.
Hodenfunktion, gestörte 51
Hodensack 25
Hormonbehandlung, Gefahren der 207
Hormoncheck 72f.
Hormonchemikalien 61
Hormone 26f., 69
Hormonhaushalt 48
Hormonkanon, der weibliche 29ff.
Hormonpräparate 203, 206
Hormontherapie 203
Hormontherapie beim Mann 205
Hox.Gen 45
Hypothalamus 27, 42

I
Idealgewicht 191
Impotenz 43
Infertilität 13

Stichwortverzeichnis

Insemination 212
Intratubarer Gametentransfer (GIFT) 215
In-vitro-Fertilisation (IvF) 213f.

K
Kamasutra 121
Kinderlosigkeit, ungewollte 10
Kitzler 19
Kneipp'sche Anwendungen 120
Kryokonservierung 218
Kürbiskerne 182

L
Leistungsdruck 82f.
Leydig'sche Zwischenzellen 24
Libidoelexiere 224f
Liebe, Speisen der 232
Liebesgötter der Antike 221
Liebeslust, Gewürze für die 233
Liebesmittel, pflanzliche 226ff.
Liebesspiel, ayurvedisches 230
Liebesspiel, taoistisches 194
Lotussitz 138
Lust, Spielarten der 193

M
Massageöle 160f.
Meditation 137ff.
Menstruation 32
Meridiane 102
Mikroinjektionen 202, 215
Mineralien 183f.

Mittelschmerz 167
Monatsblutung 32
Moorbäder 119
Motive für ein Kind 86f.
Muttermund 19, 167

N
Nasenschleimhaut, Behandlung der (Nasya) 129
Nebenhoden 33
Nikotin 43

O
Ohrakupunktur 109
Öl, ätherisches 158f.
Östradiol 28f.
Östrogen 32, 60
Ovulation 31

P
Penetrationstest 70
Penis 22
Periodenblutungen, fehlende 47
Pflegekind 16
Phallus 221
Phytotherapie 110ff.
Plazenta 35, 64
Postkoital-Text 69
Potenzierung 94f.
Potenzsteigerung 225
Progesteron 28f., 32

R
Radikale, freie 176
Rasayana 132ff.
Reflexzonenmassage 155ff.
Reproduktionsmedizin 196
Retorte 211ff.

S
Samenerguss 33

Samenflüssigkeit 33
Samenleiter (Vas deferens) 24
Samenleiter, Verschlüsse der 210f.
Samenzellen 25
Scheide 19
Schlankheitsideal 44
Schwangerschaftstests 35
Schwellkörper 22
Schwitzbehandlung (Swedana) 127f.
Selbsthilfegruppen 88
Sex, Lust auf 166
Sexualhormone 28
Sperma, Grenzwerte für gesundes 53
Spermatogenese 33
Spermienallergie 49
Spermienproduktion 33
Spermienreifung 50
Spermiogramm 54, 72f.
Spurenelemente 184ff.
Stellungen, zeugungskräftige 193ff.
Sterilität 13
Sterilität, idiopathische 73, 75
Sterilitätstherapien 197, 201
Stirnguss mit Öl (Shirodhara) 128
Störungen, hormonelle 52
Stress 42f., 77ff., 197
Synchronmassage (Samvahana) 128
Syphilis 52

T
Tantra 121
Teekur für Frauen 117

Temperaturbeslastung 57
Testosteron 24, 28, 32f.
Traditionelle Chinesische Medizin 100ff.
Tripper (Gonorrhö) 52

U
Ultraschallüberwachung 68
Unfruchtbarkeit, echte 13

V
Vaterschaft, biologische 217
Vatsayaya 121
Verhütung, ungewollte 64f.
Verhütungsmethoden, unbewusste 77
Versagensängste 82
Vitamine 175, 177ff.
Vorsteherdrüse (Prostata) 26

W
Wasseranwendungen 118ff.
Wohlgerüche, stimulierende 226

Y
Yoga 139ff.

Z
Zervixschleim 167
Zwischenblutung 167
Zyklus 29
Zykluscomputer 170f.